校长专业发展的
制度体系研究

RESEARCH OF THE INSTITUTIONAL SYSTEM OF
THE PRINCIPAL'S PROFESSIONAL DEVELOPMENT

傅树京 著

社会科学文献出版社
SOCIAL SCIENCES ACADEMIC PRESS (CHINA)

前　言

　　作为一名研究与教授教育管理学的大学教师兼研究人员，由于工作需要，我与中小学校长有密切接触：在 20 年的教育硕士培养过程中，我有很多学生是作为校长前来学习的，也有很多学生是毕业后走上校长岗位的；在做教师发展学校的过程中，我每周都亲自到中小学，与学校的校长一起帮助教师专业发展；校长培训的发展，尤其是国家培训的兴起，又使我经常受邀给不同地区的校长做讲座；2012 年首都师范大学开始承担北京市教委的"京郊中小学校长专业发展研修"项目，我负责此项目的实施并兼校长的导师；北京市委教育工委、市教委决定实施北京市中小学名师名校长发展工程后，我被聘为理论导师。

　　在与中小学校长的接触中，我了解了他们的生活、工作与学习情况，与他们结下了不解之缘，于是萌生了研究他们专业发展的想法，其间虽然有论文发表，但是不系统。基于系统研究的愿望，2013 年，我申报并获批了北京市哲学社会科学规划项目和北京市教育委员会人文社会科学研究计划重点项目"北京市中小学校长专业发展的制度体系研究"（项目编号：13JGB140 和 SZ201410028012）。2014~2016 年，我进行了三年研究，2016年底完成了《北京市中小学校长专业发展的制度体系研究》的结题报告，2017 年顺利结题。

　　结题之后，我感觉有些内容仍然需要继续深入探究，于是又就其中的一些内容查阅了文献和政策，增加了调研对象，补发了问卷，对北京市以外的校长进行了充分的访谈。经过两年多的努力，今天呈现给读者《校长专业发展的制度体系研究》这本书。本书撰写的主要目的是想通过制度体系构建，实现中小学校长持续、有效、有序发展。

本书分别从政策文本和政策执行视角研究校长专业发展制度体系；基于人力资源管理流程理论、权力制衡理论和组织理论等，提出了需要补充的制度；基于职业生涯发展和制度理论，提出了需要修复的制度；通过补充与修复，完善了基于政策设计的纵横结合的制度体系；基于新制度主义理论，重构了包括规制性、规范性和文化－认知性在内的校长专业发展制度体系；通过重构，形成了内外结合、协调运行的制度体系。

根据研究，关于校长专业发展，本书提出了如下主要观点：需要建立纵向与横向有机结合的制度体系；需要确立与发展阶段一致的制度；需要建立具有约束性、使能性和支持性功能的制度体系；需要建立外在规制和内在规约协同运行的制度体系。

感谢北京市哲学社会科学规划和北京市教育委员会人文社会科学研究计划给我的研究机会；感谢首都师范大学对我研究的支持；感谢我指导的博士研究生和硕士研究生，他们是郭润明、崔彦琨、卢新迪、苗娟、边婧、房敏、丁梦娇；感谢众多接受我们访谈、为我们做问卷的人；感谢接受我们学术咨询的众多学者。我还参考、引用了许多学者的研究成果，在此一并表示衷心感谢。

由于视野、学识、资源等的局限，虽然已竭尽全力，但是书中难免有疏漏、偏颇之处，希望各位读者指正。

傅树京

2019 年 6 月于首都师范大学

目 录

表目录

| 第一章 |

绪　论

　　校长是一个学校的领路人，这个领路人的专业发展对教育正功能的释放、对学校的改进起着重要作用。研究发现，校长专业发展中存在一些问题，其中有些是个别制度的问题，有些是制度体系的问题。本书主要围绕校长专业发展制度体系中的问题展开研究。这一章主要阐明研究问题、意义、思路、方法、核心概念、理论基础及文献研究现状等，以为后续几章的研究做好基础性准备。

一　研究问题及意义

　　本书研究的是中小学校长专业发展制度体系，研究此内容，首先应明确要解决的问题，为什么要解决这些问题，即校长专业发展制度体系是否存在问题，是否需要解决这样的问题，解决了类似的问题有什么价值。

（一）研究问题

　　众所周知，现实中校长专业发展存在一些问题，例如，校长不合格，其自身素质与社会要求有距离，专业发展不到位；再如，一些中小学校长专业发展动力不足、发展方向不明、发展潜能蛰伏。校长专业发展不到位，可能有很多原因，其中一个重要原因是校长专业发展的制度存在问题。有些制度不再适合校长专业发展，甚至限制了校长的发展，有些应该具有的制度却没有。本书力争解决校长专业发展的有效性问题，准备通过制度体系的完善与重构，促进校长更好发展。

校长专业发展制度体系存在问题吗，回答是肯定的。一些校长觉得在专业发展道路上，支持他们的制度不多，约束比较多，指导性的制度也不充分。有些校长没有参加岗前培训，没有获得"任职资格培训合格证书"，校长持证上岗制度本身或在执行中存在问题。有些校长不愿意参加培训，他们觉得培训的针对性不够，投入很多时间与精力，但是收效不大。纵向上，校长"进入—在岗—退出"都要有制度约束并促进专业发展，目前我国欠缺退出制度。横向上，每个阶段都应该有相互联系、相互作用、相互制约的制度存在，有负责制，就应该有问责制，目前我国欠缺该制度。我国欠缺校长内在规约制度以促进自身发展，欠缺外在规制和内在规约协同运行的制度体系。

初步调查表明，上述制度及制度体系中的问题影响了一些校长的工作及专业发展的效果：由于事先没有参加相应上岗培训，一些人对校长岗位及相应管理内容不熟悉，出现了不适应、挫败感等；对校长专业发展的支持性制度不够、使能性不充分、资源欠缺，使一些校长的专业发展受到影响，或者他们不知道如何发展；目前欠缺校长问责制，导致现实中出现了权力膨胀、权力滥用等现象；没有建立校长退出制度，使一些人走上校长岗位后不思进取，导致一些不合格人员占据校长编制，也制约了校长的专业发展；不关注校长对制度的认可、内化、建构等问题，出现了多是形式上的发展，欠缺实质性发展的现状。

这表明校长专业发展制度及制度体系存在问题，必须予以解决，应该去掉那些老化的及限制校长专业发展的制度，明确应该建立适应校长专业发展的制度，否则校长将难以持续、有效成长。本书通过研究准备做到：第一，通过政策梳理和实际调研，把上述制度及制度体系中存在的问题具体、系统、明确地呈现出来，使问题变得清晰、可信、有据可查，以便为问题的解决打下良好的基础；第二，运用实证研究和思辨研究方式，分析上述问题背后的原因，以便采取有效措施解决问题；第三，在理论指导下，结合现实情况，提出解决上述问题的具体办法，通过对校长专业发展制度体系的改进，最终促使校长积极持续地发展。

（二）研究意义

进入 21 世纪，社会人士对教育的期望水平不断提高，要求学校提升学生的学习效能，为学生提供优质教育，使全体学生的利益最大化实现，务求不放弃每一个学生；学校要能切合学生能力和个性，使学生各展所长，使每一名学生都能达到全面发展。为了满足社会及个体对教育越来越多的需求，许多国家致力于发展优质教育。要提高教育质量，培养优秀人才，就必须有优秀的校长，校长是决定一所学校生存的关键性人物。"近年来的研究一致认为，作为学校领导人的校长，能对学校的质量产生最直接的影响。领导人前进，学校就会进步。"[1] 领导者在社会组织中起着重要作用，发挥实质性功能，领导者的观念影响群体文化的形成。[2] 所以，要让学生接受最佳的教育，就必须具有优秀的校长。然而，校长所需的专业品质不是自然而然形成的，需要通过专业发展来形成。

校长专业发展的重要性已经被许多研究证明。专业发展对领导者具有高度的重要性。[3] "校长通过专业发展能提高自身领导能力，提高学校组织能力，完善学校组织条件，提高学生学习成绩。"[4] "领导人才培育是知识经济时代的关键。"[5] 校长专业发展是校长个体全面发展的核心内容，专业发展的直接结果是校长成为推动教育改革和教育现代化的领导者。

影响校长专业发展的因素有很多，其中制度因素是最直接、最重要的因素。要使校长有很好的专业发展，就必须有相应的制度及制度体系。应该通过制度体系建设促进校长专业发展，本书从制度体系角度研究校长专业发展问题，具有较大的实践意义和理论意义。

---

[1] Daresh, J. C., "Professional Development for Schools Leadership: The Impact of U. S. Education Reform," *International Journal of Educational Research* (29), 1998, pp. 323–333.

[2] Youngs, P., King, M. B., "Principal Leadership for Professional Development to Build School Capacity," *Educational Administration Quarterly* 38 (5), 2002, pp. 643–670.

[3] Walker, A. et al., "Key Qualities of the Principalship in Hong Kong," http://www3. fed. cuhk. edu. hk.

[4] Youngs, P., King, M. B., "Principal Leadership for Professional Development to Build School Capacity," *Educational Administration Quarterly* 38 (5), 2002, pp. 643–670.

[5] 林明地：《学校领导：理念与校长专业生涯》，台北高等教育文化事业有限公司，2006，第 2 页。

1. 实践意义

本书有较大的实践意义，具体来说就是有利于贯彻国家教育政策，有利于约束、指导与支持校长专业发展，有利于形成制度合力来促使校长专业发展。

（1）有利于贯彻国家教育政策

《国家教育事业发展"十三五"规划》和《关于全面深化新时代教师队伍建设改革的意见》等都对教育、教师和校长提出了很高的要求。要求教育总体发展水平进入世界中上行列，教育服务社会能力显著提升，教育发展能力显著提升；要办社会满意的教育，要让教师在岗位上有幸福感、事业上有成就感、社会上有荣誉感；要提升校长办学治校能力，打造高品质学校。这一切都需要校长专业发展，通过校长发展促进教师、学校、教育发展。校长专业发展，需要建立在制度基础上，应该确立和构建什么样的专业发展制度及制度体系，都需要进行研究。

（2）有利于约束、指导与支持校长专业发展

制度通过界定法律、道德与文化的边界，而严格制约行为，并把合法的活动与非法的活动区分开来。X 理论认为人是懒惰的，人生来不好好工作，不愿意学习，校长也是人，具有 X 理论说的特点，所以对人的管理要采用严格的约束性制度。校长的专业发展需要指导，要告诉他们如何去做，使他们知道发展的方向，虽然我国已经有了一些使能性政策，但是仍然不够。除此之外，校长专业发展离不开国家与社会的支持，《国家教育事业发展"十三五"规划》指出："建立中小学教师校长专业发展支持服务体系。"本书将通过研究解决制度中的约束性、使能性和指导性问题，用制度及其体系约束、指导与支持校长专业发展。

（3）有利于形成制度合力来促使校长专业发展

校长专业发展不到位的一个原因涉及制度间的互补、配合、支持等问题。例如，持证上岗制度必须以培训，尤其是任职资格培训为基础，否则难以落实；再如，校长责任制不仅需要有负责制，还需要有问责制，二者缺一不可；还有，校长职级制需要有评价制度、晋升制度、奖惩制度、退出制度等一系列制度做保证，否则难以实现改革目的；再有，校长专业发展的外在制度需要有内在的认可、认同、建构等，只有这样，才能发挥制

度的作用。本书将构建包括横纵、内外有机结合、相互作用的校长专业发展制度体系，通过这个体系来促进与规约校长专业发展，使其在外在制度约束下通过内化而自觉地进行专业发展。

2. 理论意义

本书有较大的理论意义，具体来说就是有利于丰富校长专业发展的研究内容，有利于完善校长专业发展制度理论建立的基础性工作，有利于扩大已有理论的应用范围。

（1）有利于丰富校长专业发展的研究内容

文献综述表明，虽然对于校长专业发展已有相关研究，但是主要围绕专业发展模式、专业发展途径、培训等方面进行，而对于校长专业发展的制度性问题的研究比较少，关于校长专业发展制度执行情况、制度体系方面的研究几乎没有。本书丰富、充实了这方面的研究内容。运用新制度主义理论，构建校长专业发展制度体系，促进校长专业发展的文献基本没有，本书的研究比较新颖，扩展和增加了校长专业发展的研究范围和研究视角。

（2）有利于完善校长专业发展制度理论建立的基础性工作

要解决实践中的问题，必须有理论指导，这样效果才会更好，但目前校长专业发展的理论不是很完善，其制度及制度体系的理论更是欠缺，后续应该通过研究建立相关理论，指导校长专业发展。本书提出关于建立校长问责制、校长退出制的一些概念、命题等，同时对概念进行阐述、对命题进行论证，以便为校长问责、退出理论的完善做出贡献；还构建了校长专业发展的五阶段框架；举例阐述校长专业发展制度的三个功能。

（3）有利于扩大已有理论的应用范围

本书运用人力资源管理理论、新制度主义理论、内卷化理论，一是构建理论框架，二是推演命题，三是解释研究结果。例如，运用这些理论构建横纵交叉、内外结合的校长专业发展制度体系，判断校长专业发展制度的优劣、异同及组合的价值性，分析校长培训效率低的原因等。本书扩大了这些理论的应用范围。不仅如此，本书还在使用这些理论的过程中对其进行验证、丰富、充实。类似研究也是以往比较欠缺的，但其是校长专业发展制度理论建设必需的。

二 文献简述及简评

本书运用文献法收集了诸如著作、论文等改革开放以来的大量文献资料。鉴于篇幅问题及校长专业发展具有时代性特点，这里主要介绍近10年较有代表性的文献研究情况，简要综述前人对校长专业发展制度的研究情况，并在此基础上进行简单述评。

（一）文献简述

文献研究表明，对于校长专业发展制度，很长时间以来，学者们主要从管理角度关注资格制度、选拔制度、晋升制度、负责制度、校长评价、培训制度等。近10年来，从校长专业发展视角来看，中国比较有代表性的研究，对校长培训、校长职级制和校长专业标准的探索较多，下面主要围绕这三个方面进行综述。

1. 关于校长培训的研究

学者们对校长培训的关注较早，近期关于此问题，主要集中在培训机构、培训队伍、培训模式、培训层次的研究上。

（1）关于培训机构的研究

我国已经形成了国家、省、地（市）、县四级中小学校长培训机构，但从总体情况来看，省级以下培训机构还远未达到促进校长专业发展的要求，一些地方的培训机构不健全。[①] 应该取消县级校长培训机构，重点扶植省、地（市）级校长培训机构；增强培训机构职能，实现权责统一，促进培训机构管理创新；创造条件，增强校长培训机构的科研能力；适当开放校长培训市场，把社会培训机构作为校长培训机构的有益补充。[②]

我国校长培训机构改革根本上需要确立一种"积极歧视"的政策取向，即通过改革有利于处境最不利的薄弱学校校长，切实了解他们的培训需求与参与并获取优质培训的途径与现实困难，通过让其获得个别机会来

---

① 任学印：《追求专业化：校长培训克服制度性障碍的必然选择》，《中小学教师培训》2007年第12期。

② 褚宏启、杨海燕等：《走向校长专业化》，上海教育出版社，2009，第187~188页。

实现校长培训均衡发展，从而推进薄弱地区学校整体均衡发展。①

培训机构不必像高等学校二级学院那样为课程体系建立学科群，整合包括高等教育资源在内的整个社会资源支撑其课程体系，这是培训机构的特点，也是其优势。培训机构必需开设的课程涉及校长职业发展和专业成长规律，或者称其为"校长学"。②

（2）关于培训队伍的研究

有学者描述了培训队伍的现实情况："各级校长培训机构由于机构调整、经费紧缺、管理制度不完善等原因，校长培训师资队伍的力量比较薄弱，主要表现为教师数量少、水平不均衡，专兼职教师结构失调，教师知识结构和能力结构不合理等。"③

对此，有学者建议应该按照《全国教育系统干部培训"十一五"规划》的整体思路去做。该思路将我国校长培训中有关师资建设的内容提上日程，但是实现校长培训师资建设的先进性与规范化还有一段路要走。④要把那些熟悉中小学教育教学实际情况、拥有学校教学管理经验的优秀校长吸收到中小学校长培训师资队伍中来，进一步发挥他们在发现问题、解决问题、分析问题方面具有的优势。⑤

（3）关于培训模式的研究

有学者对目前的校长培训模式进行了梳理。全国各地中小学校长培训工作具有丰富的内涵，汇总起来，可以大体归纳出如下极具专业化水准的培训模式：集中面授、影子培训、行动学习、名校访学、送培下校、诊断式培训、专家（或名校长）工作室、教育思想论坛、返岗研修、结对帮扶。⑥

① 郑玉莲、陈霜叶：《促进教育均衡发展的校长培训机构改革：现状与政策评估》，《教育研究与实验》2014年第6期。
② 郭垒、徐丽丽：《中小学校长培训专业化：政策研究的视角》，《教师教育研究》2018年第3期。
③ 褚宏启、杨海燕等：《走向校长专业化》，上海教育出版社，2009，第229页。
④ 张国骥、赖阳春：《中小学校长管理制度研究》，湖南师范大学出版社，2010，第158页。
⑤ 关松林：《发达国家中小学校长培训的经验及其借鉴》，《教育研究》2017年第12期。
⑥ 郭垒、徐丽丽：《中小学校长培训专业化：政策研究的视角》，《教师教育研究》2018年第3期。

学者们也指出了培训模式存在的一些问题：以往的培训过于注重理论知识，与校长实际工作的联系较少，使校长难以真正树立现代教育理念和科学管理理念，并将其付诸科学的办学和管理行动。[①] 培训内容、方式、手段等都显得较为陈旧、保守，缺乏时代感和前瞻性。[②] 校长培训较多采用讲授方式，学员只能被动地接收信息，而不能主动地参与，难以进行自主思考、领悟知识以及发现、解决问题，这使其感到单调、乏味，把培训视为一种"负担"。[③]

对于未来的培训模式，学者们认为：可以探索以问题为中心的校长培训模式，以课题研究为主线，以提高参训校长解决问题的技能和更新教育观念为根本目标，关注参训校长身处的现实情境和面对的实际问题。[④] 实证研究表明，校长培训需要降低课堂教学比重，拓展课外情境式教学，丰富研修方式。[⑤] 对于研修方式，从参与培训者为"听众"或以"听"为主，转变为听、说、读、写、用并举，并根据"专业职责"研修模块实际内容的特点和学习需要进行不同的组合。[⑥] 校长培训课程应该减少门类，突出重点，提升专业性、针对性和实用性；以问题为中心而不是以学科为中心编制课程，增强课程的综合性。打破任职资格培训教材与提高培训教材的界线，取消对两类课程的划分。[⑦]

（4）关于培训层次的研究

中小学校长培训层次的政策演变表明，我国于20世纪90年代中期形成了任职资格、在职提高和骨干高级研修三个培训层次。任职资格针对拟任校长和新上岗校长；在职提高针对已接受过岗位培训的在任校长；骨干高级研修针对起示范作用学校的校长。国家对校长参加三个层次培训的要求是不一样的，其中前两个层次的培训对校长来说是强制性的，其必须在

① 林森：《中小学校长培训"案例教学"模式探析》，《教育研究》2007年第5期。
② 魏龙渝、蔡其勇：《中小学校长培训课程设计》，《课程·教材·教法》2011年第9期。
③ 林森：《中小学校长培训"案例教学"模式探析》，《教育研究》2007年第5期。
④ 张国骥、赖阳春：《中小学校长管理制度研究》，湖南师范大学出版社，2010，第157页。
⑤ 黄小平、胡中锋：《什么样的校长培训最受青睐？——基于浙江省H市139名中小学校长的实证研究》，《中小学管理》2016年第11期。
⑥ 魏志春：《初任中小学校长培训特点的探索》，《上海教育科研》2016年第7期。
⑦ 褚宏启：《中小学校长培训课程的改革路径》，《教师教育研究》2009年第6期。

规定时间内参加一定学时的培训，骨干高级研修是校长自愿参加的；后两个层次的培训是第一个层次的培训的发展，是伴随校长职业生涯的培训。①

"三层次"校长培训体系针对不同成长期的校长，进行不同层次的培训，每一个层次的培训都是校长专业生命延长的表现，因此"三层次"校长培训体系不仅具有科学性，同时也体现了校长专业成长的过程性。②"三层次"校长培训模式自产生以来，引领了我国的校长培训。着眼于未来，培训层次还应该进一步完善：首先，应规定新入职校长在任职前必须参加任职资格培训；其次，关注"终任期"阶段的校长培训；最后，进一步提高培训的针对性。③

2. 关于校长职级制的研究

校长职级制作为校长管理制度的一个组成部分，受到国内学者的关注。近 10 年的研究主要关注的是校长职级制改革的背景、成就与问题、深化策略和试点情况。

（1）校长职级制改革的背景研究

我国原有的校长管理制度存在一些固有的弊端，不利于校长队伍建设与专题化提升。例如：健全完备的管理制度体系尚未建成；校长角色定位模糊；校长职业生涯缺乏激励机制；校长人事管理体制难以理顺。可见，原有校长管理制度的不足已经严重影响校长队伍建设工作的科学性与规范性。实践迫切需要按照校长职业的性质与特点，建立以校长专业化为导向的科学的校长人事管理制度。④

学校与行政级别挂钩，给校长队伍建设和学校管理带来了一系列矛盾和问题。一是校长套用行政级别，缺少专业力量的参与，很难保证适合担任校长的人脱颖而出；二是不能保证校长专业成长和按教育规律办学；三

① 傅树京、郭润明：《中小学校长培训层次的政策演变》，《河北师范大学学报》（教育科学版）2016 年第 4 期。
② 张国骥、赖阳春：《中小学校长管理制度研究》，湖南师范大学出版社，2010，第 159 页。
③ 傅树京、郭润明：《中小学校长培训层次的政策演变》，《河北师范大学学报》（教育科学版）2016 年第 4 期。
④ 贾继娥、王刚、褚宏启：《我国校长职级制改革的现实背景与主要策略》，《教育科学》2012 年第 1 期。

是不能实现校长的按需流动；四是导致校长心理失衡。① 为了解决这些问题，我国进行了校长职级制改革。

（2）校长职级制改革的成就与问题研究

对校长职级制改革的推行已充分展示了校长对于教育发展的重要性，潍坊市校长职级制改革的价值已得以彰显：营造教育家办学氛围；校长专业发展机制促进队伍专业化；校长交流机制促进基础教育均衡发展；校长激励机制调动办学积极性；建立现代学校制度，增强办学自主权。② 校长职级制比较成功地引导校长进行自我诊断，帮助校长找出差距与不足，明确专业发展的内容；加深校长对职业的认知，使校长加深对自身角色、职责、任务及标准的了解。校长职级制在一定程度上促进了校长专业发展，对办学实绩的提升也有一定的积极作用。③

校长职级制改革也存在一些问题：考评方法不合理、考评过程不够民主、人员专业化程度不高、套用单一模式、论证科学性不足、未理顺政校关系、校长职业入口与出口不对称。④ 校长职级制的管理体制尚不顺畅，职级制的资金保障体制不完善，与职级制配套的评价制度、选任制度、资格制度、薪酬制度、监督制度和培训制度都尚未建立起来。⑤ 校长职级制在形成校长持久的专业发展动力、激励校长工作积极性和提高办学单位校长管理工作科学性和规范性等方面，实现程度并不理想，体现为校长职级晋升吸引力不强、职级薪酬激励效果不明显、职级分类标准并未成为校长管理制度建设的依据等。而这些未实现的效果却恰恰是校长职级制的核心所在。⑥

（3）校长职级制改革的深化策略研究

校长职级制试点经验表明，想继续推进此项改革，需要做到：第一，

---

① 中国教育学会调研组等：《中小学校长职级制改革的重大突破——山东省潍坊市中小学校长管理制度改革调研报告》，《中国教育学刊》2015 年第 7 期。
② 张茂聪、侯洁：《教育家办学的制度实践与思考——以山东省潍坊市校长职级制改革为例》，《教育研究》2017 年第 3 期。
③ 贾继娥、王刚、褚宏启：《我国校长职级制改革的现实背景与主要策略》，《教育科学》2012 年第 1 期。
④ 琚金民：《中小学校长职级制运行中存在的问题及对策》，《教学与管理》2009 年第 1 期。
⑤ 郭凯：《关于中山市校长职级制改革的调查与探讨》，《中国教育学刊》2007 年第 7 期。
⑥ 贾继娥、王刚、褚宏启：《我国校长职级制改革的现实背景与主要策略》，《教育科学》2012 年第 1 期。

校长职级制改革应该加快推进；第二，校长职级制改革须切实落实学校办学自主权；第三，校长职级制改革须由地方党委、政府层面推动且有相关制度配套；第四，校长职级制的全面推行还有待统筹研究。[1]

针对校长职级制改革中的问题，学者们认为：必须从宏观制度架构、中观放权监督和微观强化管理等方面多管齐下、有效施策、形成合力、深化改革。具体来说：强化统筹规划，做好协调保障；加强顶层设计，完善制度体系；充分放权，强化监管，增强学校自主权；推行第三方评价，深化改革成效；优化校长配置，有效激励校长专业成长。[2] 加强顶层设计和与基层创新互动；形成政府职能部门联动工作机制，完善配套改革政策；加快现代学校制度建设，尽快形成专业化的学校管理团队；进一步探索教育行政部门领导班子专业化制度；进一步加快政府职能转变，切实落实学校办学自主权。[3] 整体推进，既要加强校长专业化建设，也要加快构建现代学校制度。[4]

深化我国校长职级制改革的关键在于设计科学完备的职级制方案，保证多取向改革目标实现，进而创设职级能上能下、待遇能高能低、岗位能进能出，有利于优秀校长脱颖而出的优胜劣汰的竞争机制；有效提升校长的工作积极性、增加校长实施素质教育政策办学实绩的激励机制；深化校长个人认知和职业认知，以评价促专业发展的矫正导向机制。具体来说：合理划分校长职级；创设科学的校长职级评价模式；设置独立的校长职级序列；建立以能力和绩效为基础的"双核"薪酬体系。[5] 建立和完善校长年薪制；实行校长分类制度，不同类别的学校的校长工作职责、范围和专业标准存在差异性，应当依据不同的学校类型，规定小学、初中、高中校

① 中国教育学会调研组等：《中小学校长职级制改革的重大突破——山东省潍坊市中小学校长管理制度改革调研报告》，《中国教育学刊》2015年第7期。
② 王福建、梁廷：《校长职级制改革的理论基础、现实问题及深化策略——以山东省中小学校长职级制改革实践为例》，《教育理论与实践》2018年第29期。
③ 张茂聪、侯洁：《教育家办学的制度实践与思考——以山东省潍坊市校长职级制改革为例》，《教育研究》2017年第3期。
④ 孙世杰：《中小学校长职级制改革的实践与思考》，《当代教育科学》2014年第8期。
⑤ 贾继娥、王刚、褚宏启：《我国校长职级制改革的现实背景与主要策略》，《教育科学》2012年第1期。

长的薪酬标准。相同类型的学校的校长也要适当拉开级等工资差距，以体现职级制的级等差距。①

（4）校长职级制改革的试点情况研究

近年来对山东省潍坊市校长职级制改革试点的研究较多。

山东省潍坊市校长职级制改革试点的做法是：第一，用"老人老办法、新人新办法"平稳过渡；第二，围绕如何选好校长，建立校长后备人才和校长公开遴选制度；第三，围绕如何用好校长，建立校长职级评定、绩效考核、满意度调查、任期、交流、退出等制度；第四，围绕如何激励进取，确定校长职级绩效工资；第五，明确教育局局长任职的资格条件；第六，改革评价方式，科学评价校长业绩能力。②

潍坊市校长职级制取得的成就：从潍坊市教育发展的实践来看，校长职级制改革越来越成为支撑该市教育均衡发展、提高教育质量以让人民满意的关键举措。总的来说，主要取得了以下成效：一是解决了由谁来办教育的问题；二是解决了校长不能专注于教育教学研究的问题；三是解决了校长人才资源浪费问题；四是解决了校长专业成长动力不足的问题；五是规范了校长任命选聘方式；六是推进了校长交流任职。③

有学者研究了潍坊市校长职级制改革的问题与困境：干部交流和"上下"渠道不完善；薪酬待遇的评价标准不清晰；顶层设计和部门协调力度不足。④ 有学者透过潍坊市校长职级制发现："目前从国家层面来看，对于中小学校长职级制的落实缺乏具有可操作性的政策指导，而从地方来看，虽然部分试点市通过体制创新取得了一定成绩并产生了一定影响，但教育发展的地区性差异以及校长职级制改革的复杂性决定这些成功的经验无法

---

① 赵同祥、李天鹰：《校长职级制实施的现状、问题及对策》，《齐鲁学刊》2013 年第 2 期。
② 中国教育学会调研组等：《中小学校长职级制改革的重大突破——山东省潍坊市中小学校长管理制度改革调研报告》，《中国教育学刊》2015 年第 7 期。
③ 中国教育学会调研组等：《中小学校长职级制改革的重大突破——山东省潍坊市中小学校长管理制度改革调研报告》，《中国教育学刊》2015 年第 7 期。
④ 王福建、梁廷：《校长职级制改革的理论基础、现实问题及深化策略——以山东省中小学校长职级制改革实践为例》，《教育理论与实践》2018 年第 29 期。

被简单复制。"①

3. 关于校长专业标准的研究

关于校长专业标准，学者们主要关注的是国外校长专业发展标准、校长专业标准框架的构想以及标准实施中的现实困境和发展建议等。

（1）关于国外校长专业发展标准的研究

学者们主要研究了美国、英国、澳大利亚以及新西兰等国的标准。

关于美国的校长专业发展标准：美国是最早制定校长专业标准的国家，早在 1996 年，美国州首席教育官员理事会（the Council of Chief State School Officers，CCSSO）下属的州际学校领导认证协会（Interstate School Leaders License Consortium，ISLLC）就发布了一套面向 21 世纪的《学校领导标准》（Standards for School Leadership），并明确提出校长的专业定位是教育领导。② 2008 年春天，美国对 1996 年《学校领导标准》进行了修订，ISLLC 颁布了《教育领导政策标准：ISLLC 2008》（Educational Leadership Policy Standards：ISLLC 2008）。③ 2015 年美国又对此进行了修订，CCSSO 和国家教育管理政策委员会（National Policy Board for Educational Administration，NPBEA）领导了新标准的修订。经过多方磋商和征求意见后，美国于 2015 年发布了《教育领导者专业标准 2015》（Professional Standards for Educational Leaders 2015），其取代了《教育领导政策标准：ISLLC 2008》，成为教育领导者实践的基础和支柱。《教育领导者专业标准 2015》共设计了十项一级标准：S1 使命、愿景与核心价值观；S2 伦理与职业规范；S3 公平与文化响应；S4 课程、教学与评价；S5 关爱与支持学生的共同体；S6 学校人事专业能力；S7 教职工专业共同体；S8 家庭与社区的有意义参与；S9 运营和管理；S10 学校改进。④

关于英国的校长专业发展标准：1995 年，英国教师培训署（Teacher

---

① 张茂聪、侯洁：《教育家办学的制度实践与思考——以山东省潍坊市校长职级制改革为例》，《教育研究》2017 年第 3 期。

② 许苏、陈永明：《中小学校长专业标准研究》，《教育发展研究》2010 年第 12 期。

③ 傅树京、熊筱湘：《美国〈教育领导政策标准：ISLLC 2008〉探析》，《外国中小学教育》2010 年第 10 期。

④ 李太平、李茹、黄洪霖：《美国校长专业标准的演变历程及经验》，《全球教育展望》2019 年第 5 期。

Training Agency，TTA）实施了"校长领导与管理项目"；1998 年，英国教师培训署颁布了《国家校长标准》（National Standards for Headteachers）；2002 年，英国成立了专门负责全国中小学校长培训工作的"国家领导培训学院"；2002 年，英国《教育法》（Education Act）对校长任职资格做出了规定。英国教育与技能部（Department for Education and Skills, DfES）于 2004 年颁布了新的《国家校长标准》。①《国家校长标准》主要从六大关键领域阐述校长所需的知识、专业品质及应有的行为：规划未来、指导学习与教学、自我发展和与人合作、管理团队、责任保障、加强与社区联系。校长有责任参与校内外各种团体的活动，与其他学校进行合作，并保持与学生家长和各种机构的合作与交流。②《国家校长标准》具有如下特征：强调校长对社会发展的作用；规定校长的多方面素养，反映政治和社会的发展要求；充分借鉴工商业领域的有关经验；建立在研究的基础之上。③

关于澳大利亚的校长专业发展标准：2011 年 7 月，澳大利亚通过首部统一的《全国中小学校长专业标准》（National Professional Standard for Principals），该标准提供了适用于中小学校长的专业标准框架。《全国中小学校长专业标准》由澳大利亚教学与学校领导协会（The Australian Institute for Teaching and School Leadership, AITSL）组织研发，吸收了全国已有的 50 多套"领导标准与能力框架"中有价值的部分。④《全国中小学校长专业标准》由三项"领导要求"和五大领域的"专业实践"构成。"领导要求"包括愿景与价值、知识与理解、个人品质与社交技能三方面。"专业实践"包括领导教与学；发展自我与他人；领导改进、创新与变革；领导学校管理；参与社区及与社区合作。⑤

关于新西兰的校长专业发展标准：新西兰是较早注重以校长专业领导力发展增加学生学业成就的国家之一。早在 1998 年，新西兰教育部（Min-

---

① 熊筱湘、傅树京：《英国〈国家校长标准〉探析》，《中小学管理》2010 年第 6 期。
② 陈永明、许苏：《中小学校长专业标准亟待建立》，《人民教育》2010 年第 2 期。
③ 涂元玲：《英国〈国家校长标准〉：背景、内容与特征》，《比较教育研究》2011 年第 5 期。
④ Dinham, S., "Pilot Study to Test the Exposure Draft of the National Professional Standard for Principals," http://www. aitsl. edu. au.
⑤ 刘莉：《澳大利亚校长专业标准：框架与理念》，《中小学管理》2011 年第 11 期。

istry of Education，ME）就颁布了《中小学校长专业标准暂行条例》（The Interim Professional Standards for Principals）。近年来，新西兰教育部对小学和中学的校长标准进行了修订，先后颁布了《小学校长专业标准》（Professional Standards for Primary Principals）和《中学校长专业标准》（Professional Standards for Secondary Principals）。[①]《中小学校长专业标准暂行条例》没有设置分指标，六项标准具体包括专业领导、学校战略管理、人力资源管理、学校公共关系管理、学校财务管理和其他工作要求。这六项标准下只列举工作表现，共 22 项，它的针对性和指导性相对较低。[②]

（2）关于校长专业标准框架的构想研究

学者们从不同角度提出了校长专业标准框架的构想。

依据斯佩克关于校长角色的分析，学者们把校长的角色聚焦在教育者、领导者和管理者三个方面，并针对每个角色提出校长应具备的知识和能力。这些研究对于我们制定校长专业标准具有重要的参考价值。[③]

学者们从校长专业标准的角色维度和素质维度提出构想。校长专业标准的角色维度包括：①教育教学的领导者；②学校发展的引领者；③学校组织的管理者；④教师专业发展的促进者；⑤教育研究的领衔者；⑥学校发展的公关者。校长专业标准的素质维度包括理念、知识、能力、个人品性以及行为表现等五个方面。[④]

学者们从三大范畴和六大角色提出构想。校长应立足教育领导的专业立场，关注教育领导的三大范畴，即价值领导、教学领导和组织领导，并扮演六大角色，即发展愿景规划者、学习文化营造者、教师发展促进者、创新人才激励者、内部组织管理者和外部环境协调者。[⑤]

学者们从社会视角、教育角色、功能定位、价值意义、标准界定、方法选择和行动计划七个角度，阐述对中小学校长专业标准开发的一些思考

---

① 邓正容：《新西兰中小学校长专业标准透析》，《基础教育》2011 年第 2 期。
② 李江桦、刘振疆：《美国、英国、新西兰三国校长专业标准比较及其启示》，《外国教育研究》2007 年第 12 期。
③ 褚宏启：《走向校长专业化》，《教育研究》2007 年第 1 期。
④ 张晓峰：《中小学校长专业标准构建研究》，《教育发展研究》2009 年第 4 期。
⑤ 许苏、陈永明：《中小学校长专业标准研究》，《教育发展研究》2010 年第 12 期。

及提出相关建议。①社会视角：校长专业标准的建设，需要与社会发展建立一种互动式的联系。②教育角色：校长专业标准必须建立在教师专业标准基础之上。③功能定位：校长专业标准需要与学校建设和学校整体发展结合在一起。④价值意义：在研究校长专业标准的同时，需要研究实施校长专业标准的政策和措施。⑤标准界定：对基准、内涵与指标进行阐述。⑥方法选择：利益相关者共同参与。⑦行动计划：标准制订与标准建设相结合。①

学者们从横向和纵向两个维度提出构想。校长在教育管理实践中需要确立教育领导的专业立场，教育领导主要包括价值领导、教学领导、组织领导三大专业范畴。价值领导的专业定位主要是发展愿景规划者和学习文化营造者，教学领导的专业定位主要是教师发展促进者和创新人才激励者，组织领导的专业定位是内部组织管理者和外部环境协调者。学者们还把三大专业范畴细化为六种专业定位，这构成了校长专业标准框架的纵向分析维度。每种专业定位都从专业信念与品性、专业知能与智慧和专业运营与表率三方面来分析，这构成了校长专业标准框架的横向分析维度。②

（3）关于校长专业标准实施中的现实困境和发展建议的研究

标准的实施面临理念层面和现实层面的困境：《义务教育学校校长专业标准》提供给校长的是一种理想化的高位引领，也可以说是一种统一化的标准，没有根据校长之间的差异进行细分，这就造成标准在实施过程中面临一系列难题。专业标准如果只停留在理念引导层面，则无法产生实际的影响力和约束力，直接导致对标准使用理念的缺失，致使标准对校长工作的影响力减弱。③有学者基于校长专业标准，聚焦校长的家校合作理念，随机抽取上海市公办中小学的校长进行问卷调查，发现校长对家校合作的认识不一，不同程度存在理解片面、意识缺失等问题。④

---

① 朱益明：《中小学校长专业标准的开发》，《教育科学研究》2008 年第 12 期。
② 陈永明、许苏：《中小学校长专业标准亟待建立》，《人民教育》2010 年第 2 期。
③ 蒿楠：《论基于"标准"的校长专业发展——我国〈义务教育学校校长专业标准〉反思》，《教育科学研究》2015 年第 3 期。
④ 郁琴芳：《中小学校长家校合作理念更新与领导力提升——基于校长专业标准的视角》，《教育发展研究》2014 年第 20 期。

面对问题，应该予以解决。相关部门应关注：基于标准的校长任职资格设定，基于标准的校长工作绩效评价，基于标准的校长培训方案改进和基于现实的校长专业标准完善。① 教育行政部门和学校自身要采取得力措施，更新校长服务责任、合作共赢、办学价值等方面的观念，增强校长建设新型家校合作体制机制的领导力。② 在现代学校治理结构中，校长要充分发挥引领作用，在提升学校治理水平上凸显相应职能，从而建设学生向学、教师乐教、家长放心的现代学校制度。校长不仅要做好目标引领工作，让广大师生教有目标、学有方向，而且要引领教学，做教学的行家里手，引导广大教师不断打造高效课堂，大力提升教育水平和教学质量，同时要做好道德引领，做立德树人的促进者，培养道德高尚、学养丰厚的社会主义合格公民。③

（二）文献简评

1. 文献研究内容的汇总

上文对校长培训、校长职级制和校长专业标准研究进行简单综述，这些研究的主要观点如下。

（1）关于校长培训的研究

关于培训机构：就国家培训机构的建设目标、层次、市场、补充，培训机构的职能、权责、能力、特点等进行探索，提出完善的合理化建议。比较有代表性的观点是"适当开放校长培训市场，把社会培训机构作为国家校长培训机构的有益补充"。

关于培训队伍：主要描述培训队伍现状，认为应该加强培训队伍的建设，应该加强对培训者的培训，并提出有关培训的建议，组建理论工作者和实践工作者相结合的培训队伍。

关于培训模式：梳理目前我国的校长培训模式，指出现有模式的问

---

① 蒿楠：《论基于"标准"的校长专业发展——我国〈义务教育学校校长专业标准〉反思》，《教育科学研究》2015 年第 3 期。
② 郁琴芳：《中小学校长家校合作理念更新与领导力提升——基于校长专业标准的视角》，《教育发展研究》2014 年第 20 期。
③ 满建宇、程晋宽：《现代学校治理结构中校长的引领者角色——基于〈义务教育学校校长专业标准〉的分析》，《现代教育管理》2017 年第 6 期。

题，提出完善培训模式的建议。学者比较认可的观点是校长培训应该设法解决学校中的问题，采用以问题为中心的培训模式。

关于培训层次：就三层次培训的概念、内容、特点等进行阐述，分析其背后的理念，提出进一步完善的措施。应该规定新入职校长在任职前必须参加任职资格培训；关注"终任期"阶段的校长培训；进一步提高培训的针对性。

（2）关于校长职级制的研究

关于职级制改革背景：学者们比较认可的观点是以往的校长管理体制存在弊端，例如，学校与行政级别挂钩，校长作为管理者没有专业的上升通道，欠缺激励机制，导致出现一系列矛盾和问题。为此，就要向着专业化管理、能够产生动力机制的方向改革。

关于职级制改革成绩与问题：经过近20年的校长职级制的改革试点，我国的确取得了一些成绩，加深了校长对职业的认知，调动了校长的办学积极性，明确了校长专业发展的内容，在一定程度上促进校长专业发展。但是改革中也存在一些问题，例如，职级制对校长的吸引力问题、职级制标准的科学性问题、职级制的配套措施支持问题、职级制的资金保障体制问题。

关于职级制改革深化：为了完善校长职级制，从宏观、中观、微观层面都提出建议，例如，政府职能的转变，切实落实学校办学自主权，加快构建现代学校制度；地方党委、政府要积极推动这项改革，要制定配套措施，协调各方面的关系；要制定科学完备的职级制改革措施，保证多取向改革目标实现。

关于职级制改革试点：针对山东省潍坊市校长职级制改革试点的内容和方式进行阐述，描述其取得的成就，指出改革存在的问题与面临的困境。中国教育学会调研组等对潍坊市中小学校长职级制改革予以充分肯定，认为其取得重大突破。不仅如此，潍坊市的改革经验对其他地方试行校长职级制也具有启示。

（3）关于校长专业标准的研究

关于国外校长专业标准研究：为了制定我国的校长专业发展标准，学者们关注其他国家的标准，对美国、英国、澳大利亚和新西兰等国标准的研究较多，介绍了这些国家的标准的出台、修订过程，阐述了这些标准的具体内容。

关于校长专业标准框架研究：其特点是研究的角度比较丰富，例如，依据斯佩克关于校长角色进行的分析；从校长专业标准的角色维度和素质维度提出构想；从三大范畴和六大角色角度提出构想；从社会视角、教育角色、功能定位、价值意义、标准界定、方法选择和行动计划七个角度阐述一些思考及提出相关建议；从横向和纵向两个维度提出构想。

关于校长专业标准实施中的现实困境和发展建议研究：学者们认为主要困境就是标准是一种统一化的标准，没有根据校长之间的差异进行细分，欠缺对标准使用的理念；标准难以产生实际的影响力和约束力，校长对一些内容的认识存在理解片面、意识缺失等问题。针对问题，学者们认为应该采用如下方法进行解决：各部门要承担自己的责任；应该基于标准进行校长任职资格认定、进行校长工作绩效评价、进行校长培训方案改进；校长作为标准执行的主体，应该按照标准的要求去落实相关措施。

2. 文献研究的贡献与不充分性

由上述综述和汇总可知，近10年来，关于校长培训、校长职级制、校长专业标准的研究较多，他们解决了很多问题，例如：校长培训机构、队伍、模式、层次中的一些问题，校长职级制的改革背景、内容、成就、困境、策略等一些问题，校长专业标准的框架、困境、建议以及别国的标准等一些问题。

本书除了对上述文献进行综述外，还涉及改革开放后关于校长专业发展制度的其他研究，主要涉及校长资格制度、选拔制度、负责制度、监督制度、晋升制度、评价制度等，分析它们的内涵、问题、完善措施及发展趋势等。对于有些制度，例如，资格制度，有学者研究了国家出台的政策及一些地方的探索；选拔制度，有学者研究了国外选拔制度的特点；评价制度，有学者尝试建立评价指标体系，负责制度、晋升制度；有学者研究了其优点。

这些研究丰富了校长专业发展制度的研究内容，为校长专业发展制度的建立提供了理性思考。但是这些研究还存在一些局限性，对很多需要探索的问题没有涉及。

一是从校长专业发展制度体系角度进行的研究不是很多。虽然研究的涉及面比较广，但是多数是从单个制度的角度进行的，把相关制度有机结合起来，从制度体系角度进行的研究不多。

二是从人力资源管理理论和新制度主义理论视角研究制度体系的文献不多。很多研究提出了制度完善的问题，但是基于理论的阐述不是很充分，尤其从制度体系的理论视角研究制度完善问题的文献不多。

三是从校长个体角度探究将其纳入制度设计及执行过程的研究不充分。关于制度完善的策略，很多学者主要从政府、社会、学校层面提出建议，校长在制度完善过程中的角色是什么，研究不是很充分。

四是用实证方法研究制度执行的内容不是很充分。多数学者对校长专业发展制度的研究主要运用的是思辨方法，虽然也有一些学者运用实证方法进行研究，但是就制度执行的实证研究不充分。

基于上述原因，本书运用思辨方法和实证方法，对校长专业发展制度体系进行研究，先从政策文本视角梳理制度体系，再从政策执行视角探究实施情况，然后根据梳理和实施发现的问题提出完善策略，最后通过重构制度体系彻底解决其中的问题。文献研究表明，本书在内容、方式、框架方面都有价值，既有现实意义，也有理论意义。

三 核心概念及理论基础

本书建立在一些概念和理论之上，这里主要对核心概念进行界定，对作为主要理论基础的理论进行阐述。

（一）核心概念

本书中的中小学主要指公立普通中小学，校长主要指这些学校的正校长和副校长，教师主要指这些学校的教师。

本书有很多概念，诸如，校长专业发展、制度及制度体系，校长资格制度，校长任用制度，校长负责制度，校长考核制度和校长培训制度等。在众多概念中，校长专业发展、校长专业发展制度及制度体系是本书的核心概念，在此界定如下。

1. 校长专业发展

（1）校长是一个专门职业

校长作为一个职业，已经是被大家认可的事情，本书不再讨论此问题。校长作为一个职业，这个职业是不是一个专业，即是不是一个专门职业呢？

美国卡内基促进教学基金会主席李·S. 舒尔曼（Lee S. Shulman）认为，"一个专业既是一种高度复杂和熟练的工作，又是一种根植于知识的职业行为"。[①]

陈孝彬认为，"专业若从职业的角度上讲是指具有高度专门知识和技能的职业，所以也称为专门职业，英文为 profession，是相对于普通职业而言的"。[②]

刘捷认为，专业（Profession）是职业（Occupation）分化和发展的结果，"社会学中的'专业'或称'专门职业'，英文是 profession，是指一群人经过专门教育或训练、具有较高深的和独特的专门知识和技术、按照一定专业标准进行专门化的处理活动，从而解决人生和社会问题，促进社会进步并获得相应报酬待遇和社会地位的专门职业"。[③]

褚宏启认为，专业和职业是两个不同的概念。专业是职业发展的高级阶段，是指需要专门知识和技能的职业。专业是专业性职业的简称，专业可以被通俗地理解为"高级职业"。[④]

傅树京认为，"专业是指经过专门教育或训练、具有比较高深和独特专门知识和技术的相对稳定的社会群体实行的，按照一定的专业标准实施的特定社会服务活动"。[⑤]

职业有一般职业与专门职业之分。从事专门职业的人员通常被称为专业人员。一般认为典型的专业人员是指医生、律师、工程师、建筑师等。

① 〔美〕李·S. 舒尔曼：《理论、实践与教育的专业化》，王幼真、刘捷编译，《比较教育研究》1999 年第 3 期。
② 陈孝彬主编《教育管理学》，北京师范大学出版社，1999，第 239 页。
③ 刘捷：《专业化：挑战 21 世纪的教师》，教育科学出版社，2002，第 50 页。
④ 褚宏启：《走向校长专业化》，《教育研究》2007 年第 1 期。
⑤ 傅树京：《教育管理学导论》，原子能出版社，2007，第 265 页。

在发达国家越来越多的专家意识到"专业"（Profession）人员与"职业"（Vocation）人员在工作特性上的质的差别。一般职业的工作性质是：不断重复某一行业的基本操作要求。譬如纺织厂的挡车工人，他们很可能几年、十几年重复相同的操作程序，做相同的操作动作，即便有改革、工作变动，新的规程主要也是由其他人发明的，工人处在被动的状态。

专门职业的本质在于不断改进、完善、创造。医生、工程师、律师从事的工作是"专业"的典型。他们每天面对的是不同的任务和个案。这些工作需要他们在专业判断的基础上，灵活运用专门的知识与技能，以解决他们面对的问题。他们还必须不断迎接挑战，主动排除困难，努力学习新知识，探索新方法、新策略、新技术，从而使自己的工作能够不断满足人类社会的需要。

从上述学者所提出的一种专业所必须具备的条件，也就是构成一种专门职业的标准来看，专业工作人员必须具备的素质是：①有系统的理论做依据，有专门的技能做保证，有不断的研究做支持；②经过长期、复杂的训练；③拥有特定的职业道德；④拥有为社会服务的责任感；⑤拥有一定职业范围内的自主权；⑥进入相关领域需要经过组织化和程序化过程；⑦享有较高的社会地位和经济地位。[①]

我们可以发现，校长是符合上述专业特征和标准的，校长是一个专门职业。《义务教育学校校长专业标准》和《普通高中校长专业标准》也明言："校长是履行学校领导与管理工作职责的专业人员。"

（2）什么是校长专业发展

既然校长是一个专门职业，那么什么是校长专业发展？关于校长专业发展的概念，很多学者有自己的看法，学者们的主要看法如下。

专业发展是指更新、完善教育工作者的专业知识、专业技能和专业态度的过程，专业发展的目的在于改进学生的学习。[②]

专业发展是专业人士提升自己人生价值的过程，在此基础上造福人类、造福社会，是个人价值和社会贡献的结合和统一，是提升专业精神、

① 傅树京：《教育管理学导论》，原子能出版社，2007，第270页。
② 褚宏启、杨海燕等：《走向校长专业化》，上海教育出版社，2009，第8页。

专业修养、专业道德、伦理追求，拓展专业知识，提高专业能力的过程。校长专业发展包括三个层次：专业精神、专业修养和专业伦理、专业知识和专业能力。[①]

校长专业发展是指校长的内在专业结构不断更新、演进和丰富的过程。内在专业结构指专业精神、专业知识、专业能力、专业伦理、自我专业意识等。[②] 校长专业发展是指由校长的专业知识、专业态度、专业能力所构成的专业素质结构不断更新、演进和丰富的过程。通俗地讲，专业知识涉及"会不会"的问题，专业态度涉及"愿不愿"的问题，专业能力涉及"能不能"的问题。[③]

校长专业发展是指校长的专业素质不断提升的过程，是一个长期的、系统的、持续的学习和反思的过程。[④] 校长专业发展是校长完善自身领导能力、提高学校组织能力、完善学校组织条件、提高学生学习成绩的过程。[⑤]

校长专业发展，就其概念来说，是校长在个体内在专业需求或意识的指导下，结合外部环境，在个体专业知识、专业能力、专业精神、专业意识及专业贡献等方面的持续发展，终极目标是校长登上专业领域的顶峰，成为学校管理的专家。关于校长专业发展的概念，我们可以从静态和动态两个方面进行分析。从静态角度来看，校长专业发展就是校长这一职业真正成为一个专业，校长成为专业人员，得到社会承认的发展结果。从动态角度来看，校长专业发展主要指校长按照专业标准，在严格的专业训练和自身不断主动学习的基础上，逐渐成为一名专业人员的发展过程。[⑥]

《义务教育学校校长专业标准》和《普通高中校长专业标准》都从规

---

① 本刊编辑部：《校长专业化与校长培训——陈玉琨教授访谈实录》，《教育发展研究》2005年第17期。
② 褚宏启：《对校长专业化的再认识》，《教育理论与实践》2005年第1期。
③ 褚宏启：《走向校长专业化》，《教育研究》2007年第1期。
④ 傅树京：《教育管理学导论》，原子能出版社，2007，第231页。
⑤ Youngs, P., King, M. B., "Principal Leadership for Professional Development to Build School Capacity," *Educational Administration Quarterly* 38 (5), 2002, pp. 643 - 670.
⑥ 程振响：《校长专业标准的理念、理解与行动》，《江苏教育研究》2013年第19期。

划学校发展、营造育人文化、领导课程教学、引领教师成长、优化内部管理和调适外部环境等6个方面，对校长在专业理解与认识、专业知识与方法、专业能力与行为等方面提出明确要求。

总之，校长专业发展是指校长在专业理解与认识、专业知识与方法、专业能力与行为等方面不断丰富、持续更新和逐渐完善的过程。

（3）校长专业发展与校长专业化的关系

虽然本书主要研究校长个体的专业发展问题，但是现在还有一个和其非常密切的概念，即校长专业化。校长专业发展和校长专业化之间的关系如何？

专业化是指一个职业经过一段时间后不断成熟，逐渐符合专业标准，成为专门职业，并获得相应的专业地位的动态过程。从职业群体的角度看，校长专业化是指校长职业由准专业阶段向专业阶段不断发展的过程；从校长个体的角度看，校长专业化是指校长个体专业持续发展、日臻完善的过程。从校长个体的角度看，校长专业化也被称作"校长专业发展"。[1]

总之，《义务教育学校校长专业标准》和《普通高中校长专业标准》涉及对校长在专业理解与认识、专业知识与方法、专业能力与行为等专业素质方面的要求与发展过程。该过程从职业个体角度看就是校长专业发展，从职业群体角度看就是校长专业化。随着这个过程的推进，当校长职业水平达到专业标准后，校长职业就从一般职业发展到专门职业。

由此看到，专业发展与专业化有密切关系：职业群体意义上的"校长专业化"和个体意义上的"校长专业发展"二者是紧密联系的，后者构成前者的基础，没有个体的专业发展，群体的专业化是不可能的。即使是专门职业（如律师、医生等），其从业人员个体也需要专业发展。个体专业发展是一个职业上升为专业的必要条件，也是一个专门职业保持、巩固其专业地位的必要条件。[2]

2. 校长专业发展制度及制度体系

关于制度（Institution）的定义众说纷纭，学者们从不同视角对制度进

---

① 褚宏启、杨海燕等：《走向校长专业化》，上海教育出版社，2009，第6~8页。
② 褚宏启：《对校长专业化的再认识》，《教育理论与实践》2005年第1期。

行不同的界定。

德国学者马克斯·韦伯（Max Weber）从法学角度给制度下了定义，他认为："制度应是任何一定圈子里的行为准则。"[①] 韦伯强调，制度框架包括习惯、风俗、社会规则、宗教与文化信仰、家族习惯、血族关系、种族差异、组织、社团、阶级、阶层、市场以及国家和法律的一系列因素。

美国学者约翰·罗尔斯（John Rawls）从政治学角度给制度下了定义："把制度理解为一种公开的规范体系，这一体系确定职务和地位及它们的权利、义务、权力、豁免等。这些规范指定某些行为类型是可允许的，另一些则为被禁止的，并在违反出现时，给出某些惩罚和保护措施。"[②] 罗尔斯认为正义是社会制度的主要美德，而非正义的法律和制度，不论如何有效，都应加以改造和清除。

美国学者道格拉斯·C.诺思（Douglass C. North）从经济学角度研究了什么是制度，他认为："制度是为约束在谋求财富或本人效用最大化中个人行为而制定的一组规章、依循程序和伦理行为准则。"[③] "制度是一个社会的博弈规则，或者更规范地说，它们是一些人为设计的、形塑人们互动关系的约束。从而，制度构造了人们在政治、社会或经济领域里的交换的激励。"[④]

W.理查德·斯科特（W. Richard Scott）从组织学角度阐述了制度，他认为：制度由文化－认知、准则和管制要素以及相关的活动与资源构成，它为社会生活提供稳定性和意义。[⑤] "制度具有多重的面相，是由符号

---

① 〔德〕马克斯·韦伯：《经济与社会（上卷）》，林荣远译，商务印书馆，1997，第345页。
② 〔美〕约翰·罗尔斯：《正义论》，何怀宏、何包钢、廖申白译，中国社会科学出版社，2009，第42页。
③ 〔美〕道格拉斯·C.诺思：《经济史上的结构和变革》，厉以平译，商务印书馆，1992，第227～228页。
④ 〔美〕道格拉斯·C.诺思：《制度、制度变迁与经济绩效》，杭行译，格致出版社、上海三联书店、上海人民出版社，2014，第3页。
⑤ 〔美〕W.理查德·斯科特、杰拉尔德·F.戴维斯：《组织理论：理性、自然与开放系统的视角》，高俊山译，中国人民大学出版社，2011，第242页。

性要素、社会活动和物质资源构成的持久社会结构。"① 从这个界定中可以看出，斯科特给出的制度定义是综合性的，具有多重面相。它是由各种符号性要素以及生产和再生产那些制度要素的活动和资源构成的持久社会结构，其中符号性要素是核心。

在社会学领域，中国学者郑杭生认为：社会制度"是指制约和影响人们社会行为选择的规范系统，是提供社会互动的相互影响框架和构成社会秩序的复杂规则体系"②。

中国学者辛鸣从制度哲学角度给制度下的定义是："制度就是这样一些具有规范意味的——实体或者非实体的——历史性存在物，它作为人与人、人与社会之间的中介，调整着相互之间的关系，以一种强制的方式影响着人与社会的发展。"③

不难看出，不同学者对制度有不同的表述。尽管表述不同，但是其核心都认为制度是一种准则，通过人们共同遵守来实现一定社会目的。"'制度告诉人们能够、应该、必须做什么，或是相反。'这大概是所有多制度的判断中最没有争议的一个判断，这其实说出了制度作为一个规范范畴的本质。"④

总之，制度是各种约束人类行为的规则总称。这是制度最本质的内涵。

体系是若干有关事务互相联系、互相制约而构成的一个整体。⑤ 体系是若干有关事务或某些意识互相联系而构成的一个整体。⑥ 制度体系是围绕某个事务的规则、若干相互联系的制度形成的有机整体。

校长专业发展制度是其专业素质不断更新、演进和丰富过程的行为规则的总称，是通过约束和激励校长个体在专业发展过程的行为而设置的一

① 〔美〕W. 理查德·斯科特：《制度与组织——思想观念与物质利益》，姚伟、王黎芳译，中国人民大学出版社，2010，第56页。
② 郑杭生主编《社会学概论新修》，中国人民大学出版社，2013，第253页。
③ 辛鸣：《制度论——关于制度哲学的理论建构》，人民出版社，2005，第51页。
④ 辛鸣：《制度论——关于制度哲学的理论建构》，人民出版社，2005，第56~59页。
⑤ 辞海编辑委员会编《辞海》，上海辞书出版社，1990，第257页。
⑥ 中国社会科学院语言研究所词典编辑室编《现代汉语词典（2002年增补本）》，商务印书馆，2002，第1241页。

种规则。

校长专业发展制度体系是与校长专业发展相关的各种制度构成的一个有机整体。目前，从政策视角和学者研究视角看，我国对校长资格制度、校长任用制度、校长负责制度和校长培训制度的规定相对来说比较全面。虽然目前我国还没有全国性的校长职级制，但是近10多年来，学者对校长职级制的研究逐渐多了起来。这几个制度对校长上岗之前的资格、校长上岗的任用、校长在岗的规定和校长在岗的学习等都进行了规定，形成了纵向的外在制度体系。

（二）理论基础

本书涉及的问题较多，诸如制度问题、组织问题、人力资源管理问题、系统科学问题等，需要相关理论做基础，其中主要是人力资源管理理论和新制度主义理论。

1. 人力资源管理理论

（1）人力资源管理流程理论

人力资源管理流程理论是关于人力资源管理制度的内容、制度的顺序及制度的体系等方面的理论。

关于人力资源管理制度的内容、制度的顺序，加里·德勒斯（Gary Dessler）认为，"人力资源管理是一个获取、培训、评价员工和向员工支付报酬的过程，同时也是一个关注劳资关系、健康和安全以及公平等方面问题的过程"[1]。迪安·L. 韦伯（Dean L. Webb）等认为人力资源管理的过程包括：招聘、选拔、人力资源最大化、绩效评价、薪酬计划、辅助人员发展计划。[2] 萧鸣政认为应该包括规划、分析、配置、招聘、维护、开发等。[3]

关于人力资源管理制度体系，姚裕群等认为，应该包括诸如招聘、培训、考核、奖惩等制度，具体见表1-1。

---

[1] 〔美〕加里·德斯勒：《人力资源管理》，刘昕译，中国人民大学出版社，2012，第5页。

[2] 〔美〕L. Dean Webb、M. Scott Norton：《教育中的人力资源管理——人事问题与需求》，徐富明等译，中国轻工业出版社，2005，第 IV ~ VI 页。

[3] 萧鸣政：《人力资源开发与管理——在公共组织中的应用》，北京大学出版社，2005，第25 ~ 26 页。

表 1 - 1 人力资源管理制度体系

规章名称	主要内容	主要功能
人力资源管理工作制度	人力资源管理工作规则、工作程序、人力资源管理计划制订规则、人力资源管理部门职权范围等	规范人力资源管理部门工作
员工招聘条例	招聘程序、方法，人员测试规则，内部招聘及外部招聘规则，临时雇工招聘规则等	满足组织发展需求，选择合适员工进入合适岗位
员工培训制度	培训计划及实施规则、岗前培训、在职培训管理规则、管理培训规则、培训考证规则及费用处置规定等	开发员工潜能，培养适应组织需求的技能、品质
绩效考核制度	员工考核的规定、原则及方法，员工考核管理规定，考勤制度管理规则等	公正评价员工工作成绩，为员工薪酬、晋升、培训调动等提供依据
工资及福利制度	工资体系及构成规则、集体谈判规则、奖金激励体系及构成规则、员工福利管理及福利构成制度等	维护员工切身利益，体现公平交易原则，提高员工劳动积极性，使员工具有归属感
员工奖惩制度	奖励制度及奖励方式、处罚规定及方式、组织纪律规定等	规范员工行为，增强员工战斗力
人力资源调整制度	晋升、降级、轮岗、辞职、辞退、退休等规则	保持组织活力，优化组织内人力资源配置，提高组织效率
人力资源日常管理制度	员工纠纷处理条例、投诉处理规则、员工档案管理规则、社会活动管理规则等	化解矛盾，减少冲突，维持组织运行秩序
安全与健康制度	事故处理规则、紧急事宜报告规则、职业病防范规则、员工健康保护规则、疗养规则等	尊重员工、关爱生命，培养员工的献身精神

资料来源：姚裕群等《人力资源开发与管理概论》，高等教育出版社，2015，第 275 ~ 276 页。

按照人力资源管理流程，人力资源管理制度应该包括：进入岗位制度、岗位任职制度、退出岗位制度。除此之外，还应该有贯穿"进入—在岗—退出"整个过程的学习制度、培训制度。

进入岗位制度：人力资源获取制度，包括任职资格制度（要有进入的条件）、选拔制度、录用制度、任用制度等。

岗位任职制度：责任制度，包括负责制和问责制、晋级制度、薪酬制度、考核制度、激励制度、流动制度等。

退出岗位制度：评价制度、标准制度、过渡制度、离开制度等。

从人力资源管理流程的纵向来看，人们在一个岗位上的专业发展，至少要经过进入这个岗位、在岗位上工作、在岗位上成长等阶段。校长在这个岗位上也存在三个过程，它们都涉及校长专业发展问题，都应该有相应制度规范其发展。

依据上述流程，应建立的校长管理制度包括校长职责制度、资格制度、聘任制度、培训制度、考核和监督制度、职务晋升制度、薪酬制度以及相关的工作保障制度。[①]

人力资源管理流程理论为本书提供了制度体系框架的支持理论。从校长准备任职，到结束校长职业生涯，在校长一生的专业发展中，应该有哪些流程，根据这些流程应该设置什么样的制度？本书在人力资源管理流程理论基础上提出了一个制度体系，并对其中欠缺的制度进行了补充，对不完备的制度进行了修复。

（2）职业生涯发展阶段理论

职业生涯发展是"一个正在进行的过程，在这个过程中，个人沿着一系列阶段前进，每个阶段都有一套相对独特的问题、主题、生命"[②]。"如果能够正确理解人们在不同职业阶段的任务和发展的含义，就有助于人们更有效地管理自己的职业生涯，有助于组织更好地管理、发展其人力资源。"[③] 为此，这里介绍一些学者的职业生涯发展理论。

①格林豪斯等学者的职业生涯发展理论

杰弗里·H. 格林豪斯（Jeffrey H. Greenhaus）等认为，职业生涯发展要经历四个阶段，具体见表1-2。

表1-2　职业生涯发展的四个阶段

阶段	典型年龄段	主要使命
选择职业和工作	大多数人是18～25岁，少数人不确定	建立职业方面的自我形象，对可选择的职业进行评价，初选职业，继续接受必要的教育，获得所向往组织的工作

---

① 褚宏启：《走向校长专业化》，《教育研究》2007年第1期。
② 〔美〕杰弗里·H. 格林豪斯等：《职业生涯管理》，王伟译，清华大学出版社，2014，第27页。
③ 〔美〕杰弗里·H. 格林豪斯等：《职业生涯管理》，王伟译，清华大学出版社，2014，第22～23页。

续表

阶段	典型年龄段	主要使命
职业生涯早期	25～40 岁	学会工作,学习组织规范和标准,适应所选职业和组织,提高能力,实现职业生涯目标
职业生涯中期	40～55 岁	再次评价早期职业和青年时的使命,再次肯定或修正职业生涯目标,在中年时期做出适当的选择,保持工作能力
职业生涯晚期	55 岁至退休	保持工作能力,保持自尊,为实际退休做准备

资料来源:〔美〕杰弗里·H. 格林豪斯等《职业生涯管理》,王伟译,清华大学出版社,2014,第 28 页。

②饶见维的教师职业生涯发展理论

饶见维提出了三阶段六时期的教师职业生涯发展观点,具体见表1–3。

表 1–3　理想的教师专业发展进程

阶段	时期	生涯时间	主要发展特性与目标
职前师资培育阶段	探索期	大一以前	探索教师的工作特性,并试探是否符合自己的目标
	奠基期	大二至大四	获得成为教师所需要的基本专业知能与基本学科知能
初任教师导入阶段	适应期	任教第一年	求适应、求生存
	发奋期	任教第二年至第四年	发奋图强、大量学习,以便尽快成为一个胜任教师
胜任教师精进阶段	创新期	任教第五年至第九年	不断自我创新、自我检讨
	统整期	任教十年以上	统整与建构,逐渐迈向专业成熟的境界

资料来源:饶见维《教师专业发展——理论与实务》,台湾五四图书出版有限公司,1996,第125 页。

对于专业发展阶段,还有一些学者进行了研究,例如,吉纳·道尔顿(Gene Dalton)和保罗·汤普森(Paul Thompson)提出了教师专业发展的四个阶段:①新手,始于一个人的职业开端;②独立的社会工作者;③顾问,把精力转投到为那些经验较少的职业人提供顾问服务上;④发起者,部分人进入的阶段,这些人亲自参与到一个组织的组建过程中。[1] 关于校长专业发展阶段问题,傅树京认为,"根据职业生涯阶段理论,按照校长任职时

---

① 〔美〕Fred C. Lunenburg、Allan C. Ornstein:《教育管理学:理论与实践》,孙志军等译,中国轻工业出版社,2003,第 497～500 页。

间和其特点，可以粗略地将校长职业生涯分为三个阶段：初任期、中任期
和后任期"①。

职业生涯发展阶段理论为本书提供了完善校长专业发展制度体系的理
论依据。制度的完善，尤其是校长培训等制度的优化，必须建立在发展阶
段理论基础上，根据校长专业发展的不同阶段形成不同的培训制度，提供
不同专业发展支持资源。

（3）人性假设理论

人性假设是对人的本质属性的基本看法。要根据人的本性、特点等，
采取相应管理措施，只有明确人是什么人，才能选择适宜的管理模式和方
法。每个管理决策或每个管理措施的背后，都必定有包含关于人性本质及
人性行为的假设。所以清楚人性假设是取得有效管理的前提，因此人性假
设是管理研究的重要内容。

①X 理论和 Y 理论

美国行为科学家道格拉斯·麦格雷戈（Douglas M. McGregor）于 1957
年在美国《管理评论》（The Management Review）杂志上发表了《企业的
人性面》（The Human Side of Enterprise）的论文。在这篇论文中，麦格雷
戈在梳理了传统的管理方式后，总结出三点管理职能，他认为这种管理背
后存在一种理念，这种理念便是 X 理论对人性的假设。麦格雷戈在质疑了
X 理论的同时，认为应该根据对人性的恰当认识来对人进行管理，于是提
出了 Y 理论观点的人性假设。

X 理论对人性的假设：人生性懒惰，不喜欢工作，只要可能，他们就
会逃避工作；人生性就缺乏进取心，没有雄心壮志，不愿承担责任，宁愿
被人领导；人生性就以自我为中心，漠视组织需要；人生性习惯于守旧，
不喜欢变革；人生性容易受到吹牛者和煽动者的蒙蔽，因为他们不聪明。②

Y 理论观点的人性假设：人生性并不是消极被动，也并非想抵制组织
的要求，他们后天的这种表现基于以往组织给予他们的经验；人生性愿意

---

① 傅树京、郭润明：《中小学校长培训层次的政策演变》，《河北师范大学学报》（教育科学
版）2016 年第 4 期。

② McGregor, D. M., "The Human Side of Enterprise," *The Management Review* 46（11），1957，
pp. 22 - 28.

努力工作，也愿意把行动指向组织目标的实现；人生性有承担责任的能力，也有发展潜力。[①]

麦格雷戈不赞成 X 理论对人性的假设，他认为"这种行为不是人的本性的后果；而是工业组织的性质、管理哲学、政策和措施的后果。传统的 X 理论的做法是以错误的因果概念为依据的"[②]。所以，管理者应该摈弃诸如 X 理论对人性的假设那样具有很大局限性的假设，否则就会低估组织人力资源的潜力。组织应该发明一些更有效的管理方式。

在上述论文的基础上，麦格雷戈于 1960 年出版《企业的人性面》（*The Human Side of Enterprise*）一书，这本著作涉及对很多问题的探讨，包括对 X 理论和 Y 理论的人性假设等进行深入的阐述。

②多元化的人性假设

综观人力资源管理理论的历史，有很多人性假设理论，比较多的是经济人、社会人、自我实现人和复杂人等假设。

经济人假设（Economic Assumption）：这种假设盛行于 20 世纪前后，早期的管理理论建立在经济人假设基础之上。以弗雷德里克·W. 泰罗（Frederick W. Taylor）的科学管理理论为代表的一些古典管理理论就是这种人性假设的反映。他们把员工作为生产过程中的一种不可缺少的要素，致力于创制一定的标准，以让工人创造更多的价值。这种假设的主要观点是：人受到经济刺激会做出任何能够提供最大经济利益的事情；从本质上来说，人是被组织操纵、驱动和控制的，因为经济刺激是由组织控制的。感情是非理性的，必须阻止它干扰个体对自身利益的获取；为了控制不可预测的个人特质，组织必须根据人的情感中立进行设计与控制。这实际类似麦格雷戈提到的 X 理论假设。

社会人假设（Social Assumption）：社会人假设出现于 20 世纪 30 年代，代表人物是澳籍美国学者乔治·埃尔顿·梅奥（George Elton Mayo）等。梅奥等通过霍桑研究（Hawthorne Studies）提出了"人际关系学说"，人际

---

① McGregor, D. M., "The Human Side of Enterprise," *The Management Review* 46 (11), 1957, pp. 22 - 28.

② McGregor, D. M., "The Human Side of Enterprise," *The Management Review* 46 (11), 1957, pp. 22 - 28.

关系学说的一个重要观点就涉及社会人。社会人假设的主要观点是：社交需要是人类行为的基本激励因素，而人际关系则是形成认同感的重要因素；从工业革命中延续过来的机械化，使工作丧失了其内在的意义，这些意义现在必须在工作中形成的社交关系中寻找；相对于管理激励和控制，员工更易对同伴群体的社交因素做出反应；员工对管理的反应达到了什么程度，取决于管理者对下属的接纳、认同感需要满足的程度。

自我实现人假设（Self-Actualization Assumption）：自我实现人假设的代表人物是美国心理学家和行为科学家亚伯拉罕·马斯洛（Abraham H. Maslow）等。人都要求从事自己所希望的事业，并从事业的成功中得到内心的满足，希望最大程度地发挥自己的作用。人希望成为的那个人，成为他所能够成为的一切。[①]自我实现人假设认为：自我实现重点强调的是自主、挑战、成长，最大限度地发挥个人能力和智力等的一种高层次需要；所有人天生就有自我实现的需要；人们的生理、安全、社交、尊重需要满足后，才有自我实现的需要。这一假设类似麦格雷戈的 Y 理论。

复杂人假设（Complex Assumption）：美国心理学家和管理学家埃德加·沙因（Edgar H. Schein）在 1965 年出版的《组织心理学》（*Organizational Psychology*）一书中回顾了历史上出现的人性假设，提出了复杂人假设。沙因的复杂人假设的主要观点是：人的需要可以分为不同类型，它们会随着人的发展和生活的改变而变化；人会形成复杂的动机、价值观和目标，应该理解他们；人在某个职业生涯阶段中的动机和目标，是需要与组织经历的复杂性与连续性交互作用的；人会在不同组织中，或者在同一个组织的不同下属机构中表现出不同需要；人能够在各种不同动机的基础上有效地参与到组织中去并完成任务；员工满意度和组织绩效取决于员工动机、能力、经历和任务性质以及组织氛围；人根据自己的动机、能力以及工作性质，能够对许多不同的管理策略做出反应。[②] 总之，人是复杂人，其动机和需要是多样的、可变的，他们因人、时、事的不同而发生不同变

①　〔美〕亚伯拉罕·马斯洛：《动机与人格》，许金声等译，中国人民大学出版社，2013，第24页。

②　〔美〕埃德加·沙因：《沙因组织心理学》，马红宇、王斌译，中国人民大学出版社，2009，第96~97页。

化，这些都会影响他们的行为，针对不同情况，管理应该采取不同措施。

人性假设理论是本书很多观点背后的支持理论，同时也是分析理论，是本书的强大理论依据。

人力资源管理流程理论、职业生涯发展阶段理论、人性假设理论为本书提供了完善校长专业发展制度体系的理论框架，提供了分析问题与解释事物的基础，提供了政策建议的支持依据。

2. 新制度主义理论

社会中的很多事情是由群体协作完成的，为了使协作有序进行，为了保证社会秩序，为了让人们知道该做什么，不该做什么，该怎么做，不该怎么做，就应该由制度进行规范。制度作为约束人们行为的规则，呈现不同特点。新制度主义社会学的代表学者 W. 理查德·斯科特（W. Richard Scott）提出了制度三要素理论，他认为："制度包括为社会生活提供稳定性和意义的规制性、规范性和文化－认知性要素，以及相关的活动与资源。"[1] 由此我们看到，斯科特认为制度包含规制性（Regulative）、规范性（Normative）和文化－认知性（Cultural-cognitive）三大基础要素，即存在规制性、规范性和文化－认知性三大类制度。

斯科特还对规制、规范和文化－认知三者之间的关系进行阐述："这三大基础要素构成了一个连续体，其一端是有意识的要素，另一端是无意识的要素；其一端是合法地实施的要素，另一端则被视为当然的要素。"[2] 这三大制度以相互独立或相互强化的方式，构成一个强有力的制度框架，这种框架既能容纳又能展现这些结构性力量，是一种具有弹性的框架。[3] 在一套复杂的制度结构中，这三个制度一般是同时存在的，共同构成制度分析的框架，即制度的三根支柱（Three Pillars of Institutions）。由此可以看到，斯科特拓展了制度的含义，不仅向上拓展了其法令的层面，而且向下

---

① 〔美〕W·理查德·斯科特：《制度与组织——思想观念与物质利益》，姚伟、王黎芳译，中国人民大学出版社，2010，第56页。

② 〔美〕W·理查德·斯科特：《制度与组织——思想观念与物质利益》，姚伟、王黎芳译，中国人民大学出版社，2010，第59页。

③ 〔美〕W. 理查德·斯科特：《制度与组织——思想观念与物质利益》，姚伟、王黎芳译，中国人民大学出版社，2010，第59页。

拓展了其认知的层面。①

斯科特对制度构成的三个方面的具体特征进行了阐述，形成一套综合的制度分析框架，具体见表1-4。

表1-4　制度的三大基础要素

	规制性要素	规范性要素	文化－认知性要素
遵守基础	权益性应对	社会责任	视若当然、共同理解
秩序基础	规制性规则	约束性期待	建构性图式
扩散机制	强制	规范	模仿
逻辑类型	工具性	适当性	正统性
系列指标	规则、法律、奖惩	合格证明、资格承认	共同信念、共同行动逻辑
情感反应	内疚/清白	羞耻/荣誉	确定/惶惑
合法性基础	法律制裁	道德支配	可理解、可认可的文化支持

资料来源：〔美〕W. 理查德·斯科特《制度与组织——思想观念与物质利益》，姚伟、王黎芳译，中国人民大学出版社，2010，第59页。

表1-4从遵守基础、秩序基础、扩散机制、逻辑类型、系列指标、情感反应、合法性基础等方面对规制性、规范性和文化－认知性三大制度进行概括。

（1）三个制度的主要内容

①规制性制度

体现在法律、法规、规章、政策等文本中的规约人们行为的规则，便是规制性制度。这类制度是人们设计出来的，以对有分歧的事实、应规定的事物进行共同性的说明，从而达到规范、制约人们行为的目的。它常常通过法律、法规、政策、组织安排等形式呈现出来。这类制度通常来自国家、组织、个人手中的权力，是权力意志的体现。

规制性制度对行为对象的作用机制是强制性的，行为对象必须遵守，否则将受到相应的惩罚。诺思认为，制度运行的关键在于犯规要有成本，

---

① 罗燕：《教育的新制度主义分析——一种教育社会学理论和实践》，《清华大学教育研究》2003年第6期。

对违规的人要有处罚,① 即让违规者因为违规付出沉重的代价。

规制性制度的人性假设是理性经济人,人们会为了追逐自己的利益去服从权力、遵守制度。经济人假设认为人的一切行为都是为了最大限度地实现自己的物质利益,工作是为了获得经济报酬。②

规制性制度的服从基础是制度制定者和实施者手中的权力,权力可以给遵守者带来生存与发展资源,行为者只要遵守制度就可以获得必要的资源。利益个体或群体追求自己的利益,就要遵守制度,遵守是获取利益的工具或手段。

斯科特认为,"规制性过程包括确立规制、监督他人遵守规则,并且如果必要,还有实施奖惩——奖励或惩罚——以图影响将来的行为"③。在新制度主义理论中,强调规制性制度要素的学者认为,有时具有权力的一方可能以威胁使用惩罚为基础,把自己的意志强加于他人,但是,他们也可能通过激励或诱惑的方式,来让别人遵从。④

规制性制度有明确的、外在的各种规制条文和过程,当然规制性制度对人们的作用不仅是由于外在条文具有强制性,还需要人们基本认可,否则也难以发挥制度的规约作用。有了认可,就产生了情感反应。当人们的认识与制度碰撞以后就会产生情感,"或者会感到恐惧、害怕和内疚,或者相反,会感到轻松、清白,并拥护这种制度"。"可能这是制度要素的力量的来源之一。"⑤

②规范性制度

规范性制度对人们行为的规约主要是通过社会道德来实现的。道德是在实际生活中根据人们需求形成的道理来规约人们行为的规范。"它以善

---

① 〔美〕道格拉斯·C.诺思:《制度、制度变迁与经济绩效》,杭行译,格致出版社、上海三联书店、上海人民出版社,2014,第4~5页。

② 〔美〕埃德加·沙因:《沙因组织心理学》,马红宇、王斌译,中国人民大学出版社,2009,第53页。

③ 〔美〕W.理查德·斯科特:《制度与组织——思想观念与物质利益》,姚伟、王黎芳译,中国人民大学出版社,2010,第60页。

④ 〔美〕W.理查德·斯科特:《制度与组织——思想观念与物质利益》,姚伟、王黎芳译,中国人民大学出版社,2010,第61页。

⑤ 〔美〕W.理查德·斯科特:《制度与组织——思想观念与物质利益》,姚伟、王黎芳译,中国人民大学出版社,2010,第62页。

和恶、正义和非正义、诚实和虚伪等道德概念来评价和调节人们的行为。"① 所以，规范性制度主要是指那些社会道德认为应该这么做，应该用这样的合法性方式去做。按照新制度主义理论的观点，道德形成了人们的责任、主流价值观等，规范性制度通过这些来规约人们的行为。规范性制度包括价值观和规范。所谓价值观，是指行动者所偏好的观念或者所需要的、有价值的观念，以及用来比较和评价现存结构或行为的各种标准。规范规定事情应该如何完成，并规定追求所要结果的合法方式或手段。② 价值观是"应该""合法"背后的理念。

规制性制度是由具有权力的部门制定的，主要代表的是权力所有者的利益，是当权者管理的有力工具，体现在正式文本中；规范性制度是根据人们在生活中广泛需要的一种道理而形成的风俗规则，具有良好的群众基础，代表群众的利益。它可能体现在某些文本性的条文中，也可能只存在于社会的道德观念中，没有形成成文的规定。规制性制度主要通过国家机器、组织机构、权力等来贯彻实施；规范性制度主要通过社会舆论、内心信念和传统习惯来评价人的行为，调整人与人之间以及个人与社会之间的关系。

规制性制度具有强制性，规范性制度对行动者的规约不具有强制性，如果不遵守，则不会受到规章的制裁，但是会受到道德的谴责，它是一种心灵的契约，是一种道德的力量，更多情况下靠人们自觉遵守，所以其约束力比规制性制度弱很多。虽然如此，但是它仍然具有普遍的规约力量。因为，一旦违反社会道德，人们会受到道德关系排斥，处于孤独、寂寞状态，而失去在生存和发展中的合法性资源。

其中，行动者被假设为"社会人"，而非理性计算者，他们深切地关注自己与其他人之间的关系及身份，即其他人对他们形成的社会概念。③

① 辞海编辑委员会编《辞海》，上海辞书出版社，1990，第1195页。
② 〔美〕W. 理查德·斯科特：《制度与组织——思想观念与物质利益》，姚伟、王黎芳译，中国人民大学出版社，2010，第63页。
③ 〔美〕理查德·斯格特：《比较制度分析的若干要素》，阎凤桥译，《北京大学教育评论》2007年第1期。注："W. 理查德·斯科特"、"理查德·斯格特"与"W. 理查德·斯格特"都是同一位学者，即都是W. Richard Scott，本书统一称为"斯科特"，其参考的文献尊重译者的翻译。

较有形的经济利益，他们更关注自己与社会生活圈之间的关系及对身份的确认。因此，组织或社会成员出于"适当性逻辑"而非"工具性逻辑"而逐渐认同社会责任，使行为符合社会性期待。

规制性制度和规范性制度虽然形式上都是外在要求，都体现外在利益相关主体的价值期待，但是它的作用发挥机制有不同之处。规制性制度主要依靠奖惩机制，规范性制度依靠的是行为主体对价值期待的认同，从而产生符合价值期待的行为表现。"重要的激励取决于别人的反应以及自己对于选择做出反应，适当行为的规范被来自其他人的反应所强化，并且在行动者身上得到了内化。"① 伴随着遵守与违法而产生的情感有："因违反规范而引起的情感，主要包括羞耻感，而对于那些遵守规范的模范行动者来说，情感则是骄傲与荣誉感。"②

③文化 – 认知性制度

关注制度的文化 – 认知性维度，是社会学与进行组织研究的新制度主义理论最显著的特征。③

文化 – 认知构成了关于社会实在的性质的共同理解，以及建构意义的认知框架，④ 即基于文化而产生认识。文化被看成关于世界"理所当然的概念"（Taken-for-granted Conceptions）。⑤ 埃德加·沙因认为，文化是"在解决其外部适应性问题以及内部整合问题时习得的一种共享的基本假设模式"。⑥ 按照沙因的观点，文化是由一些基本假设所构成的模式。这些假设被认为是"理所当然"的、行之有效的运行模式。进一步来说，文化即那

---

① 〔美〕理查德·斯格特：《比较制度分析的若干要素》，阎凤桥译，《北京大学教育评论》2007 年第 1 期。
② 〔美〕W. 理查德·斯科特：《制度与组织——思想观念与物质利益》，姚伟、王黎芳译，中国人民大学出版社，2010，第 64 页。
③ 〔美〕W. 理查德·斯科特：《制度与组织——思想观念与物质利益》，姚伟、王黎芳译，中国人民大学出版社，2010，第 65 页。
④ 〔美〕W. 理查德·斯科特：《制度与组织——思想观念与物质利益》，姚伟、王黎芳译，中国人民大学出版社，2010，第 65 页。
⑤ 〔美〕理查德·斯格特：《比较制度分析的若干要素》，阎凤桥译，《北京大学教育评论》2007 年第 1 期。
⑥ 〔美〕埃德加·沙因：《组织文化与领导力》，章凯等译，中国人民大学出版社，2014，第 16 页。

些被广泛接受的知识和特定看问题的思维方式和行为逻辑。认知是外部世界刺激与个人机体反应的中介，是关于世界的、内化于个体的一系列符号表象。①

文化－认知是指，在"共同理解""基本假设"等基础上产生自我认识，进而形成的一种制度。文化－认知，这种"内在的"理解过程是由"外在的"文化塑造的。② 也就是说，行动者在共同理解的、大家视若当然的文化意义的影响下，把已经外在的文化内化为自己的品质，主动建构自己的认知，使自己的认知符合共享意义。我们使用带连字符的概念，就是为了强调这个概念不仅包括个体的心智构架，而且包括共同的象征符号体系和共享的意义。③

文化－认知性制度为行为者"提供了一种意义符号框架，它是各种社会行为的基础。它提供了假定、范畴、纲要和文本，这都是'头脑中的软件'（Soft-ware of the Mind），决定着我们的理性选择，如果忽略它们就是只见其'形'（Figure），而不见其'神'（Ground）"④。文化－认知性制度的作用机制是，行为者依据文化这种特定意义的加工系统进行自我理解，在理解基础上形成自己的思想，建构自己的行为模式，然后体现出来。

与文化－认知性制度相适应的情感包括与主流文化一致的确定感，以及与主流文化相左的惶惑感。前者使人们轻松、坦然，后者使人们困惑、不安。

总之，文化－认知性制度就是基于文化而产生认知，并通过这种认知来规约人们的行为。当这种认知规约人们行为时，人们几乎没有过多地考虑个人利益和规范，认为一切都是"理所当然"（Take It for Granted）的，是基于共同信念、共同行动和共享逻辑的一种行为遵守。由于规制性制度和规范

---

① 〔美〕W. 理查德·斯科特：《制度与组织——思想观念与物质利益》，姚伟、王黎芳译，中国人民大学出版社，2010，第 65 页。
② 〔美〕W. 理查德·斯科特：《制度与组织——思想观念与物质利益》，姚伟、王黎芳译，中国人民大学出版社，2010，第 65 页。
③ 〔美〕W. 理查德·斯科特、杰拉尔德·F. 戴维斯：《组织理论：理性、自然与开放系统的视角》，高俊山译，中国人民大学出版社，2011，第 244 页。
④ 〔美〕理查德·斯格特：《比较制度分析的若干要素》，阎凤桥译，《北京大学教育评论》2007 年第 1 期。

性制度多是外在的规定，因此当遇到问题而产生行为时，人们都要考虑一下行为是否符合规制性制度和规范性制度，人们遵守的逻辑多基于外在压力。相比之下，文化－认知性制度对人们的规约是自然的、内在的、巨大的。

这种制度一是要让我们建立一种文化；二是要让人们认识到，建立认识信念，从而产生相应的行为。

（2）三个制度之间的关系

强调规则性制度的研究人员将注意力放在理性选择和设计方面，"规则要素比较正式和清晰，也比较容易规划和战略实施——关注点在于清晰的方向或规则、实施激励以及监督的重要性方面"①。对人们行为具有很大的调节和制约作用。规范性制度靠道德的力量规约人们的行为，是一种心灵的契约，兼有内外调节和制约作用。其"强调社会信念和规范通过他人的内化和运用，而具有稳定的作用"②。文化－认知性制度主要是在文化基础上形成的认识，对人们的行为兼有"理所应当"的内在规约作用，对人的影响也是深入的、巨大的。

上述三个制度各有劣势，社会学家认为法律、法规等规章制度如果仅以强制性和外生性的方式运行，"有可能是表面化的和稍纵即逝的。行动者有可能采取博弈的方式，如果这样的话，实际行为就变得与规则和正式结构相脱离了"③。不仅如此，而且规制性制度涉及制定、执行和评估等环节。韦恩·K. 霍伊（Wayne K. Hoy）等认为，这类强制性"政策带来的主要问题往往是增加执行的费用，而不能取得预期的效率与效果"④。所以，只有规制性制度是不够的，它必须获得其他制度的支持。规范性制度是道德对人们行为的规约，没有强制性，是人们对内化于自己的价值观的一种自觉遵守。如果人们没有内化，不自觉遵守，这个制度就失去了规约的价

---

① 〔美〕理查德·斯格特：《比较制度分析的若干要素》，阎凤桥译，《北京大学教育评论》2007 年第 1 期。
② 〔美〕W. 理查德·斯科特：《制度与组织——思想观念与物质利益》，姚伟、王黎芳译，中国人民大学出版社，2010，第 64 页。
③ 〔美〕理查德·斯格特：《比较制度分析的若干要素》，阎凤桥译，《北京大学教育评论》2007 年第 1 期。
④ 〔美〕韦恩·K. 霍伊、赛西尔·G. 米斯克尔：《教育管理学：理论·研究·实践》，范国睿主译，教育科学出版社，2007，第 248 页。

值。文化－认知性制度对人们的规约是基于文化而产生的认识，达成与社会一致的共识。如果没有产生认识，没有达成共识，这种制度就不能对行动者产生作用。另外，基于文化产生的认识并不全部是积极的，也会形成消极的共识，这种共识会对社会产生不利的影响。

所以，上述三个制度只有相互结合、相互作用，形成合理的制度体系，才能真正起到应有的作用。如果把法律规则看成建构意义与集体理解的"场合"，则依靠认知性制度和规范性制度而非强制性制度来发挥其影响力更为恰当。①

在现实社会生活环境中，三大制度应该是同时存在的，并非某一单独的制度在发挥作用，而是三大制度之间的不同组合在起作用。在任何发育完全的制度系统里，都存在三方面的制度及力量，它们互相作用，促进采取有序的行为。②

三个制度所处的层次是不一样的。规制性制度位于表层，容易设计或更改，与规范性制度和文化－认知性制度相比，对人们行为的规约基本在浅层次。文化－认知性制度位于最深层次，包含一些无意识的信念和想当然的基本假定，是最固执的。③"强调三个制度的存在和相互依存关系，三个制度提供了意义和秩序的不同基础，它们与不同的社会逻辑相关联，它们依赖多少有一些不同的机制，它们由不同的指标加以度量，它们给出了合法性的不同含义，特定的制度复合对于某些制度的依赖程度要高于对其他制度的依赖程度，各个制度的重要性随着时间的变化而变化。"④ 但是，三个制度之间如果出现错误的结合，比如，规制性制度太烦琐、刚性太强，与人们接受的理所当然的基本假定不相适应的话，就可能会引发行动者的认同危机，遭到抵制，甚至极有可能导致制度变革。再比如，组织中

---

① 〔美〕W. 理查德·斯科特：《制度与组织——思想观念与物质利益》，姚伟、王黎芳译，中国人民大学出版社，2010，第62页。
② 〔美〕W. 理查德·斯科特、杰拉尔德·F. 戴维斯：《组织理论：理性、自然与开放系统的视角》，高俊山译，中国人民大学出版社，2011，第242页。
③ 〔美〕W. 理查德·斯科特、杰拉尔德·F. 戴维斯：《组织理论：理性、自然与开放系统的视角》，高俊山译，中国人民大学出版社，2011，第245页。
④ 〔美〕理查德·斯格特：《比较制度分析的若干要素》，阎凤桥译，《北京大学教育评论》2007年第1期。

被大部分成员视为理所当然的实践活动，如果不能得到规范的认可和权威化权力的支持的话，就意味着认知存在危机，潜藏着变革的需要，同时也说明共同体文化建设缺失。因此，制度三根支柱应该是有机结合的关系，否则就会出现制度认同的合法性危机。

斯科特的制度三要素理论，为本书提供了重要研究框架和分析框架，本书中的校长专业发展制度体系的重构就是建立在这一理论基础上的。不仅如此，而且本书的一些其他观点，诸如校长退出制度也是建立在这一理论基础上的。

四 研究思路及方法

本书是通过发现、修订校长专业发展制度体系中的问题，从而完善这一制度体系，建构一个新的制度体系，进而更有效地促进校长专业发展。因此，本书进行了研究设计，构建了研究思路，设置了相应的研究方法，具体如下。

（一）研究思路

下面分别从本书的整体思路和各章节的具体思路进行阐述。

1. **整体思路**

本着发现问题、确定问题、分析问题、解决问题这一逻辑过程，为了进行校长专业发展制度体系的基础研究，本书设计了如下的整体思路。

（1）发现问题与确定问题

为了发现校长专业发展制度体系中的基础问题，首先，对校长专业发展制度文献进行研究，目的是了解制度中是否存在基础研究不够的问题。本书通过研究发现了学者们主要关注的内容，例如，学者们关注比较多的制度是校长资格制度、校长选拔制度、校长负责制度、校长问责制度、校长评价制度、校长培训制度、校长职级制度、校长晋升制度。文献研究表明，对于各个制度之间关系的研究只是在局部进行的，没有对整个校长管理制度中涉及的所有制度之间的关系进行分析，缺乏整体性的框架。对校长专业发展制度体系的研究欠缺。

其次，对校长专业发展制度进行梳理，目的是了解政策视角下的制度是否存在问题。众所周知，权威的制度来自国家的法律、法令和政策。在中国，地方各级政府服从和接受中央政府的领导。中央政府负责制定国家的相关法律、法令和政策，地方政府执行中央政府制定的相关法律、法令和政策。所以教育的权威制度来自中央政府制定的相关法律、法令和政策。通过研读相关法律、法令和政策，本书发现目前我国相对成熟的校长专业发展制度是校长资格制度、校长任用制度、校长负责制度、校长培训制度，它们形成了相应的制度体系。通过对制度进行梳理，我们发现我国缺失的制度，发现需要修订、完善的制度，发现需要进行有关制度体系的基础理论研究。

最后，对校长专业发展制度中的重要制度的执行情况进行研究，目的是发现校长专业发展制度体系运行中的问题。其内在逻辑是，有关制度体系的问题仅通过进行制度梳理发现是远远不够的，还应该通过对执行情况的调查来发现。

基于上述阐述，校长专业发展制度中的问题主要体现在制度体系中。于是，本书确定了研究问题，即需要对校长专业发展制度体系进行研究。

（2）分析问题与解决问题

问题发现后，应对问题的原因进行分析，从应然层面提出解决问题的办法，本书主要解决的是校长专业发展制度体系中的基础理论问题。本书确定了研究的理论基础、研究思路、研究范式与方法等。

本书在人力资源管理流程理论、组织理论的基础上，构建了横纵结合的外在制度体系。一是补足校长专业发展欠缺的制度，诸如校长问责制和校长退出制等；二是修复校长专业发展中已有的制度，在理论分析的基础上，提出政策建议。

本书还借助新制度主义倡导者 W. 理查德·斯科特提出的规制性、规范性和文化－认知性制度三要素理论，建构了包括这三大制度在内的校长专业发展制度体系，主要解决校长个体对制度的认可、认同、建构，及其内外整个制度协同运行的问题。

2. 各章设置思路

根据上述思路，形成了如下章节。

　　第一章　绪论。主要明确本书的问题、意义、文献、概念、理论、思路和方法等，为后续研究打下基础。阐明研究的问题与意义，明确本书要解决的问题，解决这些问题的实践意义和理论价值；评述前人的研究，为本书提供文献基础，同时在文献研究的基础上表明本书的新颖性和价值性；界定核心概念和阐述理论基础，使研究者与读者在同一概念范畴中对话，也使本书由于理论指导可以向学术的更高品质处发展；明确研究思路与方法，为后续研究做好思路与方法的铺垫。

　　第二章　政策文本视角下的校长专业发展制度体系。主要解决有关制度体系的具体问题。从政策、法律视角展示我国已有的制度及其体系。通过梳理，发现我国的校长专业发展制度，从制度体系视角看还欠缺什么。不仅如此，也为后面的制度执行、完善和重构研究奠定基础。只有明确制度的具体内容，才能清楚制度的执行情况及如何解决其中的问题。

　　第三章　政策执行视角下的校长专业发展制度体系。目的是了解校长专业发展制度的执行情况。这一章的研究框架是：校长持证上岗制度（校长资格制度中的内容）、校长培训制度、校长职级制度。其研究框架来源于第二章对制度体系的梳理及本书的视角，本书主要以校长为分析单位。基于对制度体系梳理和分析单位的确定，本书选择持证上岗、培训和职级三个制度，运用实证方法对其执行进行研究。

　　第四章　校长专业发展制度体系的完善。目的是解决第二章和第三章发现的问题，包括在校长专业发展制度体系梳理和执行中的问题。第二章和第三章的研究发现了四个问题：一些制度缺欠；一些制度不足；一些制度被认可、认同、建构的程度不够；一些制度相互间的协同效应不佳。其中的两个问题，即一些制度欠缺和一些制度不足在本章解决，其他问题在第五章解决。这一章的研究框架是补足欠缺制度，修复已有制度，该研究框架主要来源于第二章的制度梳理和第三章的制度执行研究。

　　第五章　校长专业发展制度体系的重构。目的是通过建构一个新制度体系，解决校长专业发展中的认可、认同、建构，及制度体系协同作用问题，通过重构合理的校长专业发展制度体系，更加有效地促进校长专业发展。这一章的框架是新制度主义理论提供的规制性、规范性和文化－认知性三大制度内容。这一章将阐述这三个制度的具体内容，然后对其要素与组合进行分析。

这五章之间具有严密的逻辑关系：第一章是对研究的整体说明，让读者开篇就知道本书要解决什么问题及如何解决这些问题；第二章是从政策视角建立制度体系框架，使后续的研究有了一个比较明确的范围，有了一个比较明确的标准，有了发现问题的机会；第三章是基于第二章的制度框架和内容进行的执行研究，没有第二章的铺垫，这一章就无法进行执行研究。这一章又为后面两章的研究提供了问题基础；第四章是为了解决第二章和第三章发现的问题而设置的；第五章也是为了解决第二章和第三章发现的问题而设置的，第二章和第三章发现的问题较多，第四章解决不完，于是设置了这一章。没有前两章的问题，第四章和第五章就失去了存在的价值，没有后两章对问题的解决，第二章和第三章的存在价值就会被弱化。所以，这五章具有各自的研究任务、研究目的、研究框架与研究范式，但是它们之间是相互联系、相互作用的。

结语　总结本书的主要研究贡献、主要学术创新、主要研究不足及需要完善之处。

（二）研究方法

本书建立在文献、政策和现实情况等基础上，通过相关方法获取相关数据，运用相关方法处理相关数据。

1. 获取数据的方法

获取数据主要运用的是文献法、问卷法和访谈法。

（1）文献法

本书运用文献法获取了大量研究资料，主要是著作、论文、政策文本等。

著作：主要通过诸如国家图书馆、北京大学图书馆、首都师范大学图书馆等获取相关著作。为了研究，获取并阅读了很多与本书有关的著作，例如，《教育中的人力资源管理——人事问题与需求》[1]《人力资源管理》[2]

---

[1] 〔美〕L. Dean Webb、M. Scott Norton：《教育中的人力资源管理——人事问题与需求》，徐富明等译，中国轻工业出版社，2005。

[2] 〔美〕加里·德斯勒：《人力资源管理》，刘昕译，中国人民大学出版社，2012。

《制度与组织——思想观念与物质利益》① 《〈中小学校长专业标准〉解读》②《走向校长专业化》③ 等。

论文：主要通过中文期刊数据库和重要的英文教育数据库等查找期刊论文和学位论文等各种资料。中文期刊数据库：中国期刊网、人大复印报刊资料全文数据库、维普全文电子期刊、中国优秀博硕士学位论文全文数据库、北京大学学位论文数据库、全国报刊索引数据库（社科版）网络版、华人社会教育文献资源中心等。重要的英文教育数据库：ERIC、ASP、ARL、PQEC、PQDD、JSTOR 等。

政策文本：由于本书研究的是校长专业发展制度，在中国，地方各级政府服从和接受中央政府的领导，在这种体制下，中央政府直接领导和管理国家教育事业，教育行政部门主要以实施中央制定的法律、政策、规划和指令为己任。因此本书主要收集国家关于校长专业发展的政策，并辅之以少量的地方教育政策。我国关于中小学校长的政策文本主要是在改革开放后制定的，故收集的政策主要是改革开放后的政策。

关于文献资料的收集情况，具体见最后的"主要参考文献"。

（2）问卷法

本书采用问卷法收集相关数据，目的是带有一定规模性地了解校长专业发展制度的执行情况及校长对制度持有的态度。

根据对国家政策的梳理及访谈情况，本书编制了《中小学校长专业发展制度实施问卷》，在形成最初的问卷后，进行试调查，发现问卷中的许多问题，然后又一次进行访谈，在此基础上形成了第二阶段的问卷。之后又一次进行试研究，又一次进行访谈，随着访谈人员数量及研究深度的增加和提高，问卷一次又一次完善，使访谈更具针对性和深层次性。问卷主要包括两部分：第一部分为校长的基本信息，第二部分为具体问卷内容。问卷有三类题型，一是多选题，二是单选题，三是五点量表题型。五点量表采用伦西斯·李克特（Rensis Likert）五点量表法，选项依次为"完全

---

① 〔美〕W. 理查德·斯科特：《制度与组织——思想观念与物质利益》，姚伟、王黎芳译，中国人民大学出版社，2010。
② 陈永明等：《〈中小学校长专业标准〉解读》，北京大学出版社，2011。
③ 褚宏启、杨海燕等：《走向校长专业化》，上海教育出版社，2009。

符合、比较符合、不确定、比较不符、完全不符",得分分别为"5、4、3、2、1"。

问卷发放与回收：此次主要对 BJG 市中小学校长进行调查。随机抽取 BJG 市 16 个区中的 40 名正副校长进行问卷发放，共计发放 640 份，回收 539 份，回收率为 84.22%。539 份中有些是不合格的问卷，剔除这些不合格问卷，剩下有效问卷 482 份，问卷回收后的有效率是 89.42%。

（3）访谈法

访谈目的：主要是深入了解中小学校长对其专业发展制度的认知情况、执行情况及对建立完善的制度体系的想法。

访谈对象：主要是东部省份的中小学校长，兼有中部和西部一些省份的校长。访谈对象包括具有法定职务的正校长和副校长；一些教育行政部门的职能人员。共计访谈 121 位校长和行政人员，其中个别访谈 76 位，集体访谈 45 位。

访谈类型：正规型和非正规型访谈。

正规型访谈主要采用半开放型访谈方式。在访谈前，研究者和被研究者双方事先约定好时间和地点，并且制定一个粗线条的访谈提纲。根据要获得的信息简单设计一些问题，作为访谈的提示，并根据这个访谈提纲进行提问。在具体访谈过程中，根据具体情况再对访谈提纲的程序和内容进行灵活调整。一般来说正规型访谈的时间是 30~90 分钟。

非正规型访谈主要采用开放型访谈方式。具体访谈前没有事先约定时间和地点，而是在与对方一起活动时，根据当时情况进行交谈。例如，在研究者授课中间休息时、课程结束后，就课程的某些内容进行交谈；再如，双方在参加会议的过程中，就会议的一些议题进行交谈；还有，研究者到中小学进行观察时，就某个问题进行交谈。非正规型访谈涉及的人数和次数较多，获得的信息较多、较真实，对研究的帮助较大。

2. 处理数据的方法

本书在获得资料的同时及时进行资料分析。在处理数据时，首先对原始数据进行核实、鉴别，去伪存真、去粗取精，选择有价值的资料，剔除重复、不真实的资料，然后认真阅读原始数据，在阅读时，尽量采取主动"投降"的态度，把自己以前的有关认识暂时悬置起来，让数据自己说话。

在数据处理上，采取定性与定量分析相结合的方式，主要运用内容分析法、频数分析法、类别分析法等对文献、问卷和访谈等数据进行处理。

（1）文献数据的处理

主要采用内容分析法，在阅读基础上对文章、著作、政策文本所呈现出来的显性内容进行集中分类，进行客观和系统分析，之后通过进行比较、鉴别，抓住最重要的、与研究内容关系最密切的数据，反复阅读、反复思考，从文章、著作、政策文本的表层进入深层，从而发现政策文本背后的深层意义，寻找数据的内在价值，获知目前校长专业发展制度的演变情况，及制度建构的理论基础等。

（2）问卷数据的处理

本书主要采用 SPSS 19.0 软件进行问卷数据的录入与统计分析，主要运用的是频数分析法、信度分析法和效度分析法。关于信度（Reliability）和效度（Validity），它们是表明问卷质量的两个重要指标，应运用相关统计方法对信度和效度进行检验。效度是指问卷测量内容的真实性和准确度。

问卷的信度：信度是指问卷调查结果的内部一致性。关于问卷的信度检验，本书进行了克朗巴哈α系数（Cronbach's Alpha）的信度分析（Reliability Statistics）。统计学原理表明：克朗巴哈 α 系数越高，表示该问卷的内部一致性越高。一份信度高的量表，信度系数最好在 0.9 以上，信度系数在 0.8 以上算是可以接受的范围；信度系数在 0.7 以下，就应该对量表或测试进行修订；信度系数低于 0.5，则该量表或测试的调查结果的可信度低。[①] 表 1 - 5 的分析结果显示，问卷的信度系数为 0.919，大于 0.9，说明该问卷具有较高的信度，具有较好的内部一致性。

问卷的效度：关于问卷的效度检验，本书采用样本测度法（Kaiser-Meyer-Olkin Measure of Sampling Adequacy）和巴特利特球体检验法（Bartlett test of Spherical）对问卷的效度进行检验，*KMO* 值为 0.902，显著性水平为 0.000。*KMO* 值是用于比较变量间简单相关系数和偏相关系数的指标，当 *KMO* 值 >0.9 时，采用因子分析法的效果最佳，当 0.9 > *KMO* 值 >0.7 适合采用因子分析法，0.7 > *KMO* 值 >0.5 则不太适合采用因子分析法，

---

① 杜强、贾丽艳：《SPSS 统计分析从入门到精通》，人民邮电出版社，2011，第 255 页。

KMO 值 <0.5 则不宜采用因子分析法。此外，当巴特利特球体检验的统计量达到显著性水平时（*p* <0.05），则表明原有变量适合进行因子分析。[①]检验结果表明，问卷的 *KMO* 值为 0.902，大于 0.9，说明样本适合做因子分析；其巴特利特球体检验的统计量达到显著性水平，为 0.000，小于0.01，这说明该量表具有较好的效度。不仅如此，关于效度，我们还请专门从事测量研究的 3 位专家及专门从事教育管理研究的 2 位专家对该问卷进行了修正与完善，故该问卷具有较好的效度。

问卷人员的分布情况具体见表 1 – 5。

表 1 – 5 问卷人员的分布情况

单位：%

序号	项目		占比
1	性别	男	62.7
		女	37.3
2	年龄	31～40 岁	24.0
		41～50 岁	55.4
		50 岁以上	20.6
3	学历	博士	0.9
		硕士	13.1
		本科	85.7
		专科	0.3
4	职称	高级	59.4
		中级	40.0
		初级	0.6
5	教龄	5 年以下	0.6
		5～10 年	4.6
		11～20 年	28.9
		20 年以上	65.9
6	职位	校长	38.9
		副校长	61.1

① 杜强、贾丽艳：《SPSS 统计分析从入门到精通》，人民邮电出版社，2011，第 255 页。

序号	项目		占比
7	任职年限	0～2年	26.6
		3～5年	32.6
		6～10年	18.8
		11～15年	11.4
		15年以上	10.6
8	学校类型	小学	34.3
		初中	29.4
		高中	1.5
		完全中学	11.6
		九年一贯制	23.2

（3）访谈数据的处理

访谈较问卷调查比较灵活，但同时也增加了这种调查过程的随意性。不同被访者的回答是多种多样的，没有统一的答案，这样，对访谈结果的处理和分析就比较复杂。标准化程度低，就难以做定量分析，主要采用定性分析法，发现事物之间的关系。结论的得出，需要我们在汇总访谈对象的交谈内容时，寻找访谈对象对问题理解存在共性的地方，然后推导出事物与我们要访谈调查的问题之间的关系。

把访谈录音整理成文字材料，运用编码等技术对访谈数据进行处理，从中分别提取一些关键因素，然后进行深度分析，即主要运用类别分析法等，把资料进行分类，在同一性资料基础上进行同类比较，在不同类资料基础上进行差异比较，使经验资料和理论分析结合在一起，从而诠释、说明相关研究问题。

通过对上述方法的运用，启发自己形成有价值和可行的观点，即在研究数据的同时逐渐形成自己的观点。在整个研究过程中，所获得的数据还会作为重要的支持材料，起到充分说理的作用。

关于访谈，主要进行的是个体访谈，除此之外，还举行了四次集体访谈，访谈人员的具体情况见最后的附录，分布情况见表1-6。

表1-6 访谈人员的分布情况

单位：%

序号	项目		占比
1	性别	男	61.16
		女	38.84
2	年龄	31~40岁	34.71
		41~50岁	60.33
		50岁以上	4.96
3	学历	博士	1.65
		硕士	15.70
		本科	82.65
4	职称、类型	正高级教师	3.31
		高级教师	66.11
		一级教师	22.31
		教育行政人员	8.27
5	职位、级别	校长	62.81
		副校长	28.93
		处级	2.48
		科级	5.78
6	工作单位类型	小学	34.71
		中学	43.80
		九年一贯制	13.22
		教育行政部门	8.27

本章小结

这一章的目的主要是从整体上明确本书的问题、意义、文献、概念、理论、思路和方法等，为后续研究打基础。

首先，阐明研究的问题与意义。本书要解决的问题是如何通过制度体系设置促进校长有序、有效地进行专业发展。现实中存在校长专业发展不到位、不积极等问题，而一些问题产生的重要原因在于制度及制度体系存在问题。本书的实践意义是：有利于贯彻国家教育政策，有利于约束、指导与支持校长专业发展，有利于形成制度合力来促使校长专业发展。理论意义是：有利于丰富校长专业发展的研究内容，有利于完善校长专业发展制度理论建立的基础性工作，有利于扩大已有理论的应用范围。

其次，评述前人对校长专业发展制度体系的研究情况。文献研究表明，近10年来比较有代表性的研究对校长培训、校长职级和校长专业标准的探索较多。关于校长培训，对机构、队伍、模式、层次这些问题的研究较多；关于校长职级制，对改革背景、内容、成就、困境、策略等问题的关注较多；关于校长专业标准，对框架、困境、建议以及别国的标准等问题的探索较多。文献研究还表明：从校长专业发展制度体系角度进行的研究不是很多；从人力资源管理理论和新制度主义理论视角研究完善制度体系的文献不多；从校长个体角度探究将其纳入制度设计及执行过程的研究不充分；用实证方法研究制度执行的文献不是很多。

再次，界定核心概念，阐述理论基础。本书有很多概念，主要界定的是校长专业发展和校长专业发展制度体系。前者是指校长在专业理解与认识、专业知识与方法、专业能力与行为等方面不断丰富、持续更新和逐渐完善的过程；后者是指与校长专业发展相关的各种制度构成的一个有机整体。本书涉及的问题较多，诸如，制度问题、组织问题、人力资源管理问题、系统科学问题等，需要相关理论做基础，其中主要是人力资源管理理论和新制度主义理论。它们为本书提供了完善与重构校长专业发展制度体系的理论框架，提供了分析问题与解释事物的基础，提供了政策建议的支持依据等。

最后，设计研究思路，选择研究方法。本着发现、确定、分析、解决问题这一逻辑，设计了研究步骤与框架。①文献述评，目的是了解制度中是否存在基础研究不够的问题。框架根据对学者们的研究的归纳整理得出。②制度梳理，目的是了解政策视角下的制度是否存在问题。框架根据对国家的政策的归纳整理得出。③制度执行研究，目的是发现校长专业发展制度体系运行中的问题。框架根据制度梳理和分析单位的个体性得出。④制度完善研究，目的是补足没有的制度、修复老化的制度。框架来自制度梳理和执行中的问题框架。⑤制度重构研究，目的是设计一个新制度来促进校长专业发展。框架来自新制度主义倡导者 W. 理查德·斯科特的规制性、规范性和文化 – 认知性制度三要素理论。关于研究方法，本书选择文献法、问卷法和访谈法作为获取数据的方法，选择内容分析法、频数分析法和类别分析法等作为处理数据的方法。

|第二章|

政策文本视角下的校长专业发展制度体系

　　本章主要从政策文本视角研究校长专业发展的制度体系。关于校长专业发展及专业化，我国政策中提到此词较晚。校长专业化的相关词最早出现在21世纪初，2002年2月1日，《教育部办公厅关于进一步加强和改进中小学校长培训工作的意见》指出："努力建设一支符合实施素质教育需要的高素质、专业化的中小学校长队伍"。2010年7月，国家中长期教育改革和发展规划纲要工作小组办公室印发的《国家中长期教育改革和发展规划纲要（2010—2020年）》指出："制定校长任职资格标准，促进校长专业化，提高校长管理水平。"2012年8月20日，《国务院关于加强教师队伍建设的意见》指出："制定幼儿园园长、普通中小学校长、中等职业学校校长专业标准和任职资格标准，提高校长（园长）专业化水平。"2013年8月29日，《教育部关于进一步加强中小学校长培训工作的意见》指出，"造就一支高素质专业化中小学校长（含幼儿园园长、特殊教育学校校长，下同）队伍"。关于校长专业发展一词的出现晚于校长专业化一词。2011年1月14日，教育部颁发的《全国教育人才发展中长期规划（2010—2020年）》指出："开展中小学校长全员培训，大力促进校长专业发展，全面提升中小学校长的办学治校能力和素养。"《教育部关于进一步加强中小学校长培训工作的意见》提到培训要"以促进校长专业发展为主线"，"满足校长专业发展需求"。

　　虽然我国在政策中出现校长专业发展一词较晚，但是我国关于促进其发展的一些制度在改革开放初期就出现了。从政策视角看，我国比较成熟的校长专业发展制度主要有：校长资格制度、校长任用制度、校长培训制度、校长负责制度。下面从政策视角梳理一下这些制度。还有一些制度也在逐渐完善中，这里选取校长考评制度和校长职级制度进行政策梳理。

我国关于中小学校长的政策文本主要是在改革开放后制定的，故下文对政策文本的梳理也主要建立在改革开放后的文本基础上。

在中国，地方各级政府服从和接受中央政府的领导。在这种体制下，中央政府直接领导和管理国家的教育事业，地方政府主要以实施中央制定的相关法律、政策、规划和指令为己任。所以，各省份的中小学校长专业发展制度体系多来自国家层面的政策。

一 校长资格制度

校长资格制度是对从事这一职业应具备的条件及获得这种条件的规则的总称。从政策视角看，我国的校长资格制度包括校长任职资格制度、持证上岗制度和任职资格培训制度等。

（一）持证上岗制度

1. 持证上岗制度建立阶段

早在 20 世纪 80 年代末，国家就对中小学校长提出了持证上岗的要求。1989 年 12 月 19 日，《国家教委关于加强全国中小学校长培训工作的意见》明确指出："对将任校长职务的，先进行岗前培训，并经考核合格后，再上岗任职。"

20 世纪 90 年代初，在政府文件中正式出现"岗位培训合格证书""持证上岗"等词。1991 年 6 月 25 日，国家教委颁布的《全国中小学校长任职条件和岗位要求（试行）》指出：中小学校长"都应接受岗位培训，并获得'岗位培训合格证书'"。1992 年 12 月 10 日，中组部、国家教委颁布的《关于加强全国中小学校长队伍建设的意见（试行）》指出："今后新任命的校长，应取得岗位培训合格证书，持证上岗。"

1994 年 7 月 3 日，《国务院关于〈中国教育改革和发展纲要〉的实施意见》明确了"持证上岗制度"实施的时间："争取 1997 年左右在全国实行中小学校长持证上岗制度。"

20 世纪 90 年代中期，政府再次强化了此事。1995 年 12 月 28 日，国家教委颁布的《关于"九五"期间全国中小学校长培训指导意见》指出："要坚持实行中小学校长持证上岗制度。凡新任职的中小学校长都必须接受岗位培训，并取得'岗位培训合格证书'。"

为促进持证上岗工作的规范化、制度化、科学化，1997 年 12 月 31 日，国家教委颁布了《实行全国中小学校长持证上岗制度的规定》。该政策对中小学校长持证上岗制度的建立起到了至关重要的作用。第一，明确了证书的意义，即中小学校长在上岗前都应该获得证书。政策再次强调持证上岗的中小学校长必须参加岗位培训，并获得"岗位培训合格证书"。第二，明确了"岗位培训合格证书"的发放："'岗位培训合格证书'和继续培训合格证书由省级教育行政部门统一印制、统一编号，按照'分级培训、分级管理'的原则，由相应的教育行政部门审核验印，并委托具备资格的培训机构颁发。"第三，明确建立校长持证上岗备案制度，"县、地级教育行政部门每年要将中小学校长参加培训情况和颁证情况报上一级教育行政部门，省级教育行政部门每年要将本地区中小学校长培训情况和持证上岗情况报国家教委"。上述政策的出台，使中小学校长持证上岗制度有了雏形，该制度的实行是促进中小学校长专业发展，加强中小学校长队伍建设的一项重要措施。考虑到我国教育发展的不平衡及实际需要，政策还指出：如果"因工作需要，培训前进入岗位的，只能任代理校长，待获得'岗位培训合格证书'后再正式任命或聘任校长职务"。

2. 持证上岗完善阶段

后续很多政策，诸如《面向 21 世纪教育振兴行动计划》（1999 年 1 月 13 日国务院批转教育部）《中共中央　国务院关于深化教育改革全面推进素质教育的决定》（1999 年 6 月 13 日）等都在强化要继续巩固和完善中小学校长岗位培训和持证上岗制度。

1999 年 12 月 30 日，教育部颁布的《中小学校长培训规定》将"岗位培训"改为"任职资格培训"，相应地，"岗位培训合格证书"改为"任职资格培训合格证书"。该规定再次强调了持证上岗制度："新任校长必须取得'任职资格培训合格证书'，持证上岗。"对于违反者，规定再次强调了罚则："无正当理由拒不按计划参加培训的中小学校长，学校主管行政机关应督促其改正，并视情节给予批评教育、行政处分、直至撤销其职务。"这较 1997 年的罚则更加严厉。

2001 年 12 月 30 日，教育部在其颁布的《中小学教师队伍建设"十五"计划》中明确谈到了"九五"以来中小学校长持证上岗的成就，"初步建立了中小学校长培训和持证上岗制度"；同时还指出"十五"期间中小学校长持证上岗制度得到巩固和完善，到 2005 年，新任校长普遍接受任职资格培训，持证上岗率保持在 95% 以上。

"十一五"、"十二五"和"十三五"时期的政策继续强调持证上岗。2007 年 3 月，教育部颁布的《全国教育系统干部培训"十一五"规划》明确指出：严格执行《中小学校长培训规定》，新任中小学校长应做到持证上岗。《全国教育人才发展中长期规划（2010—2020 年）》指出，"新任中小学校长应做到持证上岗，任职资格培训时间不少于 300 学时"。《教育部关于进一步加强中小学校长培训工作的意见》再次重申："各地要严格执行新任校长持证上岗制度，新任校长或拟任校长必须参加不少于 300 学时的任职资格培训。"2017 年 1 月 13 日，中组部和教育部颁布的《中小学校领导人员管理暂行办法》明确：应当经过任职资格培训并取得合格证书。

针对担任校长前不能取得"任职资格培训合格证书"的校长，《中小学校长培训规定》给出了延后获得的具体时间，"应在任职之日起六个月内，由校长任免机关（或聘任机构）安排，接受任职资格培训，并取得《任职资格培训合格证书》"。后来《中小学校领导人员管理暂行办法》调整了此时间："确因特殊情况在提任前未达到培训要求的，应当在提任后一年内完成。"将延后获得的时间从 6 个月延长到一年。

3. 持证上岗制度内容

第一，中小学校长在任职前要取得"任职资格培训合格证书"，持证上岗。

第二，新任校长或拟任校长必须参加不少于 300 学时的任职资格培训。

第三，没有参加任职资格培训的校长，应督促其参加，并视情节给予批评教育、行政处分直至撤销其职务。"无正当理由拒不按计划参加培训的中小学校长，学校主管行政机关应督促其改正，并视情节给予批评教育、行政处分、直至撤销其职务。"

第四，"任职资格培训合格证书"由省级教育行政部门统一印制、统一编号，委托具备资格的培训机构颁发。

（二）任职资格制度

任职资格是指从事某种职业的人必须具备的各种条件要求。它常常以胜任职位所需要的学历、专业、知识、技能、经验、性格、行为加以表达。校长任职资格是对校长从事学校管理工作的基本要求。

为了规范校长专业发展，美国、英国、澳大利亚等国都先后制定并修改了校长任职资格。它们的经验表明，校长任职资格的制定与完善，有利于促进校长专业发展。我国政府也意识到了这个问题，出台了相应政策来阐明校长任职资格。

我国专门出台相关政策是在 20 世纪 90 年代初。此时，我国政治、经济的发展对教育提出了挑战，教育的发展离不开校长的引领。国家意识到中小学校长在教育事业中担负着重要责任，为了建设一支政治坚定、德才兼备、相对稳定的中小学校长队伍，为了促进校长专业发展，根据当时教育事业发展对中小学校长的要求，兼顾校长当时发展状况，国家教育委员会颁发《全国中小学校长任职条件和岗位要求（试行）》。

该政策明确了校长任职的基本条件与资格。其内在条件是，中小学校长应该具备如下条件。拥护中国共产党的领导，热爱社会主义祖国，努力学习马克思主义。热爱社会主义的教育事业，认真贯彻执行党和国家的教育方针、政策、法规。关心爱护学生，刻苦钻研教育、教学业务。热爱本职工作。有一定的组织管理能力。团结同志，联系群众。严于律己，顾全大局。言行堪为师生的表率。

该政策还对校长学历、职称、经历、证书等都提出了要求：乡（镇）完全小学以上的小学校长应有不低于中师毕业的文化程度，初级中学校长应有不低于大专毕业的文化程度，完全中学、高级中学校长应有不低于大学本科毕业的文化程度；中小学校长应分别具有中学一级、小学高级以上的教师职务；都应有从事相当年限教育教学工作的经历；都应接受岗位培训，并获得"岗位培训合格证书"。

该政策从校长应该做什么和应该具有什么素质等方面对校长这个专业

应该具备的准则在一定程度上进行说明。该政策从校长内在和外在基本条件进行说明；从校长对学校的办学方向等的整体把握和相应管理内容，以及全面主持学校工作等方面明确校长的主要职责；从基本政治素养、岗位知识和能力要求三方面对校长的岗位做了要求。这是我国第一个关于校长任职资格的政策，该政策为中小学校长专业发展提供了基本依据，也为选拔、任用、考核、培训中小学校长提供了基本依据。

21 世纪国家更加重视校长任职资格。2003 年 9 月 17 日，人事部、教育部颁发的《关于深化中小学人事制度改革的实施意见》指出：严格掌握中小学校长任职条件和资格。中小学校长应当具备以下基本条件：思想政治素质和品德良好；热爱教育事业，具有改革创新精神；具有履行职责所需要的专业知识和较强的组织管理能力；遵纪守法，廉洁自律；具有团结协作精神，作风民主。中小学校长任职的资格是：具有教师资格；具有中级（含）以上教师职务任职经历；一般应从事教育教学工作 5 年以上；身心健康。

与 1991 年国家要求的任职资格比较起来，2003 年的任职条件凸显了校长要具备良好的思想政治素质和品德，要具有改革创新精神；任职资格凸显了校长要具有教师资格，同时明确了从事教师工作的具体时间。

之后，国家又多次颁布政策，强调校长任职资格问题。2004 年 3 月 3 日，国务院批转教育部的《2003—2007 年教育振兴行动计划》指出："严格掌握校长任职条件。"2006 年 9 月 1 日起施行的修订版《中华人民共和国义务教育法》指出："校长应当符合国家规定的任职条件。"《国家中长期教育改革和发展规划纲要（2010—2020 年）》提出："完善校长任职条件和任用办法。"制定校长任职资格标准，促进校长专业化发展，提高校长管理水平。

"十二五"期间，为了促进校长专业发展，建设高素质校长队伍，一些政策提出制定中小学校长任职资格标准的主张。《全国教育人才发展中长期规划（2010—2020 年）》指出："制定中小学校长、中等职业学校校长专业基本标准，建立健全中小学校长任职资格准入制度，促进校长专业化，提高校长管理水平。"2012 年 6 月，教育部颁布的《国家教育事业发展第十二个五年规划》指出："制订各级各类学校校长的任职资格标准"

"探索建立中小学校长和幼儿园园长资格制度""中小学校长和幼儿园园长要具备丰富的教学（保教）经验，一般从教学一线选拔任用"。教育部分别在 2013 年 2 月 4 日和 2015 年 1 月 10 日颁布了《义务教育学校校长专业标准》和《普通高中校长专业标准》。至此，我国初步形成了校长任职资格制度。

《中小学校领导人员管理暂行办法》，对校长学历、教学工作经历、职称、管理经历、身体条件等的基本资格又进行了更系统的明确。（1）一般应当具有大学专科以上文化程度。其中，中学领导人员应当具有大学本科以上文化程度。（2）一般应当具有一定年限的教育教学工作经历。其中，校长一般应当具有五年以上教育教学工作经历，党组织书记一般应当具有学校党务和行政岗位工作经历。（3）一般应当具有相应的教师资格和已担任中小学一级教师以上专业技术职务。其中，高级中学校长应当已担任中小学高级教师以上专业技术职务。（4）提任学校正职的，一般应当具有两年以上学校副职岗位任职经历或者三年以上学校中层管理工作经历；提任学校副职的，应当具有一定的教育教学管理经验。（5）应当经过任职资格培训并取得合格证书。确因特殊情况在提任前未达到培训要求的，应当在提任后一年内完成。（6）具有正常履行职责的身体条件。（7）符合有关法律法规和行业主管部门规定的其他任职资格要求。

（三）任职资格培训制度

在持证上岗政策要求下，在任职资格条件要求下，中小学校长任职资格培训制度成为重点。

1. 任职资格培训制度的初始阶段

20 世纪，"任职资格培训"称"岗位培训"。

改革开放后最重要的就是对所有中小学校长进行培训。1982 年 2 月 19 日教育部颁布的《关于加强普通教育行政干部培训工作的意见》提出，"争取在三、五年内，把中小学和地、市、县教育部门主要领导干部培训一遍"。这实际上指的就是岗位培训，这说明我国改革开放初期就开始了中小学校长岗位培训。

"八五"时期，岗位培训成为我国中小学校长培训的重点。

《关于加强全国中小学校长培训工作的意见》指出："开展岗位职务培训，是中小学校长培训工作的重点。""各地应有计划、有步骤地开展该项培训工作，逐步使岗位职务培训规范化。"参加岗位培训的校长"经考核合格，才能发给证书"。"争取用 3 至 5 年时间将全国中小学校长再轮训一遍。"该文件还明确了岗位培训的相关事情，例如，关于岗位培训的内容："要求中小学校长按照岗位职务规范标准，学习政治理论，党和国家的教育方针、政策、法规，教育基本理论，学校管理知识与方法等内容。"再如关于岗位培训的形式："中小学校长的岗位职务培训，以业余、自学、短期脱产为主，有组织地配合高质量的辅导。"

关于岗位培训的考核与发证，各地区、各部门和企事业单位可根据国家或上级主管部门的有关规定，在各自的职权范围内制定有关本地区、本部门、本单位人员培训、考核等的具体规定或办法。1989 年 12 月 27 日，国家教委、人事部颁布的《关于开展岗位培训若干问题的意见》指出："建立岗位培训的考核与发证制度是保证培训质量的重要环节。""接受岗位培训的人员经考核合格者，可由培训、考核机构颁发岗位培训合格证或专项培训结业证，证明其受过何种培训。证书在有关部门规定的范围内有效。"

为了更好地进行岗位培训，国家教委先后颁布了一些政策文件来规范、指导岗位培训。1990 年 7 月 2 日，国家教委颁布的《关于开展中小学校长岗位培训的若干意见》指出：中小学校长的岗位培训……是取得任职资格的定向培训。其目的是：通过培训，使校长具备管理学校的一定的马克思主义理论水平、基本政治素质、专业知识和工作能力。同日，国家教委印发的《全国中小学校长岗位培训指导性教学计划（试行草案）》对培训对象、培训目的和要求、培训时间与方式、课程设置、教学要求、考试与结业等六个方面进行了说明。上述文件使岗位培训有了指导性实施框架。1994 年 8 月 22 日，国家教委颁布的《全国中小学校长岗位培训评估工作指导意见》，其目的是完善中小学校长岗位培训制度。

2. 任职资格培训的完善阶段

"九五"及其以后（20 世纪末、21 世纪初），国家一直都在不断完善岗位培训。

《关于"九五"期间全国中小学校长培训指导意见》中非常明确地指

出岗位培训的价值，通过岗位培训取得"岗位培训合格证书"是校长上岗的前提条件。这表明岗位培训是我国持证上岗制度必不可少的一部分。不仅如此，《关于"九五"期间全国中小学校长培训指导意见》还对岗位培训的目的、依据等进行了阐述。

《关于深化教育改革，全面推进素质教育的决定》再次强调"要继续巩固和完善中小学校长岗位培训和持证上岗制度"。

《中小学校长培训规定》将"岗位培训"改为"任职资格培训"，其培训对象增加了拟任校长。任职资格培训：按照中小学校长岗位规范要求，对新任校长或拟任校长进行以掌握履行岗位职责必备的知识和技能为主要内容的培训。培训时间累计不少于300学时。

2001年5月14日，教育部颁布了《全国中小学校长任职资格培训指导性教学计划》，对培训对象、培训目标、培训时间与方式、课程设置、课程说明、教学要求、考核与结业等七个方面进行了说明。与1990年7月国家教委颁布的《全国中小学校长岗位培训指导性教学计划（试行草案）》相比，《全国中小学校长任职资格培训指导性教学计划》对课程设置进行了细化。

在上述政策的要求、指导与规范下，"九五"期间，90%以上的校长接受了岗位培训[①]。

"十二五"期间，国家依旧非常重视任职资格培训。2011年1月14日颁布的《全国教育人才发展中长期规划（2010—2020年）》指出：任职资格培训时间不少于300学时。《关于进一步加强中小学校长培训工作的意见》继续强调，"新任校长或拟任校长必须参加不少于300学时的任职资格培训"，同时明确"任职资格培训重点提升校长依法治校能力"。

《义务教育学校校长专业标准》和《普通高中校长专业标准》，两个标准都明确了合格校长专业素质的基本要求，为校长培训提供了重要依据。

2017年12月4日，教育部颁布的《义务教育学校管理标准》指出："本标准是义务教育学校工作的重要依据。各级教育行政部门和教师培训机构要将本标准作为校长和教师培训的重要内容，结合当地情况，开展有

---

① 2001年12月30日，教育部印发的《中小学教师队伍建设"十五"计划》。

针对性的培训，使广大校长和教师充分了解基本要求，掌握精神实质，指导具体工作。"该文件为校长培训提供了内容依据。

上述政策演变表明，我国一直都在不断完善校长任职资格培训。

二　校长任用制度

校长任用制度是国家选拔、录用、免除校长的一种制度。从政策角度看，目前我国校长任用制度初步明确了任用形式、任用部门、任用机制和任用时间等。

（一）任用形式

国家任用干部的形式可以分为委任制、考任制、选任制、聘任制。委任制是根据职位要求，由有任免权的主管行政机关依法委任干部某种职务的形式；考任制是根据任用干部的标准，通过考试，择优任用干部的形式；选任制是通过选举任用干部的一种形式；聘任制是根据职位的资格条件要求，用签订合同或发聘书的形式，聘用干部在一定任期内担任某一职务或承担某项工作的形式。

目前我国中小学校长的任用形式是聘任制。2001年5月29日，国务院颁布的《关于基础教育改革与发展的决定》指出："推行中小学校长聘任制。"《中小学教师队伍建设"十五"计划》指出，校长聘任制全面推行。后续一些文件也在强化此问题，例如《关于深化中小学人事制度改革的实施意见》指出：改进校长选拔任用办法，改进和完善中小学校长选拔任用制度，积极推行中小学校长聘任制。《2003—2007年教育振兴行动计划》再次指出：严格掌握校长任职条件，积极推行校长聘任制。

《中小学校领导人员管理暂行办法》增加了校长的任用形式：任用中小学校领导人员，区别不同情况实行选任制、委任制、聘任制。对行政领导人员，加大聘任制推行力度。在条件成熟的中小学校，可以对行政领导人员全部实行聘任制。虽然校长的任用形式有所增加，但是主要仍然是聘任制。

（二）任用部门

《中共中央国务院关于深化教育改革，全面推进素质教育的决定》明确指出，"逐步完善校长选拔和任用制度"，"继续完善基础教育主要由地方负责、分级管理的体制。根据各地实际，加大县级人民政府对教育经费、教师管理和校长任免等方面的统筹权"。

《关于基础教育改革与发展的决定》对聘任校长的部门进行了具体明确："改革中小学校长的选拔任用和管理制度。高级中学和完全中学校长一般由县级以上教育行政部门提名、考察或参与考察，按干部管理权限任用和聘任；其他中小学校长由县级教育行政部门选拔任用并归口管理。"

《中小学教师队伍建设"十五"计划》指出"十五"期间进一步"改革中小学校长选拔任用制度"，"依法理顺中小学教师和校长的管理体制"。高级中学和完全中学校长一般由县级以上教育行政部门提名、考察或参与考察，按干部管理权限任用和聘任；其他中小学校长由县级教育行政部门选拔任用并归口管理。

《中华人民共和国义务教育法》（2006）关于义务教育阶段校长的聘任部门指出："校长由县级人民政府教育行政部门依法聘任。"

《国家教育事业发展第十二个五年规划》指出：县级教育行政部门统筹管理义务教育阶段校长和教师。

《中小学校领导人员管理暂行办法》第八条，对选拔任用的具体部门也进行了说明，"选拔任用中小学校领导人员，应当充分发挥主管机关（部门）党委（党组）的领导和把关作用"。

总之，目前我国高级中学和完全中学校长是县级以上教育行政部门提名、考察或参与考察，按干部管理权限任用和聘任的；义务教育阶段校长由县级人民政府教育行政部门依法聘任。

（三）任用机制

关于任用机制，即怎样聘任中小学校长问题，很多政策都予以明确。

《关于基础教育改革与发展的决定》指出："逐步建立校长公开招聘、竞争上岗的机制。"

《中小学教师队伍建设"十五"计划》指出，"十五"期间实行中小学校长公开选拔竞争上岗制度，公开招聘、民主推举、平等竞争、择优聘任。

《关于深化中小学人事制度改革的实施意见》指出："积极推行中小学校长聘任制。中小学校长的选拔任用要扩大民主，引入竞争机制。逐步采取在本系统或面向全社会公开招聘、平等竞争、严格考核、择优聘任的办法选拔任用中小学校长。"

《2003—2007年教育振兴行动计划》指出：在普通中小学和中等职业技术学校，"积极推行校长聘任制"，建立公开选拔、竞争上岗、择优聘任的校长选拔任用机制。

《国家教育事业发展第十二个五年规划》指出，"为了改革校长选任制度。推动各地制订实施办法，开展面向全社会公开招聘和校内民主选拔各类学校校长试点，取得经验后加以推广"。

《中小学校领导人员管理暂行办法》指出：选拔中小学校领导人员，一般采取学校内部推选、外部选派、竞争（聘）上岗、公开选拔（聘）等方式进行。

上述政策表明，我国中小学校长采用从中小学教师中公开招聘的办法，实行公开选拔、竞争上岗、择优聘任的任用机制。

《中小学校领导人员管理暂行办法》对选拔任用中小学校领导人员的具体任用部门的操作也做了阐述：应当充分发挥主管机关（部门）党委（党组）的领导和把关作用，坚持正确选人用人导向，严格标准条件和程序，按照核定或者批准的领导职数和岗位设置方案，精准科学选人用人。主管机关（部门）党委（党组）或者组织（人事）部门按照干部管理权限，根据工作需要和领导班子建设实际提出选拔任用工作启动意见，在综合研判、充分酝酿的基础上形成工作方案，并按照组织考察、会议决定等有关程序和要求认真组织实施。

（四）任用时间

任用有任期制和终身制。任期制是干部在一定期限内担任某个职务，任期届满以后，其职务消失。任期制在干部任职时间，对其职责、职权、待遇等都有相应规定，任职结束后，其职责、职权、待遇等自然取消。终身制是干部持续担任某种职务，无期限规定，其职责、职权、待遇等也一直存在。实行任期制，可以促使干部在任职时间努力工作，发挥主动性和积极性，做出成绩。

关于中小学校长的任用时间，《关于加强全国中小学校长队伍建设的意见（试行）》指出：根据学校工作特点，同时为保持校长队伍的相对稳定，中小学校长一般不实行任期制。

到了 21 世纪，国家又提出了任期制的要求。《关于基础教育改革与发展的决定》指出："实行校长任期制，可以连聘连任。"这与《关于加强全国中小学校长队伍建设的意见（试行）》不一致，这里提出实行校长任期制。

连续聘任是有条件的，早在 20 世纪 90 年代国家就提出通过考核判断是否能够继续聘任校长。《关于加强全国中小学校长队伍建设的意见（试行）》指出："经过考核，凡能胜任学校领导工作，并不断做出成绩的，均可连续担任校长职务；凡不能胜任和不宜担任校长职务的，应及时予以调整。"

之后，国家提出实施任期内目标责任制。《中小学教师队伍建设"十五"计划》进一步强化了任期制。实行中小学校长任期制，建立健全中小学校长任期目标责任制，加强对校长履行岗位职责及任期目标完成情况的考核，并将考核结果与任用、奖惩挂钩。《关于深化中小学人事制度改革的实施意见》指出了中小学校长的任用时间："中小学校长实行任期制。校长每届任期原则上为 3—5 年，可以连任，要明确任期内的目标责任。"

《中小学校领导人员管理暂行办法》对中小学校长的任用时间进行了微调："中小学校领导人员一般应当实行任期制。校长、副校长每个任期一般为三至六年，注意与中小学学制学段相衔接。""领导人员在同一岗位连续任职一般不超过十二年。工作特殊需要的，按照干部管理权限经批准后可以延长任职年限。""应当实行任期目标责任制。"

总之，目前我国校长任用时间，每届 3~6 年，每届要实现任期内的目标。实现任期内的目标，经过考核合格可以连续担任校长职务，否则将予以调整。

三 校长培训制度

校长培训制度是有目的、有计划、有组织地对校长素质进行提高的各种规则的总称。我国政府很早就意识到了培训对校长专业发展的意义，很多关于校长培训的政策就培训的目的、意义、内容、方式、教材、课程设置、组织和管理等都进行了说明，这些规定促进了校长培训制度的形成。校长培训制度是我国校长专业发展中最完善的制度，是其专业发展的保障措施。

（一）校长培训政策的演变

我国中小学校长培训制度从 20 世纪 80 年代开始建立，形成于 20 世纪末，发展于 21 世纪。

这里沿着校长专业发展这条主线，呈现校长培训制度的形成过程。这期间的很多政策都为培训制度的建立做出了贡献，政策名称、颁布时间、政策主要内容及政策主要贡献具体见表 2－1。

表 2－1 中小学校长培训制度形成的政策来源及贡献

政策名称	颁布时间	政策主要内容	政策主要贡献
《关于加强普通教育行政干部培训工作的意见》	1982 年 2 月	就普通教育行政干部培训的方针和目标、学习内容和要求、学习形式与学习期限等进行了说明。强调"逐步实现干部教育的正规化、制度化"	虽然不是针对中小学校长培训颁布的，但是其中的"普通教育行政干部"包括校长，故该政策实际提出了建立中小学校长培训制度的要求
《关于加强全国中小学校长培训工作的意见》	1989 年 12 月	就中小学校长培训工作的基本要求、内容、方式、措施等进行了明确。强调"逐步建立起比较完善的中小学校长培训制度"	是我国首个较系统规范中小学校长培训的政策文本，使我国校长培训进入了制度化建设过程
《关于加强全国中小学校长队伍建设的意见（试行）》	1992 年 12 月	就校长参加培训对其发展的作用，及参加培训期间的职务、工资和福利待遇等进行了规定。强调"每五年轮训一次，形成校长培训制度"	提出了贯穿校长整个职业生涯的继续教育思想，并将其作为制度内容

政策名称	颁布时间	政策主要内容	政策主要贡献
《关于"九五"期间全国中小学校长培训指导意见》	1995 年 12 月	就培训的指导思想、基本要求、主要任务与措施进行了说明；提出了三层次培训概念：新上岗校长的岗位培训；已接受过岗位培训校长的提高培训；起示范作用学校校长的高级研修	提出的三层次培训概念确定了我国后续校长培训的层次格局；落实了校长继续教育思想；约束了校长参加培训的行为
《中小学校长培训规定》	1999 年 12 月	就校长培训的目的、意义、权利和义务、内容与形式、组织和管理、培训责任等进行了说明与规定。把提高培训每五年累计不少于 200 学时提高到了不少于 240 学时	对校长培训进行全面规定，促使我国中小学校长培训制度形成
《关于进一步加强中小学校长培训工作的意见》	2013 年 8 月	从总体要求、任务、内容、方式、制度规范化、创新机制、培训者、监管评估、质量保证、经费效益等方面提出了要求。强调"完善培训制度，实现校长培训规范化"。将提高培训的每五年累计不少于 240 学时提高到了不少于 360 学时	完善与强化了校长培训制度

从表 2－1 可以清晰看出各政策的主要内容，也可以看到制度建设的整个发展过程。20 世纪 80 年代初提出建立校长培训制度的要求，80 年代末及 90 年代的几项政策明确了校长培训制度的相关内容，《中小学校长培训规定》的颁布标志我国中小学校长培训制度形成，21 世纪的相关政策又完善了该制度。从表 2－1 也可以看到每个政策对建立校长培训制度的贡献，从思想贡献到具体措施的丰富与深化，都对制度的建立与发展起了很大作用。

（二）校长培训制度的内容

中小学校长培训制度，包括对培训对象、培训机构、培训者及其内容等的规范，鉴于本书主要讨论校长专业发展问题，故这里主要梳理上述政策对校长个体参加培训的规范。

第一，参加培训是中小学校长的权利和义务。《中小学校长培训规定》指出："各级人民政府教育行政部门和学校要保障中小学校长接受培训的权利。中小学校长对有关组织或者个人侵犯其接受培训权利的，有权按有关程序向主管教育行政机关提出申诉。""违反本规定，无正当理由拒不按计划参加培训的中小学校长，学校主管行政机关应督促其改正，并视情节给予批评教育、行政处分、直至撤销其职务。"

第二，新任校长或拟任校长必须参加不少于300学时的任职资格培训，必须取得"任职资格培训合格证书"，持证上岗。《中小学校长培训规定》指出："按照中小学校长岗位规范要求，对新任校长或拟任校长进行以掌握履行岗位职责必备的知识和技能为主要内容的培训。培训时间累计不少于300学时。"《教育部关于进一步加强中小学校长培训工作的意见》又对此进行了强化："新任校长或拟任校长必须参加不少于300学时的任职资格培训。"

第三，全体校长在其职业生涯的整个过程都要参加培训。在职校长每五年必须接受不少于360学时的提高培训，并取得"提高培训合格证书"，以作为继续任职的必备条件，否则将不能继续担任校长职务。《中小学校长培训规定》指出："在职中小学校长没有按计划接受或者没有达到国家规定时数的提高培训，或者考核不合格者，中小学校长任免机关（或聘任机构），应令其在一年内补正。期满仍未能取得《提高培训合格证书》者，不能继续担任校长职务。""在职校长提高培训：面向在职校长进行的以学习新知识、掌握新技能、提高管理能力、研究和交流办学经验为主要内容的培训。培训时间每五年累计不少于240学时。"2013年国家将每五年累计不少于240学时提高到累计不少于360学时。《关于进一步加强中小学校长培训工作的意见》指出：实行5年一周期不少于360学时的在任校长全员培训制度。

第四，培训学时和培训考核情况是校长后续发展的基础，是校长考核、任用、晋级的必备条件和重要依据。《关于加强全国中小学校长培训工作的意见》指出："培训与干部考核、任用相结合。中小学校长参加岗位职务等较系统培训的成绩，应存入本人档案，与工作实绩一起，作为其被考核、任用、晋级的重要依据之一。"《关于加强全国中小学校长队伍建设的意见（试行）》指出："开展培训要与对校长的任用、考核、奖惩紧密结合。"《关于进一步加强中小学校长培训工作的意见》指出："建立培训与使用相结合制度，把完成培训学分（学时）和培训考核情况作为校长考核、任用、晋级的必备条件和重要依据。"

第五，经教育行政部门批准参加培训的中小学校长在培训期间享受国家规定的工资福利待遇，培训费、差旅费按财务制度规定执行。《中小学校长培训规定》、《关于加强全国中小学校长培训工作的意见》和《关于加强全国中小学校长队伍建设的意见（试行）》都明确指出：中小学校长在参加组织上安排的培训期间，"其职务、工资和有关福利待遇不变"。《中小学校长培训规定》指出："经教育行政部门批准参加培训的中小学校长，培训期间享受国家规定的工资福利待遇、培训费、差旅费按财务制度规定执行。"

（三）校长培训的三层次制度

我国中小学校长培训具有任职资格培训、在职提高培训和骨干高级研修三个培训层次。下面从政策文本角度讨论三层次培训的形成与发展两个过程。

1. 中小学校长培训层次形成

20 世纪 80 年代，中小学校长培训呈现单一层次，所有校长都参加同一层次培训。改革开放后最重要的就是对所有中小学校长进行一遍培训。早在 20 世纪 80 年代初，教育部就在《关于加强普通教育行政干部培训工作的意见》（1982 年 2 月）提出："争取在三、五年内，把中小学和地、市、县教育部门主要领导干部培训一遍。"《关于加强全国中小学校长培训工作的意见》针对中小学校长培训，再次强调了上述政策主张。这段时间的培训实际是岗位培训。之后经历了分层培训思想的提出和三层次培训模式形成、岗位培训和提高培训实施框架的产生等过程。

（1）明确了岗位培训的实施框架，产生了分层培训思想

《教育部关于加强全国中小学校长培训工作的意见》和《关于加强全国中小学校长队伍建设的意见（试行）》都明确："八五"时期我国中小学校长培训重点是岗位培训。[①] 为了更好地进行岗位培训，国家教委先后颁布了一些政策文件，诸如《关于开展中小学校长岗位培训的若干意见》

---

① 三层次培训中的第一层次最初叫"岗位培训"，20 世纪 90 年代末改为任职资格培训。为了体现时代性，此处使用"岗位培训"。

《全国中小学校长岗位培训指导性教学计划（试行草案）》《全国中小学校长岗位培训课程教学大纲（试行）》等。这些文件对岗位培训的目的、要求、时间、方式、课程设置等进行了说明，规定岗位培训要接受约 300 学时的面试辅导。上述文件使岗位培训有了指导性实施框架。

不仅如此，此时国家也已经认识到校长继续教育的重要性，20 世纪 80 年代末产生了分层培训思想：要在岗位职务培训基础上，实施继续教育，进一步提高中小学校长的理论水平和管理能力。这实际上使后来的提高培训思想产生，但这会儿还没有明确具体概念，也没有具体落实意见。高级研修也还没有涉及。

（2）提出了三层次培训模式，明确了提高培训的实施框架

20 世纪 90 年代中期，国家明确提出了三层次培训概念，即岗位培训、提高培训、高级研修。《关于"九五"期间全国中小学校长培训指导意见》明确提出要形成分层次、分类别、灵活有效的中小学校长培训新格局，对培训层次名称、对象及目的等进行了说明，具体见表 2-2。

表 2-2 中小学校长三层次培训概念

名称	对象	目的
岗位培训	新任校长	提高其基本政治、业务素质和履行岗位职责的能力
提高培训	已经取得"岗位培训合格证书"的校长	进一步端正教育思想，更新教育观念，补充新知识，掌握新技能、新方法
高级研修	起示范作用学校的校长	进一步提高理论、政策水平和领导能力，努力使他们成为基础教育改革、教育科研和科学管理的带头人

至此，形成了岗位培训、提高培训和高级研修，由低到高的中小学校长三层次培训，后续都在沿用这个模式进行设计，后续的一些政策也在不断充实、丰富、深化三层次培训。

这一阶段，国家不仅重视岗位培训，而且还特别强调发展提高培训。《关于"九五"期间全国中小学校长培训指导意见》在明确提高培训概念、对象、目的的同时，还明确了培训学时及要求："已接受过岗位培训的校长五年内必须接受累计不少于 200 学时的提高性培训，并取得相应的结业证书。"在上述政策颁布的同时，1995 年 12 月，国家教委还颁布了《全国中小

学校长提高培训指导性教学计划》对培训对象、目标、时间与方式再一次进行强调，同时还就培训方式、课程设置与时间、教学要求、考试与结业等问题进行说明，这一文件使进行提高培训有了指导思想。上述文件的出台使提高培训有了指导性实施框架。

2. 中小学校长培训层次发展

上述研究表明，20 世纪 90 年代中期，我国形成了中小学校长三层次培训模式，同时还产生了岗位培训与提高培训的指导性实施框架。20 世纪末及 21 世纪主要是发展三层次培训模式，其中包括完善任职资格培训和在职提高培训，明确骨干高级研修实施框架。

（1）完善任职资格培训和在职提高培训

《中小学校长培训规定》对任职资格培训和在职提高培训进行了完善。关于任职资格培训，将"岗位培训"改为"任职资格培训"，培训对象增加了拟任校长；关于在职提高培训，把每五年累计不少于 200 学时提高到了不少于 240 学时；同时还进一步明确，提供培训要取得"提高培训合格证书"，以作为继续任职的必备条件。政策强调校长任职期间的终身教育，强调参加提高培训对继续任职的意义。

《关于进一步加强中小学校长培训工作的意见》再次强调任职资格培训和提高培训的意义，还将提高培训的每五年累计不少于 240 学时提高到了不少于 360 学时，表明国家对提高培训非常重视。

为了更好地进行任职资格培训和提高培训，2001 年 5 月，教育部发布了《全国中小学校长任职资格培训指导性教学计划》和《全国中小学校长提高培训指导性教学计划》，这些指导性教学计划体现了国家对中小学校长培训的基本要求。《义务教育学校校长专业标准》和《普通高中校长专业标准》，明确了对合格校长的专业素质的基本要求，为校长培训提供了重要依据。

上述政策表明，我国一直在不断完善任职资格培训和在职提高培训。

（2）明确骨干高级研修实施框架

三层次培训模式在形成阶段建立了任职资格培训和在职提高培训的实施框架，但是没有形成骨干高级研修实施框架。培训层次发展阶段的重要内容是建立骨干高级研修实施框架。这一阶段的很多政策特别强调发展

"骨干高级研修"，这些政策为发展这一层次培训做出了重要贡献，其具体政策名称、主要内容和重要贡献见表2-3。

表2-3 骨干高级研修的政策发展过程

政策名称	颁布年份	政策主要内容	政策重要贡献
《中小学校长培训规定》	1999	研修对象：富有办学经验并且具有一定理论修养和研究能力的校长。研修目的：培养学校教育、教学和管理专家	首先，增加了高级研修的对象，不仅是起示范作用学校的校长，其他学校的骨干校长也可以参加；其次，目标从培养"带头人"提高到培养"专家"
《关于举办"全国中小学骨干校长高级研究班"有关事项的通知》	2001	实施"全国中小学千名骨干校长研修计划"；该计划包括骨干校长研修班和骨干校长高级研究班；研究班的目的是造就一批教育家型校长	细化了高级研修的实施内容，将其分为研修班与研究班；目标又提高到培养教育家型校长
《全国教育人才发展中长期规划（2010—2020年)》	2011	启动中小学名师名校长培养计划；建立中小学名师名校长每五年享受半年"学术休假"制度，进行高级研修	提出培养、造就中小学名校长；为他们的高级研修提供时间保障
《关于进一步加强中小学校长培训工作的意见》	2013	高级研修重点是提升校长战略思维能力、教育创新能力和引领学校可持续发展能力。教育部组织实施卓越校长领航工程	对研修结果提出了更高要求，设计了丰富的计划和工程
《教育部办公厅关于启动实施中小学校长国家级培训计划的通知》	2014	卓越校长领航工程主要包括中小学骨干校长高级研修班、中小学优秀校长高级研究班和中小学名校长领航班；三个班的目标分别是培养一批优秀校长、教育家型校长后备人才和在国内外具有较大影响力的教育家型校长	明确了卓越校长领航工程的三级别班；阐明了每级别班的目标
《关于组织实施"国培计划"——中小学名师名校长领航工程的通知》	2017	实施名师名校长领航工程，帮助参训校长进一步凝练教育思想、提升实践创新能力，着力培养、造就一批具有较大社会影响力和知名度、能够引领基础教育改革发展的教育家型卓越校长	明确中小学名师名校长领航工程的目标任务、培养对象、培养方式、组织实施等内容

政策名称	颁布年份	政策主要内容	政策重要贡献
《关于全面深化新时代教师队伍建设改革的意见》	2018	实施校长国培计划，重点开展乡村中小学骨干校长培训和名校长研修	强调对校长探索与创新支持，营造教育家脱颖而出的制度环境
《教师教育振兴行动计划（2018—2022 年）》	2018	实施中小学名校长领航工程	进一步明确高级研修的目的性：培养造就一批具有较大社会影响力、能够在基础教育领域发挥示范引领作用的领军人才

表 2-3 反映了国家关于骨干高级研修政策的发展过程。上述政策表明，20 世纪末、21 世纪初，我国明确了骨干高级研修的目的、对象，提出了具体措施，后来的政策对此进行了完善，尤其是"十二五"时期、"十三五"时期的政策进一步丰富、深化了该层次培训，同时也为该层次培训提出了更高目标。

这一阶段建立并发展了骨干高级研修实施框架。关于培训目标，从 20 世纪 90 年代中期的"教育改革、教育科研和科学管理的带头人"，到 20 世纪末的"教育、教学和管理专家"，再到 21 世纪初的"教育家型校长"，最后"十二五"时期提出了"造就国内外具有较大影响力的教育家型校长"。培训目标在逐步提高。关于培训级别，从 2001 年"全国中小学千名骨干校长研修计划"中的骨干校长研修班和骨干校长高级研究班两个级别，到 2014 年"卓越校长领航工程"中的骨干校长高级研修班、中小学优秀校长高级研究班和中小学名校长领航班三个级别。培训级别越来越细化。关于能力提升，从 20 世纪 90 年代中期的提高"理论、政策水平和领导能力"，到"十二五"时期"提升战略思维能力、教育创新能力和引领可持续发展能力"，再到"十三五"时期提升校长影响社会发展和引领教育发展的领军人才能力。对校长的培训要求越来越时代化、专业化和高标准化。除此之外，政策还提出了"学术休假"的时间保障制度等。

上述政策表明，在 20 多年的发展历程中，中小学校长培训形成了三个层次：任职资格培训、在职提高培训和骨干高级研修。其中前两个层次的培训对校长来说是强制性的，校长必须在规定时间内参加一定学时的培训，骨干高级研修是自愿参加的培训；后两个层次的培训是对第一层次培训的发展，是始终伴随校长职业生涯的培训；三个层次培训的发展经历了从强调任职资格培训、在职提高培训到骨干高级研修这样一个不断丰富、完善与深化的过程，呈现层次提升状态。

四　校长负责制度

校长负责制度也称校长负责制，是国家规定的一种学校领导体制。

改革开放后的校长负责制是从 20 世纪 80 年代中期开始实施的。1985年 5 月 27 日颁发的《中共中央关于教育体制改革的决定》指出："学校逐步实行校长负责制，有条件的学校要设立由校长主持的、人数不多的、有威信的校务委员会，作为审议机构。要建立和健全以教师为主体的教职工代表大会制度，加强民主管理和民主监督。"该政策对党支部在校长负责制中的地位、作用也予以明确："学校中的党组织要从过去那种包揽一切的状态中解脱出来，把自己的精力集中到加强党的建设和加强思想政治工作上来；要团结广大师生，大力支持校长履行职权，保证和监督党的各项方针政策的落实和国家教育计划的实现；要坚持用马克思主义教育广大师生，激励他们立志为祖国的富强奋勇进取、建功立业，保证学生德智体的全面发展，使学校真正成为抵御资本主义和其他腐朽思想的侵蚀，建设社会主义精神文明的坚强阵地。"

该政策明确了学校领导体制是校长负责制，同时也明确了党组织和教职工的作用。党组织起监督和保障作用，教职工进行民主管理。教职工通过校务委员会和教职工代表大会，对学校的事情进行审议、管理和监督。

20 世纪 90 年代的政策明确指出，实施校长负责制的学校是中小学，而不是大学。《关于加强全国中小学校长队伍建设的意见（试行）》指出：中小学校逐步实行校长负责制。1993 年 2 月 13 日，中共中央、国务院颁发的《中国教育改革和发展纲要》再次明确："中等及中等以下各类学校实行校长负责制。校长要全面贯彻国家的教育方针和政策，依靠教职员工办好学校。""实行校长负责制的中小学和其他学校，党的组织发挥政治核心作用。"

1995 年 9 月 1 日施行的《中华人民共和国教育法》明确了校长负责制中校长的责任，其中第三十一条规定："学校的教学及其他行政管理，由校长负责。"

21 世纪政策在不断强化、完善校长负责制：《关于深化中小学人事制度改革的实施意见》指出：进一步完善校长负责制。实行校长负责制的中小学，校长全面负责学校工作，并充分发挥基层党组织的政治核心作用。

至此，校长负责制有了非常明确的含义：校长负责制是指校长全面负责学校工作，党支部保障监督，教职工民主管理，三位一体，缺一不可。

《中华人民共和国义务教育法》（2006）第二十六条规定："学校实行校长负责制。"国家以法律形式明确了校长负责制。《国家中长期教育改革和发展规划纲要（2010—2020 年）》再次强调：完善普通中小学和中等职业学校校长负责制。实行校务会议等管理制度，建立健全教职工代表大会制度，不断完善科学民主决策机制。

进入 2010 年以后，国家仍然时常明确中小学领导体制，并且要求进一步细化该体制的内容。《全国教育人才发展中长期规划（2010—2020 年）》和 2012 年 8 月 20 日印发的《国务院关于加强教师队伍建设的意见》都提出：制定实施普通中小学校长、中等职业学校校长负责制实施细则。2017 年 1 月 10 日，国务院印发的《国家教育事业发展"十三五"规划》提出，完善公办中小学校长负责制，进一步明确职责分工、议事规则。

五　校长考评制度

校长考评制度是对校长的工作业绩进行考察与评价的一种制度。它是校长任免、奖惩、晋级、降职、辞退等的依据。

改革开放后，我国比较详细的规定校长考评的政策，最早的是《关于加强全国中小学校长队伍建设的意见（试行）》。该政策指出：要"定期对校长进行考核，并逐步健全考核制度"。不仅如此，该政策对考核的内容、依据、操作、原则和作用也都进行了说明。考核内容：按照干部德才兼备的原则，全面考核校长的德、能、勤、绩。考核依据：可根据《全国中小学校长任职条件和岗位要求（试行）》的规定，结合当地实际进行考核。

考核操作：通过制定中小学校长考核的具体标准和方法进行考核。考核原则：考核工作要深入群众，广泛听取各方面的意见，坚持实事求是的原则，做到客观、全面、公正。考核作用：经过考核，凡能胜任学校领导工作，并不断做出成绩的，均可连续担任校长职务；凡不能胜任和不宜担任校长职务的，应及时予以调整。可以说，这是一个对校长考核予以详细规定的政策，其中明确考核不合格的不能继续担任校长职务。

后续一些政策都强调此规定，例如，《中小学教师队伍建设"十五"计划》谈到"加强对校长工作的评议和监督"，"加强对校长履行岗位职责及任期目标完成情况的考核，并将考核结果与任用、奖惩挂钩"。《关于深化中小学人事制度改革的实施意见》指出：进一步完善中小学校长考核办法，加强履职考核，把考核结果作为校长奖惩、续聘或解聘的重要依据。2008 年 12 月 23 日，国务院办公厅发布的《关于义务教育学校实施绩效工资指导意见》指出："校长的绩效工资，在人事、财政部门核定的绩效工资总量范围内，由主管部门根据对校长的考核结果统筹考虑确定。"《国家教育事业发展第十二个五年规划》再次指出："健全校长考核评价制度，引导校长潜心办学。"将校长的绩效评价同绩效工资挂钩，并作为业绩奖励、职务（职称）晋升等的主要依据。2018 年 1 月 20 日，中共中央、国务院《关于全面深化新时代教师队伍建设改革的意见》指出："加强中小学校长考核评价，督促提高素质能力，完善优胜劣汰机制。"

《中小学校领导人员管理暂行办法》也是一个比较详细的规定校长考核的政策，该政策主要明确考核的目的、种类、等次和功能等，具体内容如下。考核目的：完善体现中小学校特点的领导人员考核评价制度，充分发挥考核的激励和鞭策作用，推动领导人员树立正确业绩观、潜心育人、积极作为、无私奉献。考核种类：对中小学校领导班子和领导人员实行年度考核和任期考核。考核等次：领导班子年度考核和任期考核的评价等次，分为优秀、良好、一般、较差。领导人员年度考核和任期考核的评价等次，分为优秀、合格、基本合格、不合格。考核价值：考核评价结果应当以适当方式向领导班子和领导人员反馈，并作为领导班子建设和领导人员选拔任用、培养教育、管理监督、激励约束等的重要依据。该政策倡导考核的实际价值：考核评价应当以任期目标为依据，以日常管理为基础，注重工作实绩和社会效益，注意与中小学教育质量综合评价工作相衔接，防止单纯以学生学业考试成绩和学校升学率评价领导人员的倾向。政策还倡导分类考核：根据中小学校不同规模、类型、学段实际，兼顾城乡差异、办学特色等情况，科学合理确定考核评价指标，积极推进分类考核。

上述政策都强调建立校长考评制度，并且强调考核与校长的专业发展相结合。1992年和2017年的政策还阐述了考核目的、内容、依据、操作、原则、功能、价值、种类和等次，但是对于校长考核的标准、程序、执行主体、退出后的安排等还没有涉及。

六　校长职级制度

校长职级制度，也称校长职级制，它将中小学校长的职位按照不同的任职资格、条件和岗位职责要求，分为若干个等级，形成职务等级序列，并依其德识、能力、水平、实绩确定或晋升到相应校长职务等级的事业单位人事管理制度。目的是为校长的任用、考核、奖惩、晋升、待遇提供科学依据和管理标准，有效促进校长专业发展。

《中华人民共和国教育法》第36条规定："学校及其他教育机构中的管理人员，实行教育职员制度。"国家关于事业单位人事制度改革的整体思路是"脱钩、分类、放权、搞活"，这些都是校长职级制实施的依据。

《中共中央国务院关于深化教育改革，全面推进素质教育的决定》就明确提出"试行校长职级制"。

后来诸如《关于基础教育改革与发展的决定》《国家中长期教育改革和发展规划纲要（2010—2020年）》《关于加强教师队伍建设的意见》《全国教育人才发展中长期规划（2010—2020年）》《国家教育事业发展第十二个五年规划》等文件中都明确指出，积极探索和推进校长职级制。《义务教育学校校长专业标准》和《普通高中校长专业标准》也都明确提到："推行校长职级制。"

近几年国家一再强调此事，《关于全面深化新时代教师队伍建设改革的意见》指出："推行中小学校长职级制改革，拓展职业发展空间，促进校长队伍专业化建设。"

　　虽然中共中央、国务院早在 1999 年就颁布政策，倡导校长职级制，但是目前我国没有在全国全面实施校长职级制，而是在部分地区"试行校长职级制"。《关于深化中小学人事制度改革的实施意见》指出："逐步取消中小学学校的行政级别，探索形成体现中小学校长特点和规律的管理制度。要按照先行试点、稳步推开的原则，积极开展中小学校长管理改革的试点工作。"所以有关全国性的职级制的具体内容现在还没有。

　　在中共中央、国务院政策指引下，1999 年，北京市西城区、山东省潍坊市、上海市黄浦区等六个地方开始进行中小学校长职级制试点工作，属于比较早试行校长职级制的地区；2001 年上海市全面实行中小学校长职级制。除此之外，辽宁、广东、湖北等省份的一些地方也比较早地进行中小学校长职级制改革；近几年，内蒙古自治区、陕西省、安徽省、江苏省等的一些城市也陆续取消中小学校长行政级别，推行校长职级制。

　　1999 年北京市教委、市人事局、市财政局和市编办联合下发了《北京市中小学校长职级制试点工作的意见》，同意西城区教育局在区属中小学校进行校长职级制试点。《北京市中小学校长职级制试点工作的意见》规定："实行校长职级制目的是使校长的职务级别与行政级别脱钩，与办学实绩挂钩，做到职务能上能下，待遇能高能低，流动能进能出，进一步调动校长办学的积极性，促进校长素质的全面提高和校长队伍的科学、规范管理，逐步建立起充满生机与活力的校长队伍动态管理新机制。"自此，北京市西城区在区属中小学校长（书记）中正式开始职级制试点工作。2004 年修订的《北京市中小学校长工作意见》也明确指出，积极推进校长职级制。2005 年，《西城区中小学校长（书记）职级制实施意见》《西城区中小学校长评价指标》《西城区中小学书记评价指标》修订出台。为贯彻落实《国家中长期教育改革和发展规划纲要（2010—2020 年）》中关于推行校长职级制的精神，进一步完善干部管理、激励机制，中共北京市西城区委教育工作委员会、北京市西城区教育委员会在认真总结中小学校长（书记）职级制、任期制工作的基础上，对原来的《西城区中小学校长（书记）职级制实施意见》及《宣武区委教工委、区教委关于实行中小学校长任期制的意见》进行整合修订，制定并颁布了新的《西城区中小学校长（书记）职级制实施意见》。这个实施意见主要明确了下述内容：职级制的意义与原则、组织机构、评定范围与对象、级别划分、评定条件、评定程序、晋级与不予晋级、年度考核、评审时间及纳入职级管理时间、职级津贴标准及发放、职级管理的有关问题等。

上海市在一些区实行中小学校长职级制后，于 2000 年在全市推广校长职级制。中共上海市委组织部、中共上海市教育工作委员会、市教育委员会、市人事局、市劳动和社会保障局于 2000 年 2 月 14 日发布了《关于上海市推行中小学校长职级制度的实施意见》，明确自 2000 年 1 月 1 日试行该意见。该意见表明：为加快推行中小学职级制度，逐步淡化中小学校及校长行政级别，建立具有教育特点和符合中小学校长实际的管理制度。该意见还就上海市推行中小学校长职级制的指导思想、工作步骤、实施范围、校长等级、判定条件和比例、考核办法和程序、工作与待遇和组织领导等问题进行说明。自 2000 年推行中小学校长职级制后，为了有计划、有组织地实施该制度，上海市教育委员会先后于 2003 年、2006 年、2009 年、2012 年、2015 年、2018 年发布了校长职级评审和认定工作的实施意见。2004 年 10 月 27 日，上海市教育委员会还特意就当年进行的校长职级认定工作发布《关于上海市中小学校长职级认定工作补充意见的通知》，以便保证该工作规范、有序开展。该通知就 2003 年校长职级认定的年限、学历要求、破格条件等进行了补充说明。

本章小结

从政策角度看，对校长培训制度、资格制度、任用制度和负责制度的规定相对来说比较全面一些，考评制度虽然提的较多，但是具体的措施等还不是很健全，其他诸如校长职级制度、交流制度和流动制度，以及校长待遇与收入、奖励与惩罚等，国家层面还没有具体规定。

上述都是校长专业发展不可或缺的制度：资格制度明确了校长入职的前提、条件等；任用制度明确了校长如何进入这个领域，在这个领域可能的任职时间等；负责制度明确了校长的责任、权力及其与党群之间的关系等；考评制度是判断校长工作结果及其是否可以继续任职的重要环节；培训制度和职级制度都贯穿校长整个职业生涯，是通过外在学习督促和职务晋升促使其内在不断进取和成长的制度。

这些制度对校长任职前、任职中及任职后都进行了规定，是校长专业发展的基础。它们之间相互区别、相互联系、相互作用，其彼此的有机结合促进校长专业发展制度体系构建。

当然这个制度体系还不完备，欠缺诸如校长问责制、校长退出制等很多规定，另外，有些制度不完备，例如，持证上岗制度的规定力度不够、使能性和支持性不够等。如何进一步完备这些制度，后续几章将进行探索。

第三章

政策执行视角下的校长专业发展制度体系

　　这一章主要从政策执行视角研究校长专业发展的制度体系，从而揭示校长专业发展制度体系的运行规律。第二章的政策梳理表明，从国家政策视角看，我国比较成熟的制度是校长培训制度、资格制度、任用制度、负责制度，由于本章主要从校长个体专业发展视角研究其制度体系的执行，即主要以校长个体为分析单位，从校长的视角来反映专业发展制度落实情况，故选择校长资格制度中的持证上岗制度和校长培训制度在这一章进行实证研究。校长任用制度的个别实施情况散见在上述制度的研究中，校长负责制度的部分执行将在第四章研究校长问责制时提出。关于校长职级制，虽然目前没有在全国范围内实行，也没有全国性的实施指导性意见，但是国家倡导推广此制度，并且在北京、上海、山东、广东、成都等地方进行了试点。本章主要以北京市和上海市为例进行研究。

一　校长持证上岗制度执行情况

　　国家颁布了校长持证上岗制度，即要求校长任职之前必须取得"任职资格培训合格证书"。本章对于是否能够执行这一政策、执行这一政策的情况如何、有什么问题、如何看待这些问题进行研究。

　　（一）持证上岗制度执行的现状

　　持证上岗是对校长任职的要求。目前我国要求新任校长或拟任校长必须参加不少于300学时的任职资格培训,必须取得"任职资格培训合格证书",持证上岗。下面运用实证方式,从校长角度分析这一制度的执行情况。

1. 取得任职资格培训合格证书情况

为了了解对这一制度的贯彻情况,关于新任校长或拟任校持证上岗,设置"您取得'任职资格培训合格证书'是在担任副校长职位的什么时候?"问卷调查结果显示:只有52.2%的校长在任职前参加了任职资格培训并取得了合格证书,有47.8%的校长没有做到持证上岗。17.1%的校长任职一年内取得"任职资格培训合格证书";15.2%的校长任职一、二年以后才取得;4.4%的校长任职三、四年以后才取得;3.0%的校长任职五年以后取得;还有8.1%的校长没有取得"任职资格培训合格证书"。这表明很多校长没有获得"任职资格培训合格证书"就担任了校长。

2017年1月,《中小学校领导人员管理暂行办法》针对担任校长前不能取得"任职资格培训合格证书"的校长,给出了延后获得的具体时间:确因特殊情况在提任前未达到培训要求的,应当在提任后一年内完成。但是问卷调查结果表明,22.6%的校长在任职一年以后获得任职资格培训合格证书。上述研究表明,校长持证上岗制度执行不完全到位。

为了了解此问题,我们访谈了一些负责干部任免工作的人员、负责培训的人员和相关校长,他们证实了此结果,访谈实录如下:

> 我们区的确有的干部没有取得"任职资格培训合格证书"就担任了副校长。因为工作需要,经过考察发现他们的确具有当校长的素养,所以就先提拔上来,先用着,然后再送他们去参加任职资格培训。(FLL行政人员)
>
> 很长时间我们区没有自己的"任职资格培训",都是到市里参加它们的相应培训。有时我们需要提拔为校长的干部不可能马上就有"任职资格培训"参加,所以只能先当着校长,什么时候有再让他们去参加。(TZX行政人员)
>
> 我来自一所农村九年一贯制学校,我当了4年副校长,后来又让我当校长,到现在为止我已经当了4年校长了。我是在当校长后两年

半参加市里的"任职资格培训"拿到相应合格证书的。我们那里参加"任职资格培训"的校长像我这样的有好几个呢。（LCJ 校长）

我没有参加过新入职校长培训，因为正职无这种培训，副职和主任有这种培训。我一下子就当了正校长，可能是越过那个阶段了吧，所以没有参加。（ZYY 校长）

2. 参加任职资格培训的学时情况

我们与从事任职资格培训的市级单位和一些区级单位进行了交流，询问了他们组织培训设置学时的情况，他们都明确表明任职资格培训的学时只能多于 300 学时，不会少于这个学时。对校长的调查也验证了这一结论：

我是在我们区教育党校参加的任职资格培训，这个培训班要求我们至少脱产 3 个月，这三个月天天学习，比上班要求都严，不来就取消竞聘资格。我们这个培训班办的挺好，经过学习挺有收获。尽管又忙又累，但是感觉挺值的。（XZD 副校长）

我是在区里的教师进修学校参加的任职资格培训，好像学了半年，2 月去的，7 月才结束，每周要去 2~3 天，然后还有自学。自学不是想学就学，不想学就不学，是必须学，因为有检查。（LFF 副校长）

我是在市里参加的任职资格培训，每周去三天，因为我住在郊区，所以要住在那里。我记得学了很长时间，管得很严，一般不让请假。因为我已经当了正校长，事情比较多，但是我必须协调好时间，安排好事情，否则不给合格证书。这段时间是我最忙的时间，同时我还在大学参加在职提高培训，如果二者的时间撞车，我都以任职资格培训为主，否则就得被批评教育，还说要有什么行政处分直至撤销职务等的。（YWG 校长）

上述访谈表明，如果是全脱产三个月，每周以天计算，每天以 8 小时计算，则每周是 40 学时，则三个月达到 300 学时是完全可以的。如果是每周 2~3 天，半年下来，则达到 300 学时也是完全可以的。总之，对学时的执行情况是达标的。

3. 参加任职资格培训的态度与行为

校长参加任职资格培训的态度与行为，即派校长参加任职资格培训时，他们是否愿意，是否积极，学习是否认真：

> 我愿意学习，当初让我当校长时我就盼着去市里学习，后来轮到我了，我非常高兴。别看路远又不能耽误工作，但是我的出勤率非常非常高，早早就出来。我恐怕错过什么学习安排，学后的确有收获。（WSS 副校长）

> 很多人是非常愿意参加任职资格培训的，这是他们当校长的资本，他们为什么不愿意呢，除非他们不想当校长。如果不想当，也就进不了后备干部库了，也就谈不到让他们去学习的问题了，凡是去了的，尤其是后备干部都特别认真，已经当了几年校长的是否认真不敢说。（集体访谈 2）

> 我们区的后备干部都积极参加任职资格培训，有的还来争取。我们区经常举办，学员也很认真。我们让大家做研究，还请来大学的专家指导，大家做的可带劲了。（JXH 行政人员）

> 有些当了好几年校长的人，对参加任职资格培训可能不太积极。据培训部门的人说，他们到课率也不是特好，因为他们已经在这个岗上多年，有些也参加过各种培训，由于不是任职资格培训，当然人家也不发类似的证书，他们还要参加专门发证的培训，其积极性可想而知啦。（FLL 行政人员）

上述访谈表明，从校长个人来说，基本都愿意参加任职资格培训，尤其是后备干部，更积极、主动，学习也认真，看来出现持证上岗执行不到位现象更多的是由于组织方面的问题。

4. 对校长持证上岗的认识问题

访谈发现，一些校长和教育行政人员对"持证上岗"制度不是很了解，有些感觉参不参加上岗培训无所谓：

> 我当校长前不知道要持证上岗，当了几年后领导让我去学习才知

道还有"持证上岗"这个制度。可是没学习之前已经当了2年多了，也没觉得当不了。学了之后就多知道了些新词、新事、新理论，这些是否能够用上，关键还是靠自己。（LCJ校长）

感觉以前的校长都是从教师上去的，也没有什么不能当的。校长又不是指挥人们造桥、造房子、造飞机、造大炮的人，无所谓有没有证。很多当校长的东西是自己悟出来的。（TYQ校长）

现在有些地方的任职资格培训班，都是讲理论，而且感觉离我们挺远。有些任课教师虽然学历挺高，但是没有教育实践。弄些高端的方法做研究可能行，但是不太接地气，感觉离我们也很远。所以，这样的培训班参加不参加就那么回事，也就是为了拿个证书吧。（FFF校长）

现在的校长虽然比以前难当了，不过我们这儿的校长还好，没有学习过的还可以。尤其是一些小一点的学校，问题更是不大。先干着，哪天有机会就让他们去学一学，补上一课，拿个合格证书回来。（TZX行政人员）

访谈实录反映了大家对校长持证上岗的认识不到位，也反映了任职资格培训存在问题，还表明一些校长和教育行政人员觉得校长职业的技术含量不高，即职业的专业性不够。

（二）持证上岗制度执行的问题与分析

上面的实证研究表明，持证上岗制度的执行确实存在不到位现象，这种想象是否影响了学校的管理，其原因是什么呢？

1. 持证上岗制度执行不到位的影响

持证上岗制度执行不到位的确对学校管理产生了影响。国家关于校长的任职资格有明确要求，不仅涉及任职前的资格，还关系到任职后是否胜任的问题。在任职前没有参加相应培训，确实影响了一些校长后期的任职，请看下面的访谈实录：

那一年我区需要新干部，提拔了好几个，我学校也有两个，他们也来不及学习，就上任了，我发现他们不具备当副校长的基础。到了

校级领导的位置上，就应该思考整个学校的事情，他们还是站在他们原来的部门思考问题。（NCY 校长）

中小学的领导都是从教师中来的，教师都是学科出身，不是管理背景出身，所以对管理学的知识和技术不懂。但是我们做的事情是管理的事情，应该当领导之前去专门学一学，这样干工作就比较自如。我就有这个体会，我看我的副校长们，学过的就比没学过的强些。让我们之前参加任职资格培训是很有道理的。（WYL 校长）

我是学化学的，从来没接触过管理方面的知识与技术，由于教学比较突出，就让我做了教学主任，后来又当了校长，很多都是一点点自己摸索出来的。后来参加的任职资格培训，感觉帮助很大，如果之前参加这个培训，我想我做得会更好。（LYX 校长）

去年我参加了任职资格培训班，感觉收获很大。原来觉得我是校级领导，我有权管你，你也得听我的。但是现实中有的老师就是不买你的账，有一段时间我与他们的关系挺僵的。有一个大学教授给这个班讲课，其中讲到了校长的权力问题。她说校长的权力包括职权与权威，校长职务带来的权力是职权，除此之外还有个人魅力产生的权威。没有职权不行，但是只用职权也不行，尤其在学校，老师们把领导的权威看得很重，后来我在管理中就特别注意此问题。（ZMY 副校长）

上述访谈表明，有些校长由于没有做好上任前的准备，对校长岗位的认识不到位，其行为有失偏颇，上任后对岗位职责履行不到位。

2. 对持证上岗制度执行不到位的分析

为什么会产生上述问题呢？为什么有 47.8% 的校长没有做到持证上岗，为什么 24.7% 的校长在任职 6 个月以后获得任职资格培训合格证书？一是校长专业化程度低，没有合格证书照样可以做校长；二是干部任用缺乏长远规划，任职培训不及时。

（1）校长专业化程度低

众所周知，凡是专业化程度高的职业，上岗前必须具备合格证书，否则不能安排其做该岗位的工作。诸如医生、律师等职业都严格执行持证上岗制度，因为他们的专业化程度很高。关于校长职业的专业化问题，学者们也普遍认为，校长应该成为一个专门职业，但是目前从校长的职业现状看，校长还没有达到专门职业的水准，尚处于准专业阶段。① 由于校长的专门职业水准不高，国家对校长持证上岗制度的强调不够，且允许其在上岗后的一定时间内取得任职资格培训合格证书。一些地方的教育行政部门也放松了对校长持证上岗制度的执行，造成校长上岗后很长时间才获得合格证书。不仅如此，由于国家没有强制校长持证上岗，地方教育行政部门没有严格执行持证上岗制度，弱化了校长职业的专业性。校长职业的专业性及校长专业化的一个主要目标是"进入校长行业有严格的资格限制"。② 其中获得任职资格培训合格证书是进入校长行业严格的资格限制之一。"校长专业化是指校长职业由准专业阶段向专业阶段不断发展的过程。"③

由于校长专业化程度低，一些不具备任职资格培训合格证书的校长也进入了该岗位。这些校长之前的岗位准备不到位，带来一些教育管理和个人发展的问题。这些问题的出现又弱化了校长职业的专业性，形成了恶性循环。所以，政府应该颁布政策，让校长必须持证上岗，否则具有惩罚措施。地方教育行政部门也应该严格执行，不具备合格证书的人不能进入。

（2）干部任用缺乏长远规划

干部任用应该有长远规划，提前准备。现在有些地方对干部储备的规划不够，临时需要校长时，任职资格培训没有及时跟上，没有合格证书的人也得上岗。对一些教育行政人员和校长的访谈说明了此问题：

> 我是接任我的前任当的副校长和校长，我的前任当了正校长，就把我安排在副校长的位子上。过了几年，正校长退休，我又当了正校长。我是当了正校长后才去参加任职资格培训的。我觉得，如果区里规划好，早有让我当校长的想法，我早就可以参加培训了，不至于都当了正校长几年后再参加。如果任职资格培训班多，方便，我也就早

① 褚宏启、杨海燕：《校长专业化及其制度保障》，《教育理论与实践》2002 年第 11 期，第 20～26 页。

② 褚宏启：《走向校长专业化》，《教育研究》2007 年第 1 期，第 80～85 页。

③ 褚宏启：《走向校长专业化》，《教育研究》2007 年第 1 期，第 80～85 页。

参加了，可是不方便啊。（YWG 校长）

我是区临时让我干副校长的，因为我们有一个新学校，已经配备好副校长了，由于新学校没有按规定时间成立，原来配备好的副校长到另外学校工作去了。没有人了，就临时把我叫来当副校长，我没有任何准备，当然不可能参加什么预备干部培训班，只好"无证上岗"了。其实那个人到另外一所学校去后，应该马上再考虑后续人选，不知道为什么没有。（YHH 校长）

我没有参加过校长任职资格培训，我是特例，直接当校长的，我自己都不知道我怎么会当校长。当时我就是一个普通数学教师，想去当教研员，没想过当校长，是老校长退休，大家选校长，把我选上来的，从此我就走上了校长之路。至于区里是否有过让我当校长的准备，我也不知道。当然也不知道要持证上岗这回事。（ZYY 校长）

现在教育大发展，当然也需要校长了。再有，有的校长临时出问题，不能继续当了，也需要有新校长上来。总之，有时事先不能把所有的校长位置的候选人都提前安排好，又不能没有人，所以，只要没有大的问题，没有合格证书也就没关系了。实际上这种情况很多区都存在。其实，如果任职资格培训跟得上，也不会造成一些人当了好几年校长还没有证书的情况了。（LHM 行政人员）

所以，教育行政部门应该加强对校长任用工作的规划，根据规划做好后备干部的上岗培训工作，真正做到校长持证上岗。

小 结

上述研究表明"持证上岗"制度的价值很大，但是现实中有近一半的校长任职前没有参加该层次培训；凡是参加任职资格培训的校长，基本能够达到 300 学时；人们对校长持证上岗的认识存在问题。

这种状况表明目前我国校长专业化程度较低，还没有成为一种专门职业，校长职业群体的这种现象一定会影响个体校长专业发展，所以后续还需要强调校长职业专业化，通过各种办法提升校长专业化程度。

二 校长培训制度执行情况

校长专业发展是贯穿校长整个生涯的事情，校长专业发展制度应该设法起到这个作用。这些制度从校长任职前、任职中及任职后都进行了规定。培训制度则是贯穿校长整个职业生涯、促使校长不断进取的制度。校长资格制度、任用制度、负责制度和考评制度等对校长专业发展更多起着约束和控制等作用，培训制度虽然也带有约束性和控制性，但是更多地具有促进、支持等特性。不仅如此，培训制度中还蕴含着诸如资格制度、任用制度、考评制度等的实施情况。所以这里选择培训制度的实施情况进行研究。目前我国对校长培训制度已经有了比较明确的要求，这里就对此制度的执行情况及执行过程中的问题进行探讨。

（一）培训制度执行现状

第二章从政策角度对校长培训制度进行的梳理，清晰地呈现培训制度的执行情况，主要明确校长参加培训的学时、层次、权利与义务、支持与投入等的情况，下面运用问卷法及访谈法进行研究。

1. 校长参加培训的学时情况

校长培训制度明确，在职校长每 5 年必须接受不少于 360 学时的提高培训。本书就校长参加培训时数进行了问卷调查，调查结果显示：81.6%的校长每 5 年参加的培训时数大于 360 学时，11.1% 大约等于 360 学时，7.3% 小于 360 学时。问卷表明：92.7% 的校长参加培训的时数符合培训制度规定，只有 7.3% 的校长参加培训的时数不符合培训制度规定。针对这7.3% 的校长又进行了进一步调研，有些校长可能对问卷的题目没有看明白，有些忘记了一些参加过的培训，有些没有认真计算过，当然也的确存在 5 年参加培训的时数不到 360 学时的校长。总之 BJG 市执行这一培训制度是基本到位的。

虽然该制度执行到位，但是校长对此制度是否很认可？就此，问卷设计了题目：您认为"每 5 年必须参加 360 学时培训非常恰当"。这是一个运用五点量表设计的题目，程度从"完全符合"到"完全不符"，具体见

表 3 –1。

表 3 –1　"每 5 年必须参加 360 学时培训非常恰当"的调查情况

单位：%

程度	占比
完全符合	12.3
比较符合	28.6
一般	17.6
比较不符	26.1
完全不符	15.4
合计	100.0

问卷调查结果表明，40.9% 的校长表示完全符合和比较符合，41.5% 的校长表示比较不符和完全不符。尽管校长实际参加的培训超过了 360 学时，但他们并不是很认可这一规定。

2. 校长参加培训层次情况

为了让校长更有效地专业发展，国家设置了任职资格培训、在职提高培训和骨干高级研修三层次培训，校长参加这样的培训的情况如何？问卷调查结果反映了相应的培训的情况。问卷调查的一道多选题目是"您参加过哪些层次的培训"，具体情况见表 3 –2。

表 3 –2　"您参加过哪些层次的培训"的调查情况

单位：%

层次名称	是否参加过	占比
任职资格培训	参加过	91.9
	未参加过	8.1
在职提高培训	参加过	79.3
	未参加过	20.7
骨干高级研修	参加过	45.1
	未参加过	54.9

91.9% 的校长参加过任职资格培训，8.1% 的校长没有参加过。79.3% 的校长参加过在职提高培训，20.7% 的校长没有参加过。校长培训制度要

求所有在任校长每5年都要参加一定学时的在职提高培训，但是有20.7%的校长没有参加过。没参加过的一个原因是被调查的校长中有26.5%担任此职务只有0~2年，还没有来得及参加该培训。也有些校长认为在职提高培训应该指的是政府提供的正规培训。为了证实这一判断，我们访谈了一些校长、教育行政人员和从事干训工作的负责人，访谈摘录如下：

> 我们区如果有在职提高培训的机会，一般首先安排任职时间长一点的校长参加，其次再考虑上任时间短的校长。有几年我们区需要大量干部，一下子提拔上来好多校长、副校长。在职提高培训的机会不可能一下子增加那么多，很可能有些校长任职好几年还没有参加，不过平均5年参加360学时的培训没什么问题。（BHH行政人员）
>
> 实际上校长现在参加在职提高培训的机会挺多的，就是早晚的问题。再有，就是零星的多，系统的不多。区里组织的多，市里的机会不如区里的多。（LGJ行政人员）
>
> 我在郊区的一个中学做校长，我做了4年副校长，很正规的在职提高培训没有参加过，但是听个报告、讲座等是有的。我当了正校长一年半后终于有机会到市里参加培训了，后来明白，这就是政策中说的在职提高培训。（JZG校长）

问卷调查结果还表明：45.1%的校长参加过骨干高级研修，54.9%的校长没有参加过。关于骨干高级研修，校长培训制度并没有要求校长都参加。参加骨干高级研修是校长的一种自愿行为，不是必须行为。但是很多校长非常愿意参加骨干高级研修，因为这一层次的培训能够非常有效地促进校长专业发展，访谈证实了这一判断：

> 2014年教委实施了名校长发展工程，很多校长都积极报名，但是没有那么多的名额，只好层层筛选，先是各区推荐，之后市里组织专家面试，通过面试进行选拔，只录取了23位校长。很多区还都想增加名额，表明大家都非常渴望参加名校长发展工程的培训。（GXM行政人员）

校长们都积极报名参加名校长发展工程，但是名额有限，我们也很难办。多次向市里要名额，市里也没有。参加这样的项目培训能够让校长们学到很多理论，也能够见识很多有名的校长和学者，对校长们的确很有意义。（JXH 行政人员）

听说有名校长发展工程，我特别高兴，马上就报名了，但是也不敢奢望，因为比我强的校长太多了，没想到区里把这个机会给了我，更没想到通过面试被市里录取了，我真是喜出望外。两年的学习的确收获很多，提升了理论水平，增加了社会资本，开阔了视野，希望以后再有这样的机会。（ZYY 校长）

我参加过很多培训，但是向名校长发展工程这样的培训是我参加过的级别最高的。以前听说过有名的校长开个人办学思想研讨会，当时就想，我什么时候能够开自己的办学实践研讨会，这个想法在名校长发展工程项目中实现了。当时在理论导师指导下，自己的办学思想发言稿改了七八次，改的我最后都不想看了，可是理论导师还说要完善，经过这些过程，我收获太多太多、太大太大了。（ZWF 校长）

3. 校长参加培训的权利与义务

校长参加培训的义务是其在担任校长期间应该给予的相应价值付出；校长参加培训的权利是其在担任校长期间应该享有的相应价值回报。为了了解校长参加培训的权利保护和义务实施情况，本书也进行了实证研究。关于此问题，问卷设计了一道多选题，即"您参加培训的主要原因"，校长回答的结果见表 3 - 3。

表 3 - 3   "您参加培训的主要原因"的调查情况

单位：%

参加的原因	是否参加过	占比
上级安排	是	96.4
	不是	3.6
制度要求	是	51.7
	不是	48.3

参加的原因	是否参加过	占比
自己意愿	是	66.9
	不是	33.1
其他（请注明）	没有	99.6
	有	0.4

这道多选题给出了"上级安排、制度要求和自己意愿"三个明确的原因供校长选择，除此之外，这道多选题还设置了"其他（请注明）"，只有0.4%的校长选择"其他（请注明）"，但是没有注明是什么，表明校长参加培训主要基于前面给出的三个原因。

问卷调查结果表明：96.4%的校长参加培训是"上级安排"，说明BJG市对校长参加培训基本上都给予了安排，表明其对校长参加培训权利的认可与保护。66.9%的校长基于"自己意愿"参加培训，说明这些校长有参加培训的意愿，表明他们认为参加培训是自己应尽的义务，访谈也验证了这些：

现在社会变化这么快，各种新思想、新理论、新知识不断出现，校长只有及时参加各种培训才能清楚这些，这是当校长的基础，否则教师、学生都知道的事情你校长还不知道，如何当这个校长，教师和学生都不买账，你根本就站不住脚。所以经常参加培训是校长必须做的事情，即便没有上级的安排，自己也应该设法参加。（ZWF校长）

我不仅仅当一所学校校长，还兼着其他学校校长，就是现在所说的教育集团性质的领导，感觉责任非常重大，对怎么领导教育集团不清楚。这种情况下必须经常走出去，向各方面人员学习，参加培训是必须的。不仅如此，我还把一些学者、实践工作者请进来，与他们近距离交流。时常参加各种学习，是校长必备的素质。（WHH校长）

问卷调查结果还表明：有33.1%的校长选择不是"自己意愿"，表明这些校长没有参加培训的意愿。看来多数校长自愿参加更多培训，但是也有一些校长，参与培训的意愿不是很强。

关于校长参加培训的权利：校长参加培训的学时、经费等能够得到保证，政府能够给予校长任职期间应该享有的学习回报。但是校长选择参加培训的权利还不能完全被保证，请看校长访谈实录：

> 我感觉现在的培训有点摊派行为，上面下来的培训班的指标，区里具体负责分配，分配你去哪儿你就去哪儿，有时自己没有选择空间。我上岗培训就去了BJJYXY，后来当了副校长又去了，后来当了校长又让去，我自己想换个地方都不行。我直接找到SDSD的教授，希望去那儿参加培训，但是她说她没有选择学员的权力，她也是"服从分配"，分配给什么学员，就是什么学员，她也想自己选择学员，但是不让。（BFW校长）
>
> 现在的培训多数是安排性的，还不能让校长自己选择去哪儿学习，学习什么。希望赋予校长选择去哪儿学习、学习什么的权利。如果做到这点，校长参加培训的意愿就会很高，就会激发他们的参训热情。不仅如此，培训效果也会更好，因为校长知道自己缺什么，知道自己的问题所在，他们会针对自己的需要进行选择，满足需要的培训的效果当然好了。（XWW校长）

4. 校长参加培训的支持与投入

培训制度要求：经教育行政部门批准参加培训的中小学校长，培训期间享受国家规定的工资福利待遇，培训费、差旅费按财务制度规定报销。

校长们也都非常认可国家对培训的投入。"上级非常支持我参加培训"的调查情况见表3-4。

表3-4　"上级非常支持我参加培训"的调查情况

单位：%

程度	占比
完全符合	35.4
比较符合	27.9
一般	15.0

续表

程度	占比
比较不符	10.4
完全不符	11.3
合计	100.0

问卷调查结果表明，63.3%的校长认为上级支持他们参加培训（"完全符合"和"比较符合"），21.7%的校长认为上级并不是非常支持（"比较不符"和"完全不符"）。

关于上级对校长培训的投入，校长们普遍感觉近几年对培训的投入很多。如果是教育行政部门组织的，或教育行政部门委托相关单位组织的，培训费、差旅费凡是符合财务制度规定的都给报销，培训期间也能够享受国家规定的工资福利待遇：

> 市里向来非常重视校长培训，对校长培训的支持力度也很大，包括人力、物力、财力的投入等。我们还进行多元化的培训"招标"，把最有实力的培训机构、培训人员推荐给校长。毕竟校长是学校的领路人，只有校长发展了，才能带动学校发展。（WUU行政人员）
>
> 我们非常支持各培训部门对校长的培训，不是把这里的项目给你了，就不管了，我们还有后期跟踪、后期管理，后期我们也参加一些活动。如果各培训机构有困难，我们也帮助解决。例如，有一个项目需要实践导师，我们就可以帮助联系。（XWB行政人员）

关于21.7%的校长认为上级并不是非常支持培训之事，访谈信息比较详细地说明了这一问题，请看下面的访谈实录：

> 其实有些不是教育行政部门组织的学习也挺好的，例如，读在职教育硕士，虽然教育行政部门和学校都支持，这也是它们批准的，它们不批准我们也读不了，但是不给报销，或不完全报销。有的区里给报一半，另一半学校解决，如果学校没有这笔经费，或者正职不赞

成，也报不了，没有形成一个很好的支持制度。区教委鼓励区域内的骨干教师读在职硕士，但是没人管校长。（SWN 副校长）

教师参加培训计学分，但校长参加的很多不计学分。教师参加活动大多是学校组织的，容易计学分，但校长参加的很多活动是不同组织组织的，零散，没有统一的标准。所以很多区域内的活动，校长不愿意去参加。有些校长想去参加培训，比如区里组织的研讨会等，去开阔视野，如 SDSD 的研讨活动也应该算培训，但不算学分。感觉对校长发展支持性的制度不够。（ZYY 校长）

（二）培训制度执行的问题与分析

从培训制度的设计来看，应设法促使校长在整个职业生涯持续发展，这个制度是否起到了这个作用？它还存在什么不足吗？这里进行探讨。实证研究表明，校长培训出现了内卷化现象，这里对这一现象的表征进行呈现，对原因进行分析。

1. 校长培训内卷化的表现

内卷化理论的发展经历了 200 多年时间，德国古典哲学家伊曼努尔·康德（Immanuel Kant）、美国人类学家亚历山大·戈登威泽（Alexander Goldenweiser）和克利福德·格尔茨（Clifford Geertz）等都研究了内卷化问题。本书介绍黄宗智（Philip Huang）的"中国农业发展内卷化"与杜赞奇（Prasenjit Duara）的"国家政权内卷化"。

黄宗智运用"内卷化"研究了中国的农村经济和农户行为，他在研究长江三角洲小农经济时，提出了"过密型增长"，即没有发展的增长。黄宗智认为，内卷化现象是劳动力大量投入而造成的劳动力边际报酬递减，是"没有发展的增长"。[①] 黄宗智认为，"'增长'系指生产总量在任何一种情况下的扩展；'发展'则是基于单位劳动生产率提高的增长；而'过密'则是伴随着单位劳动生产率降低的生产增长。"[②]

杜赞奇在研究 20 世纪上半期中国华北农村时，用内卷化来研究政治现

---

① 〔美〕黄宗智：《长江三角洲小农家庭与乡村发展》，中华书局，2000，第 12 页。
② 〔美〕黄宗智：《长江三角洲小农家庭与乡村发展》，中华书局，2000，第 223 页。

象，并提出了"国家政权内卷化"。他认为："更广泛地说，国家政权内卷化是指国家机构不是靠提高旧有或新增（此处指人际或其他行政资源）机构的效益，而是靠复制或扩大旧有的国家与社会关系——如中国旧有的营利型经济体制——来扩大其行政职能。"① 杜赞奇认为"内卷化"实际上是旧有职能和社会关系的复制，而不是效益的提高，是指一种社会或文化模式在某一发展阶段具有一种确定的形式后，便停滞不前或无法转化为另一种高级模式的现象，② 即虽然有数量的增加，但没有质量的提升。

总之，内卷化是指事物发展到一定阶段后，便停滞不前或无法转变到新的形态，无法转化为一种高级模式的现象。内卷化的主要表现是：有投入、无发展、重复原有的路径、处于"自我锁定"状态等。

后来很多学者将内卷化的概念引入其他领域，以揭示一些问题。校长培训内卷化是指培训设置及执行发展到一定阶段后，出现培训投入大于产出，培训内容具有自我锁定性。

（1）校长培训投入大于产出

关于校长培训，国家和参训校长的投入都很多，但是培训效果并没有随着培训投入增加而提升。

改革开放后，国家在政策、机构、经费、课程等方面对中小学校长培训的投入都在不断增加。自"八五"以来，国家针对中小学校长培训等方面就出台了二三十项政策，地方政府也颁布了各自的贯彻执行政策，这表明我国的政策制定与执行投入很多。关于培训机构，从纵向来说，有国家级校长培训中心、省级教育学院、地级教育培训学院和县级教师进修学校四层级培训机构；从横向来说，除了专门的培训机构之外，还有大学、培训公司等校长培训部门，我国形成了横纵结合的校长培训机构体系。关于经费投入，国家更是重视，不断颁布政策要求切实加大对校长培训经费的投入力度。北京市财政用于干部培训的经费每年不少于

---

① 〔美〕杜赞奇：《文化、权力与国家：1900—1942 年的华北农村》，王福明译，江苏人民出版社，2018，第 54～55 页。

② 〔美〕杜赞奇：《文化、权力与国家：1900—1942 年的华北农村》，王福明译，江苏人民出版社，2018，第 53～54 页。

2000 万元①，北京市有些校长培训项目年均每人七八万元。关于课程投入，国家教委先后于 1990 年 7 月和 1995 年 12 月颁布了《全国中小学校长岗位培训指导性教学计划（试行草案）》和《全国中小学校长提高培训指导性教学计划》，后对此进行修订，2001 年 5 月，教育部颁布了《全国中小学校长任职资格培训指导性教学计划》和《全国中小学校长提高培训指导性教学计划》（以下简称《2001 任职计划》和《2001 提高计划》）。《2001 任职计划》为校长提供了 300 学时的任职资格培训课程，《2001 提高计划》为校长提供了 240 学时的提高培训课程，实际上提供了多于 360 学时的培训课程，由此可以看出，国家对校长培训具有高投入性。参训校长对培训的投入也很多：问卷调查结果显示，81.6% 的校长每 5 年参加的培训时数多于 360 学时，有些校长参加的培训时数为 700 多学时。很多校长周六、周日、节假日及寒暑假等都在参加各种各样的培训。

国家及校长对培训课程投入这么多，效果如何呢？问卷调查结果表明：48.3% 的校长认为"多数培训课程对解决他们工作中的问题帮助不大"；54.6% 的校长认为"多数培训课程的效果并不理想"。卢乃桂等撰文指出："中国校长较之其国外的同行，在参加培训的时间、经费上均有保障，但是校长们的内在动机是普遍缺乏的。"② 这表明我国对校长培训的投入有保障，但是效果不好，因为内在动机缺乏的培训不可能产生好的成效。

（2）校长培训内容具有自我锁定性

自我锁定性是指校长培训课程在已有的路径、框架内呈现重复、缠绕，进入不了一种新形态的状况，这种状况主要表现在如下几个方面。

第一，培训目标具有置换性。

上面的阐述表明，我国校长参加培训带有任务性。获得规定层次的学分，不仅是校长们的任务，也是地方教育行政部门的任务。

教育行政部门为了让校长都能够符合国家关于任职资格培训和在职提

---

① 2011 年 9 月 27 日，中共北京市委教育工作委员会、北京市教育委员会《关于"十二五"时期中小学干部教师培训工作的意见》。

② 卢乃桂等：《中国校长培训政策的延续与变革（1989 - 2009）》，《清华大学教育研究》2010 年第 5 期。

高培训的学时要求，把校长们安排到相应的培训机构去学习；校长为了获得国家规定的学时，前去参加各种培训；培训机构为了让校长得到相应学时，按照国家要求设置相关课程。大家都在为了满足国家要求参与校长培训，在"按照要求—参与校长培训—获得规定学时—符合要求"这样一种封闭的环中运行。

校长培训的目的是促进他们专业发展，国家出台政策规范校长培训。完成国家规定的培训要求仅是达成培训目的的手段，但是现在出现了目标与手段置换的现象。这种现象使校长被动地参加培训，热情不高、自主性欠缺，降低了培训效果。

第二，培训内容具有雷同性。

培训内容具有雷同性主要指校长后面学习的课程与曾经学习的课程相同或相似。

具体表现如下。①与教师培训时的内容雷同：一些校长在做教师时就已经学习过诸如教育学与心理学的很多内容，校长培训时，他们再一次学习这样的课程。②不同层次培训的内容雷同：一些校长参加任职资格培训和在职提高培训时面临类似课程设置现象，如果是同一教师教授这类课程，则其重复性内容更多。③相同层次培训的内容雷同：由于国家对校长培训学时有要求，校长需要参加几个培训才能获得足够的学时，这些培训中的有些课程对有些校长来说是重复性的。④培训内容同质化：不同培训机构、不同培训项目开设的课程的名称虽然不同，但是课程内容存在差不多的现象。

问卷调查结果表明，50.7%的校长遇到过培训课程设置及讲授内容重复的现象。访谈时一些校长也提出了这样的问题：

　　　　我以前曾经参加过这个机构的培训，那时是任职资格培训，几年后上级又安排我来参加在职提高培训。工作了几年的确有了一些问题，想通过培训提高，可是培训者基本还是那几个，讲的内容也没有什么大的变化，于是能不来就不来。（MFF校长）

　　　　我参加的近三年的培训中培训课程的确增加了一些新版块，比如一些专题式讲座、案例教学课、研讨会等，但其实还是换汤不换药，主要的培训内容还是那些，只不过换换花样。我们校长更希望接触到的是实质性培训内容，希望培训的知识有实质性的改变，比如对于新教改的探讨、对于先进办学思想的研讨、讨论学校亟待解决的问题等。（ZXD 校长）

  我参加的培训中经常出现一些重复的内容，市里的培训和区里的培训在强调某一部分内容时可能会重复，比如关于政策之类的会议，办学理念之类的培训，或者德育、学校安全之类的培训，这些经常是重复性的，如果是我听过的而且学校有事，我抽不开身，就可能会派主管的主任等人去参加，我就不去了。（ZXG 校长）

这种雷同现象，使校长参加培训的欲望减少，不利于对校长的个性化培养，培训效果大打折扣。

第三，培训方式具有单调性。

目前我国校长培训课程传递方式主要是集中面授、分散自学，集中面授以教师的讲授为主，辅以考察、交流等。对于《2001 任职计划》和《2001 提高计划》提出的基本课程、选修课程和实践课程，前两种基本都以自学和面授为主，辅以小组讨论等；实践课程基本采用下校考察、经验交流之类的方式。问卷调查结果表明，99.3% 的校长参加的培训采用的是讲授式，82.9% 是自学，62.7% 是下校考察。讲授式基本是在培训机构，采用班级授课制的方式进行，培训者讲，参训者听，方式具有单调性。

这种单调性还表现为课程传递的情境设置是单调的，基本上是没有担任过中小学校长的培训者根据讲课需要自行创设一种情境，这种情境在一定程度上远离中小学校长鲜活、多彩的生活。问卷调查结果显示，63.8% 的校长不喜欢目前的培训课程传递方式。校长的访谈也反映了此问题：

  很多培训机构常用的培训方式是讲授，不管有用没用，不管大家爱听还是不爱听，就在那儿讲，或者安排小组讨论，或者带大家参观一下有名的学校，基本也就这些。不是说这些不好，而是总是这些就感觉培训模式被自己套住了。（HXL 副校长）

  参加很多培训，基本都是大规模的，总感觉大规模的培训效果不好，一人讲，大家听，可能老师讲得很好，但是针对性不强。参加一两次这样的还可以，总是参加这样的培训感觉帮助不是很大。培训应该走向实用性、针对性。（YHW校长）

我在一个机构参加一个校长培训项目，项目本身挺好的，上级重视，培训者也有水平，但是在一年多的时间里，多数培训是在进行小组汇报。没有学什么，汇报什么呢？据说这种培训方式是它们那儿的传统，一直没有突破，大家都在那儿低效率地想点事、想点词。（FXJ校长）

以讲授为主的培训方式能够高效地传递课程内容、确定性地完成培训学时任务，但是校长处于被动接受状态，信息发出者与接受者的"兴奋点"没有融合，使校长感到理论脱离实际，培训不能真正解决他们的现实问题。单纯的讲授式传递使校长感到单调乏味，难以促进校长自主思考，也难以帮助他们建构对学校管理的认知体系，故使他们把培训视为一种负担。

2. 对校长培训内卷化的分析

研究发现，造成校长培训内卷化的原因，即其形成机理主要有如下两点。

（1）校长培训体制具有被动参与性与需求不明确性

被动参与性：目前我国的校长培训基本是上级安排，非个人选择。上级既不了解参训校长的专业发展需要，也不了解培训机构的课程安排，他们在完成任务的主导下安排培训。参训校长不了解培训机构的课程，也不知道这些培训课程是否能够解决自己的实际问题，只有参训后才知道。实际上很多校长是带着希望参加培训的，希望培训课程能够解决他们自身发展、学校发展和师生发展中的问题。但是当他们发现培训难以涉及这些问题时，他们只能退而求其次，"完成培训任务"，把培训手段当成目的。强制性的要求使他们必须获得足够的学分，只要有了学分，对于内容是否满足自己专业发展需要，是否帮助自己完成工作，他们没有更多要求。如果内容能够解决实际中的问题，他们就好好听，不能解决，他们就当来"认认人、学学词、养养神"。

需求不明确性：培训机构对参训校长的情况不了解。参训对象是刚刚取得任职资格培训合格证书的校长，还是在岗多年的校长；是第一次参加提高培训，还是已经参加过一次或多次培训；是职业生涯刚刚开始，还是已经到了稳定期、成熟期等，培训机构对这些具体情况并不是十分了解。众所周知，一个有效的培训课程的设置，既要了解学科知识，也要了解学员情况，培训机构在不了解参训对象的情况下，只能提供以学科为中心的课程，认为校长应该知道这些，但实际上校长可能已经知道了这些或校长不需要这些，应然状态与实然状态出现了较大偏差。

对校长们的访谈验证了上述分析：

有时是上面指派你参加培训，这种情况不好意思不去，但是去了可以不好好上课吗？现在有些培训课程、模式等不太好，校长基本不愿意参加。但是上级找到你了，去了也算是帮着上级完成培训任务的指标。再有，我们也需要培训满足学时要求，现在凡是上级安排的培训，不用自己出钱，参加培训没有什么经济压力，去就去吧。（ZXF 校长）

有些培训机构的培训多数是纯理论的培训，实践的不太多。当然理论对我们来说也是很有价值的，但是要分什么内容。我参加的短期校长培训，安排了很长时间讲外国教育史之类的课程，这种课程如果没有一定教育学基础的是听不进去的。我们希望多一些管理方面的有针对性的理论课程，比如介绍一些管理经验，或针对实践当中遇到的一些管理方面的问题进行交流。因为参加培训的校长已经有了一定的管理基础，容易接受。由于欠缺这些，感觉参加培训不是很解渴。（QZJ 校长）

实际上培训效果是对校长参加培训的最大吸引力，当没有这些时，又得参加，就是我们私下流传的"养养神、认认人、学学词"。学校的工作太累了，出去参加培训可以休息一下，可以认识更多的人，积累人脉，还有就是学点新词。如果真的能够学到很多"新词"，"养神、认人"都无所谓了，让我们有收获是吸引我们参加培训的最大"良药"，但是培训机构常常不知道我们的需求，所以一般的培训的吸引力也就不是很大。（CJP 副校长）

鉴于上述情况，我们发现，出现了培训目标被手段置换，校长重复学习同样的课程、重复参与同样的活动、重复体验同样方式的培训的现象；不仅如此，而且设置的课程的学科色彩浓厚，针对性和实用性不强，综合性不高。[①] 这些都导致校长培训投入很多，但是实质性的收益不大。

（2）校长培训内容滞后于社会发展，滞后于校长变化

改革开放后，我国的加速发展给校长培训课程带来了挑战，要求其同步变化，但是校长培训内容滞后于社会发展，滞后于校长变化。

首先，国家和社会提升了对校长的期待水平：21 世纪以来，要求校长具有教育治理能力，造就教育家型校长。《义务教育学校校长专业标准》）和《普通高中校长专业标准》都要求校长在"规划学校发展、营造育人文化、领导课程教学、引领教师成长、优化内部管理和调适外部环境"6 个方面承担职责，这都是对校长教育治理能力和教育家型校长的要求。2017 年 1 月，《国家教育事业发展"十三五"规划》再次明确指出，要"提升教师能力素养，培养造就一支高素质学校领导人员队伍"。但是目前我们使用的《2001 任职计划》和《2001 提高计划》的课程培训目标还停留在提高校长的管理能力，造就教育改革和科学管理的带头人上，没有跟上国家和社会对校长的要求。不仅如此，2013 年国家也已经将在职提高培训从每 5 年不少于 240 学时提高到了 360 学时，而目前我们使用的《2001 提高计划》还是针对 240 学时进行课程设置的。这些都表明培训课程滞后于社会发展的要求，这样的课程难以起到引领校长向前发展的作用，结果培训投入很多，但是效果不好。

其次，校长本身发生了变化：中小学校长任用制度规定，校长要具有教师资格和教师经历。我国自 1995 年 12 月 12 日发布实施《教师资格条例》已经 20 余年了，很多校长在当教师期间已经学过很多教育学和心理学课程；不仅如此，国家也一直鼓励校长提高自己的学历，并分别于 1996 年、2008 年设置了教育硕士和教育博士专业学位，20 多年来，很多中小学校长取得了教育硕士或教育学硕士学位，甚至还有些校长具有教育博士或

---

① 褚宏启：《中小学校长培训课程的改革路径》，《教师教育研究》2009 年第 6 期。

教育学博士学位。近10多年来，一些地区新入职教师中硕士、博士比例提高，其中以获得教育硕士、博士学位的居多。另外，近10多年来，国家还实施了"校长海外研修培训"项目，一些校长到境外攻读教育硕士学位。上述变化使很多校长已经具有一定的教育理论知识。但是培训课程的设置并没有充分考虑这些，结果重复设置、重复听课的现象发生了。这也是投入多但效果不佳的重要原因。

对校长们的访谈验证了上述分析：

我们校长来听课，希望能够接触到新的、前沿性的东西，比如名校的、西方一些国家的先进办学理念、教学思想；再比如对现阶段教育改革理念和热点问题的分析，如教育公平问题、优质教育资源的分配问题、择校生问题、学生与教师的心理健康问题等。但是现在的培训还是缺乏这些，思想上没有跟上，很难应对新形势下出现的各种教育问题。教育的本身在不断变化，我们的思想也要跟上，所以培训的思想也要跟上。培训的内容不能一成不变，要注入新鲜的血液。由于我们需要的东西不是很到位，感觉参加培训的效果不佳。（DWS校长）

现在社会变化很快，学校也应该跟着变化，在没有参加某个培训前，我们挺期待，希望能够解决我们现实中的问题，但是你常常会发现，培训内容指向以前的多，指向以后的不多。收获是参加培训的动力，如果没有收获，或收获甚微，我们就不想再参加培训了。（TFF校长）。

现在的校长很忙，参加培训实际都是在挤时间，当然也是迫于学分的压力。不过现在的校长5年内拿到360学时是很容易的，市里、区里、校本培训都很多，拿学分不是太大的问题。当没有拿学分的压力时，校长们参加培训就是个体成长需要。有些课程还不如我读硕士时的内容，对我成长的价值不是很大，我当然不愿意参加了。（YSW副校长）

小　结

实证研究表明，校长培训制度的总体执行比较到位。在职校长基本都能够保证在 5 年内接受 360 及以上学时的培训，一些校长还参加了骨干高级研修；上级对校长培训给予很大支持，校长们也认同此事，其培训权利得到了保障。

当然校长培训也存在一些问题，实证研究发现，目前呈现培训投入大于产出、培训内容具有自我锁定性的内卷化现象，导致部分校长参加培训的意愿不高。主要原因是培训体制具有被动参与性与需求不明确性，培训内容滞后于社会发展，滞后于校长变化。后续构建的培训制度要设法解决这种内卷化现象。

三 校长职级制度执行情况

前文已从政策文本视角对校长专业发展制度体系予以明确，我国在一些省份就校长职级制进行了试点改革。这些改革已经有 10 多年的时间了，它们是如何进行改革的，改革的措施是什么？改革对校长专业发展产生了什么影响，校长们是否认可这一改革？改革还存在什么问题，我们如何看待这些改革？这里对这些问题进行梳理、探讨与分析。

（一）职级制执行的措施与特点

前文对校长职级制的政策梳理表明，上海市和北京市西城区是试行校长职级制比较早的城市，下面以这两个城市的试行情况，阐述校长职级制执行的措施与特点。

上海市在 2000 年就全面开始探索校长职级制改革，目前执行的是中共上海市委组织部、中共上海市教育工作委员会、市教育委员会、市人事局、市劳动和社会保障局于 2000 年 1 月 1 日施行的《关于上海市推行中小学校长职级制度的实施意见》（简称上海《意见》）。上海市在该意见的指引下，试行了 10 多年的校长职级制。为了更好地试行校长职级制，上海市后续不断对此进行完善，上海市教育委员会先后于 2003 年、2006 年、2009 年、2012 年、2015 年、2018 年发布了年度校长职级评审和认定工作的实施意见（简称上海年度《意见》）。

北京市西城区于 1999 年试行校长职级制，1999 年北京市教委、市人事局、市财政局和市编办联合下发了《北京市中小学校长职级制试点工作的意见》；2005 年，《西城区中小学校长（书记）职级制实施意见》修订出台；2011 年，中共北京市西城区委教育工作委员会、北京市西城区教育委员会在认真总结中小学校长（书记）职级制的基础上，又对上述文件进行了修订，中共北京市西城区委教育工作委员会、北京市西城区教育委员会颁布了现在执行的《西城区中小学校长（书记）职级制实施意见》（简称北京西教《意见》）。

1. 职级制的执行措施

校长职级制要解决很多问题，这里主要介绍上海市和北京市西城区校长职级制的级别、评定条件和津贴标准三个重要的内容。

（1）校长职级制的级别

职级序列体现了校长的任职年限、德识能力、履职情况、贡献业绩以及水平素质等。

上海《意见》把中小学校长职级分为五级十二等，即特级校长；一级一等、一级二等校长；二级一等、二级二等、二级三等、二级四等校长；三级一等、三级二等、三级三等、三级四等校长；四级一等、四级二等校长。2012 年，上海对此级别进行了调整。2012 年 12 月 10 日，《上海市教育委员会关于 2012 年开展普教系统校长职级评审和认定工作的实施意见》指出：根据《义务教育学校校长专业标准（试行）》，校长专业发展过程划分为四个阶段，即角色适应阶段、经验积累阶段、专业成熟阶段和思想引领（职业楷模）阶段。其对应校长专业发展的四个阶段，校长职级设置初级、中级、高级、特级四级共 11 等，即初级一、二、三等，中级一、二、三、四等，高级一、二、三、四等，特级。

北京市西城区在 1999 年试行校长职级制，当时把校长职级分为五级十等。2005 年的《西城区中小学校长（书记）职级制实施意见》根据校长（书记）任职情况，将职级细化为四个级别。北京西教《意见》将校长职级依然划分为四个级别，由低到高依次为四级、三级、二级、一级。

（2）校长职级制的评定条件

上海《意见》首先要求各级各类学校评定校长职级时必须坚持德才兼备的标准，校长的政治素质、业务水平和工作能力应达到相应的要求，要求校长的学历应达到国家规定的学历要求和具备相关的上岗证书，要求年度考核要合格，还明确了专业技术职务的要求和职级年限的计算方法。

北京西教《意见》对校长的履职时长、工作胜任情况、完成任期目标情况、经济审计情况、主持或参加课题及获奖情况等都进行了说明。不仅如此，还让教职工、区教委相关部门、所在社区对校长对学校的管理情况进行评价，即对满意率进行了数量化的规定。

（3）校长职级制的津贴标准

上海《意见》中附有《上海市中小学校长职级工资制度的暂行办法》，该办法规定中小学校长职级工资由级等工资、基础工资和能绩工资三部分组成。级等工资是校长职级工资中的主要内容，体现了校长的职级。基础工资是按国家和本市规定发放的基本工资部分；能绩工资的分配与校长每学期和年终的目标任务完成情况挂钩。

北京西教《意见》表明，北京市西城区的职级津贴包含级别津贴、办学规模津贴和能绩津贴，前两种津贴按月发放，第三种津贴按年发放。级别津贴根据四个级别进行发放；对于办学规模津贴，由于学校办学规模不同，其津贴也不同；对于能绩津贴，由于每年度校长履职情况分为优秀、合格和不合格，优秀与合格者分等发放，不合格者不再发放。

2. 职级制的执行特点

在对上海市和北京市西城区中小学校长职级制的实施意见及实施状况有整体了解的基础上，不难发现，职级制的一个主要目的是规范校长管理，促进校长专业发展。为此，一是要取消校长行政级别，进行专业化管理；二是要激励校长成长，明确校长持续专业发展道路。

（1）明确校长作为管理人才的专业发展道路

很长时间以来，我国的校长管理走的是教师管理道路，而教师是教育教学的专业人才，校长是学校管理的专业人才，这是两个既有联系又有区别的专业人才。校长不仅要作为教育教学的专业人才持续发展自己，还要作为管理的专业人才持续发展自己。但是长期以来校长专业发展的一大问题是方向不明，校长不知道往哪些方面努力，按照什么要求去做，如何判断努力的结果。校长职级制的实施在一定程度上解决了这些问题。

上海年度《意见》对校长的管理水平都提出了很高要求，例如，2012年12月10日，《上海市教育委员会关于2012年开展普教系统校长职级评审和认定工作的实施意见》对评定中级、高级、特级校长的标准都进行了明确，其中对学校管理的要求是：有效制定学校发展规划，注重落实，学校朝着规划愿景与目标发展明显；完善学校规章制度，督促师生自觉遵守，注重规章制度的内化；注重管理民主，有师生员工参与管理和监督的机制，学校机构运转协调，人际关系和谐；注重安全防范，学校生命财产、饮食卫生、信息网络等有安全保障措施，并形成了有关经验。该实施意见还指出，申报评定职级的中小学校长的主要精力应放在教育教学管理工作上。

北京西教《意见》指出，校长职级制就是要进一步完善干部管理机制，指明校长作为管理人才的专业发展道路。"通过有效的管理、激励机制，规范学校管理，充分调动校长（书记）在学校行政管理、教育教学管理、党建工作中的积极性、创造性，激励其不断提高自身政治素质、业务水平和履职能力。"

上述政策使校长把管理作为自身专业发展的内容，知道从一个级别晋升到上一个级别，应该做哪些事情，应该达到什么状态，如果自己不成长，则不会晋升，这样会激励校长积极工作，不断实现专业发展。

上海市教育委员会人事处研究人员撰文称，推行校长职级制取得的成就之一就是冲破"官本位"，促进校长把主要精力用于抓教育、抓管理、抓质量、抓效益，促进建立符合中小学特点和校长成长规律的持续、稳定、有效的竞争激励机制。[①]

北京市西城区相关部门也认为，职级制淡化了行政级别，将校长（书记）任职情况、能力水平、办学实绩和个人业绩同职级挂钩，合理确定校长（书记）的工作薪酬，形成激励机制，使校长（书记）有一种荣誉感、责任感、使命感，调动了校长（书记）在学校行政管理、教育教学管理、党建工作中的积极性和创造性，促进其不断提高自身的政治素质、业务水

---

① 杨国顺：《上海如何推进校长职级制度改革？》，《中小学管理》2003年第10期。

平和履职能力。①

（2）凸显对教育家型校长的培养

我国的学校和校长管理，具有很强的行政化色彩，不同的学校有不同的行政级别，作为一校之主的校长自然也有行政级别。有些学校的校长是正处级，有些是副处级，有些是正科级，有些是副科级。行政化色彩强化了校长的行政级别，也强化了中小学的行政级别。在教育去行政化的大背景下，取消校长的行政级别、进行教育家型校长培养成为必然趋势。

《国家中长期教育改革和发展规划纲要（2010—2020 年）》提出："造就一批教育家，倡导教育家办学。"2012 年 6 月，《国家教育事业发展第十二个五年规划》再次明确指出："创新教育家办学制度。坚持教育家办学。培养造就一批热爱教育、熟悉教育规律、拥有系统教育理论和丰富实践经验的教育家。"2018 年 1 月发布的《关于全面深化新时代教师队伍建设改革的意见》也强调，要"营造教育家脱颖而出的制度环境"。"教育家办学"一定是专业化管理，而不是行政化管理。中小学校长职级制正是要创造教育家成长的环境。

上海《意见》指出："要通过逐步实现中小学校及校长与行政级别脱钩，建立符合中小学教育特点和校长成长规律的管理体制，形成公开、平等、竞争、择优的充满生机和活力的用人机制，加快培养和造就一支精通教育、善于治校的高素质学校领导干部队伍。"上海年度《意见》也积极贯彻这一指导思想。想通过校长职级制的实施，促进校长专业发展，建立"教育家办学"的激励机制。

北京西教《意见》明确指出："职级制工作的目的在于适应教育形势发展的需要，淡化行政级别，使校长（书记）的职级级别与办学实绩和个人业绩挂钩。"其中，校长职级制认定条件也对此提出了明确要求，如一级校长要"具有专家型校长的素养"，这体现了教育家型校长培养的特点。

（二）职级制对校长专业发展的影响

上述政策表明，职级制的重要目的是促进校长专业发展，职级制的实

---

① 《完善评价指标体系推进校长（书记）职级制度——北京西城区校长（书记）职级制度简介》，《中小学管理》2007 年第 1 期。

施是否真的达成了此目的？校长职级制比较成功地引导校长自我诊断，帮助校长找出差距与不足，明确了专业发展的内容；加深了校长的职业认知，使校长加深了对自身角色、职责、任务及标准的了解。校长职级制在一定程度上促进了校长专业发展，对办学实绩的提升也有一定的积极作用。[①] 这里通过实证方式研究此问题。本书主要采用访谈法获取实际中的资料，然后进行相应处理，发现校长职级制在以下三个方面对校长专业发展产生了影响。

1. 强化了校长作为管理者的专业属性

"十一五"末、"十二五"初，我国在政策文本中使用"校长专业化""校长专业发展"。2010 年，《国家中长期教育改革和发展规划纲要（2010—2020 年）》指出：制定校长任职资格标准，促进校长专业化，提高校长管理水平。2011 年 1 月 14 日，《全国教育人才发展中长期规划（2010—2020 年）》指出：开展中小学校长全员培训，大力促进校长专业发展，全面提升中小学校长的办学治校能力和素养。

虽然校长专业发展一词出现不早，但是促进校长专业发展的政策早就有了。很多文件，诸如《全国中小学校长任职条件和岗位要求（试行）》，以及《关于深化中小学人事制度改革的实施意见》，都对中小学校长的任职资格予以明确。尽管这些政策文本没有使用"校长专业发展"一词，但是其指向促进校长专业发展。尽管我国于 20 世纪 90 年代发布的政策专门提出了校长作为管理者的任职条件和岗位要求，但是校长管理并没有作为一种专业被明确，校长管理的专业身份不强，校长的教师身份和行政人员身份较强源于国家政策及传统文化等。

国家对校长的教育教学实践、教师经历都有明确要求。《全国中小学校长任职条件和岗位要求（试行）》要求：中小学校长"应有从事相当年限教育教学工作的经历"。《关于深化中小学人事制度改革的实施意见》也指出，中小学校长任职的资格是：具有教师资格；具有中级（含）以上教师职务任职经历；一般应从事教育教学工作 5 年以上；身心健康。2017 年

---

① 贾继娥、王刚、褚宏启：《我国校长职级制改革的现实背景与主要策略》，《教育科学》2012 年第 1 期。

1月，《中小学校领导人员管理暂行办法》对校长教学经历也做了要求："一般应当具有五年以上教育教学工作经历。"政策表明，校长基本都来自教师，是从教师中提拔上来的，他们天然具有教师工作特点和情怀。校长作为学校从事教育教学管理的最高领导者，必须懂得教育教学规律、了解教育教学实践、具有从事教育教学工作的知识和技术，所以政策对校长的教师经历要求有道理，使校长对教师的专业发展的认识充分、行动丰富。

中小学校长不仅进行教育教学业务管理，还承担了很多行政任务，具有行政职能。目前，一些中小学具有行政级别，校长也随之具有诸如处级、科级等行政级别。目前，行政权力的膨胀，中国"学而优则仕"的传统文化，加上一些具有高行政级别的校长受到青睐，使人们及校长本身对校长行政身份比较在意。

作为双肩挑的校长，在作为教师和作为行政人员的认可范围内，校长既要按照教师标准参加考核，也要按照行政人员标准参加考核，处于教师和行政人员的正式评价体系中，这使校长常常在"教师"和"行政人员"之间徘徊，强化了校长的教师思维和行政思维，弱化了管理思维，模糊了校长的专业身份，使校长作为管理者的专业发展比较弱化，这降低了校长专业发展的水平。

《义务教育学校校长专业标准》和《普通高中校长专业标准》明确提到，"校长是履行学校领导与管理工作职责的专业人员"。这表明我国政府确认了校长职业的专业地位，强化了管理专业的特点，其中校长职业不是只有行政职务、政治权力，一个好教师就可以胜任，它必须具备这个职业所应具有的管理方面的专业精神、专业知识、专业技术，必须体现这个职业所应具有的行为特点。两个标准将引领校长向一个专门的管理方向努力，从而促进校长专业发展。两个标准有助于校长职业真正实现"非教师化"和"非行政化"，有助于校长明确自己的职业定位，有助于校长确认自己的"专业人员"身份，推动校长专业化进程。[1]《义务教育学校校长专业标准》和《普通高中校长专业标准》虽然确定了校长职业的专业地位，

---

[1] 褚宏启、贾继娥：《我国校长专业标准：背景、结构与前景》，《中国教育学刊》2013年第7期。

但这是一个具有思想性、指导性的文件。

校长职级制的逻辑前提是校长是一种专业，在此前提下进行职务等级划分，并依照德识、能力、水平、实绩确定其晋升的相应校长职务等级，校长有了专业的等级考核标准。不仅如此，校长职级制还是一种校长发展和管理制度，带有强制性，其确立校长管理专业性的力度远远大于指导性文件。校长职级制的实施在一定程度上扭转了"只有能教学的校长才算有专业，只有会行政的校长才算会领导"的观念。对校长的访谈也验证了这些观点，下面是校长访谈实录的摘录：

> 以前我们听到"校长个人业务能力"，一般都认为指的是"学科教学能力"，因为校长都要按照中小学教师职称体系进行评定。在校长心中，像专职教师一样拥有高水平的教育教学能力是校长们的一个重要追求。但是，推行中小学校长职级制之后，就要按照校长的专业标准进行评定，从标准上和教师进行了区分。职级制除了要考察校长的学科教学能力外，还要考察校长的学校管理能力，感到强化了校长的管理。（MJL 校长）

> 没实行职级制之前，校长的身份和教师差不多，追求教育教学业绩。实行职级制之后，校长除了重视学科教学能力之外，更加注重学校管理这块，我感觉把管理看的比以前重要了、规范了。我去南方开会，与苏州的一位校长交流，他说他们那儿有几个教育教学业务能力比较强的校长，在评校长职级的时候，出乎意料地没有评上比较高的等级。看来还要提高管理能力，否则职级就比较低。（LHH 校长）

> 校长是管理者，不是说教育教学好就是好校长，教育教学好是教师的标准，校长就应该按照管理的标准进行评定。校长参与一些行政事务，但不完全是行政领导。校长还是有别于政府工作人员和教师的，校长就是一个专业，从这个角度说，校长职级制把对校长的管理要求与行政领导和教师区别开来是应该的，让校长不要陷入行政化和教师化的思维中，这是有利于校长专业发展的。（LLL 校长）

> 一直在说去行政化，就是逐渐从行政的里面剥离，实现教育家办学。我们区里一直很强调教育家办学，你一定要有教育家办学的思

维。不能只顾日常的一些事务啊，要考虑学校的总体发展，促进学校内涵发展这方面要考虑得多一些，我觉得校长职级制有利于校长朝这个方向发展。(ZJJ校长)

我认为应该强化"校长是一个专业"的观点。第一，教师需要专业发展，校长作为学校中重要的一员，也需要专业发展。第二，在如今专业融合的趋势下，学校教育对教师的专业水平和能力都有很高的要求，不仅要求教师针对某个学科对学生进行专业指导和帮助，还要求教师能围绕所教学科开发相关课程、对学生起到专业引领作用。既然如此，校长更应该加快专业发展步伐，站在一个高度，打破学科壁垒，指导学校的教育教学工作。第三，校长专业化不仅体现在教育教学知识和技能方面，校长管理学校的方方面面，校长专业化还体现在对学校组织内部管理和加强学校与外部联系等方面。职级制应该解决这个问题。(ZZJ校长)

校长应该是一个专业。校长与行政官员和教师的区别与联系是他们解释和论证其观点的角度不同。因为校长的专业性体现在，校长与行政官员和教师有很大的区别，且校长不能被行政官员和教师所替代。校长从教师之中选拔产生是一种正确的做法，因为学校需要真正懂教育的人来管理，校长需要贴近教育教学一线。不是所有的好教师都能当校长，但能做校长的一定要是好教师。另外，学校不是官僚组织，校长不是官员，校长需要具备教育知识和技能。校长不能以行政治校，应该以学术治校。因为学校的发展不是行政所能决定的，学校发展需要学术治校。从这个角度说，校长职级制是有意义的，可以改变一些情况。(LMX校长)

我在校长位置上干了20年，当了10年的副校长，今年是我当校长的第10个年头，所以我很了解校长这个群体。中小学校长普遍认为校长角色中包括教师角色，做好教师是成为好校长的前提。但实际上从工作内容和岗位职责来看，校长和教师之间只有部分交集。面对角色冲突时，校长还是以校长角色优先，教师角色滞后。但是在业务追求上要以教师角色为重，其中一个原因是，目前校长并没有独立的、与教师相区别的专业职称评价体系。校长的多重能力和业绩中只有教师角色的部分可以被正式制度加以评价和认可，校长的很多奖励也来自教师身份。校长职级制虽然不像教师职称那样被人认可，但确立校长专业身份的愿望还是实现了一些，让校长在这条路上发展的信心增强了。（LYK 校长）

其实职级制也是对校长工作的一种专业认可。职级制也是一种评价机制，有了校长专业的考评办法，就能够强化校长的专业地位，专业地位提高了，大家更能意识到专业发展的重要性，我感觉此事挺有价值。（LGX 校长）

2. 指明了校长作为管理者的发展方向

第二章关于校长的任职资格已经表明，我国一直非常重视校长的管理素养。《全国中小学校长任职条件和岗位要求（试行）》指出：中小学校长要有"联系实际掌握学校管理的基本规律和方法，以及与学校管理相关的基本知识、技术和手段"。其还提出了对计划、组织、指挥、协调、控制等管理能力的要求。从《关于深化中小学人事制度改革的实施意见》中可知，中小学校长应当具有履行职责所需要的专业知识和较强的组织管理能力。但是这些都太泛泛，校长专业发展的方向不是很明确，校长不知道往哪些方面努力，按照什么要求去做，如何判断努力的结果。

《义务教育学校校长专业标准》和《普通高中校长专业标准》解决了这个问题，它为校长专业发展提供了一个清晰、明确的框架。它们都包括6 个专业职责：规划学校发展、营造育人文化、领导课程教学、引领教师成长、优化内部管理、调适外部环境。每个专业职责从专业理解与认识、专业知识与方法、专业能力与行为三个方面提出了专业要求。每个专业职责有 10 个要求，共计 60 个要求；10 个要求的分配情况如下：专业理解与认识及专业知识与方法各有 3 个要求，专业能力与行为有 4 个要求。两个标准为校长专业发展提供了目标愿景、行动框架、评价标准。[1] 它使校长知道应该做哪些事情，应该从哪些方面理解与认识这些事情，应该具有什么样的知识与方法才能做好这些事情，应该获得什么样的能力、以什么的

---

[1]　陈永明等：《〈中小学校长专业标准〉解读》，北京大学出版社，2011，第 235 页。

行为来达成目标。两个标准为校长判断自我认识与行为提供了评价准则，凸显了校长作为专门管理人员的素养。但是它仍然过于笼统，操作性不强，体现校长发展的阶段性也不够。

校长职级是将校长的职位分为若干个等级，形成职务等级序列，各职务等级有自己的条件，申报、考核、晋升等都依据这些进行，以促进校长专业发展。上海市和北京市都将校长职级分为四级，都指明了每级的晋升条件。明确了校长的发展方向，校长应该具有的基本品质，校长应该做什么，校长应该具有什么职责，校长应该主持学校的什么工作，校长应该有什么行为表现等，在一定程度上体现了校长的阶段性发展要求。关于校长职级制，一些校长也认为，该制度指明了校长作为管理者的专业发展方向，下面是访谈实录：

> 校长职级制按照不同的任职资格、条件和岗位职责要求，分为若干个等级，每个等级有不同的要求。校长知道每个等级的条件和考核标准，也知道怎么去做、怎么去努力。职级制起到了目标指引的作用。而且这种作用不仅限于引导校长个人应该做什么、做到什么程度，还为校长办学和学校发展指出了方向。（LXL 校长）
>
> 我感觉职级制给我的工作树立了目标，感到这个制度对我很有用。以前就知道干，每年都是这样的干，贯彻上级的指示，为教师谋福利，为学生发展创造机会。但是具体到自己的发展该怎么办，我不知道。现在政策比较清楚，提供了一种导向，我知道应该朝哪个方向去努力了。（LCM 校长）
>
> 我理解职级制，评几级几级，就是告诉你，你要朝哪个方向去努力，你学校要办成什么样子。从内涵发展啊，特色发展啊，包括你办学的整体质量啊，包括你的师资培育啊，它肯定有很多方面。然后你个人要朝着哪个方面发展，你要发展成什么样子，比如你的课题研究啦，论文啦等，你做校长，对个人的素养有一些要求。（DFF 校长）
>
> 我是一个新校长，刚刚过了试用期，我申报的是四级，批的也是四级。职级制的政策，对于像我这样刚刚上任的校长有了指示的东西。我知道我应该从哪些方面胜任校长的工作，我还提出学校五年发

展规划，设法让周围的人认可我的工作。这样一来，学校的工作做好了，我也发展了。我现在在努力向三级发展。（YWK校长）

我已经是三级校长了，正在努力成为二级校长。我感到二级的一些条件，我还是符合的，例如，基本形成校园文化特色，积极开展组织指导教师教育科研活动且取得较好成果，不断推进学校可持续发展等，我都做到了，但是也有不足，例如"依据教育方针和学校实际，形成明确的办学思想"，我感到我有很多想法，也有很多办学实践，但是明确的办学思想还是欠缺的，我正在认真思考这个问题，为此我还经常向大学教授请教，请他们帮助我梳理。不管到时是否能够评上二级，在这个努力过程，我是很有收获的。（ZCC校长）

总体感觉，有这个职级制还是挺好的。没有的话，校长也在做这些事情。学校的规划，学校文化建设、教师队伍建设，学校特色品牌的发展等都要做。有了更清楚些，对校长的这种专业引领，我觉得还是有所帮助的。尤其是对比较年轻的校长来说，有了这个，其会更有一种目标和追求，帮助更大些，会缩短他们的摸索过程，给原先专业发展方向和目标不明确的校长提供努力的方向。（LGX校长）

我们区的职级制实施意见给出了不同阶段校长的条件，而且是渐进式的，例如，关于目标：四级校长的条件是"提出并制定学校未来5年的目标"，三级是"能较好地完成任期目标"，二级是"能很好地完成任期目标"，一级是能"出色地完成任期目标"。这比较好地把握了不同级别的工作状况，也指出了不同级别对任期目标的完成情况，这样有利于校长持续发展，校长们还是很赞成的。（CNR行政人员）

3. 建立了校长作为管理者的上升通道

很长时间以来，校长的专业晋升通道是按照教师职称系列确定的，国家对校长具有什么样的教师职称也是有要求的。《全国中小学校长任职条件和岗位要求（试行）》要求：中小学校长应分别具有中学一级、小学高级以上的教师职务。《关于深化中小学人事制度改革的实施意见》指出："中小学校长要具有中级（含）以上教师职务任职经历"。《中小学校领导人员管理暂行办法》也明确：校长"一般应当具有相应的教师资格和已担任中小学一级教师以上专业技术职务。其中，高级中学校长应当已担任中小学高级教师以上专业技术职务"。政策表明：校长是按照教师的职称系列（三级教师、二级教师、一级教师、高级教师、正高级教师）晋升的，校长都要做教师从事的教育教学工作，否则难以按照教师的职称系列晋升。

作为管理者，校长的提拔是职务的提拔，例如，提拔到区县教委（教育局）主任（局长）的位置上。尽管校长被提拔到上一级行政职务的空间非常小，但是行政权力及行政待遇的重要性及世人的认同性，使一些校长对行政级别非常在意、对行政提升迫切期盼。校长在管理专业范围内没有晋升与上升通道，做校长5年、10年、20年都是如此，没有校长管理专业职务的上升渠道，缺乏专业化的制度管理。

校长的专业发展不仅要确立校长管理的专业地位，还要建立校长专业发展阶梯，且以制度的形式固定下来，设置具体的实施办法。校长职级是将校长的职位按照不同的任职资格、条件和岗位职责要求，分为若干个等级，形成职务等级序列。校长根据各等级的条件及自己的情况，申报相应的职务等级，使校长在管理这个领域有了自己的发展空间、有了自己的上升通道。从这个角度看，校长职级制受到了校长们的赞扬，请看下面的校长访谈实录：

职级制最大的好处就是校长有了自己管理专业的上升通道，多了一条发展路径。当校长，原来是不管当多少年，都是校长。提拔到更高岗位上的毕竟不多，教师职称评到高级也差不多了，基本就没有什么说法了。职级制，根据校长业绩，分成几等。给那些原本有较高专业追求的校长注入新的动力，提供了新的发展空间；给那些不思进取的校长"抽了一鞭子"，让他们重新振作起来，当好校长。（WJJ校长）

按照政策来说职级制除了有自然晋升的办法外，还有破格晋升通道。校长可以通过申请，参加一系列破格答辩，公示无异议就可以破格晋升。自然晋升就是每三四年一次，校长完成常规考核，职级自动上升一等。这样挺好，会满足具有不同发展愿望的校长的需求。有些校长有更高的追求，他可能对自己要求比较高，定位和规划都比较好，喜欢晋升的快一点，让一部分原本优秀的校长有施展才华的机

会；有的校长可能会想，我还是做些实事吧，我也不是追求名啊、利啊，踏踏实实做些事情，他们就可以自然晋升。（YSS 校长）

校长"能不能"发展进步是一回事，"想不想"发展是另一回事。职级制能筛选出来愿意自身进步也追求学校发展的校长，给他们搭建平台、提供前进的动力和路径。有的优秀的学校和校长，就在等待着中小学校长职级制这样的一个机会去证明实力。同时，职级制也能筛选出那些工作态度趋于保守、带领学校发展创新的动力不足、工作积极性减弱的校长，这些校长需要外力给些刺激，否则总是升不上去，自己的面子也挂不住。（YJJ 校长）

我愿意参加职级制的申报，我觉得我还是有实力的，哈哈！无论从个人角度还是从学校角度，我还是有一定竞争力的。我们做了很多事情，也希望得到认可，职级制实际就是一个认可的平台。另外，也需要通过这个平台来证明自己。在证明自己的同时，也促进了学校发展，因为校长发展与学校发展是分不开的，学校发展好，校长一定发展好。（HFF 校长）

校长职级制为一些校长的晋升提供了一个通道，我觉得非常有必要。我去浙江开会时，浙江的一位校长给我讲了一个事例。他们县里的一位在离县城比较偏远的民族小学就职的校长非常年轻，才 36 岁，但是担任校长已经 4 年。这个校长很能干，通过引进杭州的名校资源，给这个学校的学生带来了很大的好处。对周边的农村小学，也有很大的帮助。但是这位民族小学的校长在当年的教师职称评审考试中得了 D，没能获得数学高级职称。因为他做校长，很忙，没有时间像普通教师那样研究上课，上课就是上不过老师，结果教师职称评审考试效果不好。我们都挺替他惋惜的，为这个学校忙了半天，结果把自己耽误了。评职称，其实我们不是在乎几块钱的事，这是一种荣誉、一种精神上的享受。从业这么多年，我通过努力拿到一个职称，是对自己能力的肯定。校长职级制，如果有了这个系列，对他们来讲，就能安心地把学校管理好。他们不会去一手抓两条鱼，又要搞自己的课题、教学，又要去管理。职级制，在管理方面晋升，对类似这样的校长会是一个安慰，也是一个发展通道。（LGX 校长）

中小学校长职级制就是要通过单独设立的评价、晋升等机制，从不同方面让处于不同状态、有不同需求的校长，持续地专业发展。让有能力、想发展的校长解放手脚，为其提供宽广的发展路径，提供相应的晋升机会，提供证明自己治校实力的机会。校长职级制能够帮助判断校长的状态，哪些"想发展、肯实干"，哪些"求稳定、不作为"。现实中有部分校长接近退休年龄，他们就是想"求稳定"，接近退休年龄意味着校长的职业生涯会告一段落，他们不想退休前惹出些事来。还有一些校长，当初挺有热情的，后来工作中遇到些问题，诸如"压力大、干涉多、指导少"等，他们的工作心态会发生变化，于是就处于求稳的状态，治校理念和行动较难有大的突破。职级制判断出来后，通过级别的认定，可以帮助他们改变这种状态。(JJC 行政人员)

（三）职级制执行的问题与分析

校长职级制确实会对校长专业发展产生积极影响，但是由于时间还不是很长，加之没有在全国实施，欠缺国家层面的指导意见，故还存在一些问题。校长职级制在形成校长持久的专业发展动力、激励校长工作积极性和提高办学单位校长管理工作科学性和规范性等方面，实现程度并不理想。这体现为校长职级晋升吸引力不强，职级薪酬激励效果不明显，职级分类标准并未成为校长管理制度建设的依据等。而这些未实现的效果却恰恰是校长职级制功能的核心所在。[1]这里运用实证方式呈现问题，然后通过对问题背后的原因进行分析，完善后续的校长职级制。

1. 校长职级制实施中的问题

校长职级制实施后，就校长自身认识来说还存在诸如职级制的任职年限及校长的认同和吸引力等问题。

（1）职级制的任职年限问题

无论是上海市还是北京市，校长的职级晋升都有任职年限的要求。

以《上海市教育委员会关于开展 2015 年普教系统校长职级评审和认

---

① 贾继娥、王刚、褚宏启：《我国校长职级制改革的现实背景与主要策略》，《教育科学》2012 年第 1 期。

定工作的通知》为例,要求:"初级校长任现职满 3 年后可取得晋升中级的资格;中级校长任现职满 3 年后可取得晋升高级的资格;高级校长任现职满 2 年后可取得晋升特级校长的资格。"该政策也允许破格,但是只有特别优秀的校长可以破格申报,而且破格从严控制,这表明校长一般还是沿着 3 年、3 年、2 年的时间晋升。北京西教《意见》中每进一级都有任职年限的要求,一般来说,从一个级别到上一个级别是四年或三年,一般条件晋级是四年。该政策也允许破格,特殊破格晋级是三年,比正常晋级缩短了一年。

规定任职年限实际上是无可非议的,校长没有一定年限的经历,难以对学校管理有全面的认识,难以恰当地掌控及引导学校、教师和学生发展,个体也难以成熟、成长。但是这种规定也会带来一些问题,例如,以任职为主进行评定,如果任职年限过于刚性,在没有其他灵活办法的情况下,则可能会制约部分校长的发展,对校长的访谈验证了这一推断:

> 我们在进行校长职级评定的过程中设立了若干条件,例如任职年限、学历、职称、管理能力、办学思想、干部教师队伍、理论运用、学校文化、引领教师科研、办学质量等方面,但是在这些条件当中,任职年限的影响力更大一些。因为校长"没有硬伤"的情况比较普遍。在其他条件都基本符合,校长与校长之间没有很大差距的时候,只好比较任职年限。符合任职年限的要求,就可以向上调整一个层级。如此看来,职级制在执行过程中,更像是随着时间的变化自然增长的一个制度。实际上纯看年限也达不到职级的效果,所以现行的职级制评价标准的执行情况并不是很有效。(ZZJ 校长)

> 关于破格晋级之事,去年的时候传出来允许破格升级,又说一般情况下不能破格升级,也没有看到具体如何破格的政策文件。破格是对应普通晋级而言的一种快速升级的做法,这不是普遍情况,破格有破格的标准,不是谁都能够做到的。对于符合高一级标准,但又不能准予跳级的校长而言,按职级制晋升变得不再那么值得期待了。(LYH 校长)

> 我对职级制没有那么大的期盼,也不去想这个事情,反正到时候文件出来了,年限到了,让写一段小结交上去,就上一个等级。我也

从来没想过破格之事，也没想过不予晋升之事。该做什么就做什么，因为任职年限这个东西在那儿待着，破了也挺麻烦的，索性就顺其自然吧。（ZRR 校长）

关于职级制中的任职年限过于刚性的问题，BJX 小学的 LMX 校长是特级教师，职称是正高级教师，由于管理理念先进，管理方式恰当，BJX 小学一直处于北京市先进学校行列，但是由于其任职年限短，在我们访谈的时候，他只是四级校长，但是他承担四级以上校长的培训任务，做比他职级高的校长的导师。虽然有破格之说，但是 LMX 校长觉得职级对他的意义不是太大，他也没有去申报破格。此事反映出了有关任职年限的问题，所以，必须处理好职级制中的任职年限与实际贡献的问题。

实际上一些管理部门早已认识到了这一问题，他们表示要"突出业绩，加大特殊破格评定的力度，淡化任职年限，通过评价业绩发放津贴，充分发挥职级制对校长（书记）的激励作用"。①

（2）职级制的岗位暂时性问题

校长职级制是在这个岗位的校长获得的一种待遇，如果从校长位置上退任，则校长职级的认定也随之会消失。所以，在对校长专业发展的影响力方面，职级制不足以替代教师专业职称对校长的影响。教师专业职称是终身的，即便退休了，这个职称仍然有意义；校长职级制是仅限于职务范围内的事情，是暂时的，随时可能离开自己。因此校长们更在乎教师专业职称。请看一些校长的心声：

从现在中学的管理来看，分为不同岗位，就是在中学分为三类。一类是专业技术岗，包括老师、图书馆、财务人员等，都归到这一类里面，还有一类是管理岗，还有一类是工勤岗。工勤岗就是后勤，电工啊什么的。如果你走管理就靠到行政那一边，什么处级、科级之类的。从待遇方面看，往行政靠会更低一点儿，人们也不认为管理岗位

---

① 《完善评价指标体系推进校长（书记）职级制度——北京西城区校长（书记）职级制度简介》，《中小学管理》2007 年第 1 期。

是一个专业。所以一般来说，只要有了教师职称，都靠到专业技术岗。校长职级制实施后，有了校长管理的专门级别，挺好的，但是如果不做校长的话，职级这个东西就没有了。我们退休前是否都当校长，不知道，但是我们肯定当老师，所以还是教师职称保险，因为教师职称是一直带下去的，甚至退休都有用。（YSS 校长）

我是没有把校长职级制太当回事，让交什么就交什么，没太在意后面的结果。我感觉这个职级制对校长来说，吸引力不是太大。你要让我去争取校长高职级，我不会去争的。你要是让我去争取专业职称的话，那我肯定会去争取的，因为这个毕竟是自己终身的事情，职级制不是终身的，你不做校长就没有了，但是专业技术职称，像我现在是中学高级教师就不同了，这个是终身的，你退休之后也可以享受这个待遇。现在又设置了正高级教师，假如有可能，我们都想去争取正高职称。（RYY 校长）

就目前情况而言，不会有哪个校长有了职级制之后，就不在乎专业技术职称了，你做校长不知道什么时候让你走，你就走了，走了这个就没用了，职级制根本不会跟着你走的。教师的专业技术职称评上了，到退休以后你都能享受，没有哪个校长会放弃这条路的。（SWD 校长）

教师职称制度只能对校长工作中的一部分进行评价，并不完全适用于对校长的管理，对校长的专业发展偏向教育教学的方向。校长职级制不是校长的独立职称评定体系，对现有的专业技术岗位、管理岗位和工勤技能岗位评价，中小学校长更愿意选择教师职称制度，这也就是专业技术岗位的等级体系在中小学的体现。（ZHZ 校长）

职级制实际上又给校长增加了一条路，往好处说，多了一条发展路径，往不好处说，又给校长添了些事，添了些麻烦。你不追不行，因为有这么一条路，你追了意义又有多大呢？这实际上给校长专业发展造成很大压力，原本想就在管理这条路上带领学校大踏步前进，不再有教学、评教师职称的后顾之忧，现在看来还要在这条路上跑，更累了，在双轨上走肯定累呀，为了自己未来的发展必须这样，没办法。（SHX 校长）

上述校长们对教师职称的热衷和对职级制的担心，反映出职级制实施中的问题。如果校长职级制只是当校长时的一个职务激励，那么这个激励不会让校长淡化教师身份，也不会让校长全力以赴地做管理的工作，他们仍然会心向教师职称系列。其他学者的研究也发现了类似的问题。"我们也发现，校长职级制改革试点过程中，虽然试点省市都建立了校长职级序列，并独立于教师职称序列之外，但由于国家层面校长的职称序列的缺失，就必然会出现'在职校长享受职级待遇，一旦离职就回归教师身份及待遇的现象'，校长仍然具有与教师争评职称的客观现实。'在职双轨，离职单轨。'"①

2. 校长职级制实施问题分析

校长职级制的设想是促进校长持续、积极地进行专业发展，但是上述研究发现，职级制在一定范围内对一些校长并没有起到这样的作用，为什么？

首先，保健因素与激励因素的把控不到位。

美国学者弗雷德里克·赫茨伯格（Fredrick Herzberg）就人类在工作中的两类不同需要进行了大规模试验研究，通过研究于 1959 年出版了《工作动机》（*Motivation to Work*）一书，总结了试验研究成果，提出了双因素理论（Two Factor Theory），又叫激励－保健理论（Motivator－Hygiene Theory）。赫茨伯格认为：有些事件会让人感到他们在一种不公平或紊乱的环境中工作，这些事件会造成一种不利于心理健康的工作环境。对于与这类事件相关的因素，我们称为"保健因素"。② 保健因素通过避免令人不快的情形而满足人们的需要。通过让个人实现抱负和期望，即这种工作本身的因素，我们定义为"激励因素"。③ 保健因素与激励因素在管理中都有意义。"激励因素"满足创造力的需求，"保健因素"满足待遇需求，只有两者共同作用，才能达到促进形成良好工作态度、改善工作绩效的目的。④

---

① 鱼霞：《中小学校长职级制改革试点中的问题与政策建议》，《中国教师》2016 年第 23 期。
② 〔美〕弗雷德里克·赫茨伯格、伯纳德·莫斯纳、巴巴拉·斯奈德曼：《赫茨伯格的双因素理论》，张湛译，中国人民大学，2016，第 117 页。
③ 〔美〕弗雷德里克·赫茨伯格、伯纳德·莫斯纳、巴巴拉·斯奈德曼：《赫茨伯格的双因素理论》，张湛译，中国人民大学，2016，第 118 页。
④ 〔美〕弗雷德里克·赫茨伯格、伯纳德·莫斯纳、巴巴拉·斯奈德曼：《赫茨伯格的双因素理论》，张湛译，中国人民大学，2016，第 120 页。

但是二者在促进人们努力工作中的作用是不同的。

如果职级制凸显年头，那么到了任职时间，没有犯错误，大家都能上，此时就把职级制变为保健因素，提了级没有满意感，不提级反而不满。赫茨伯格双因素理论表明，保健因素是基础，必须满足，否则会引起不满。但是只有保健因素，不能激发人们的积极性。不是所有的"需要"得到满足就能激发人的积极性，"只有'激励因素'才能带来组织期望从劳动力资源中得到的那种工作满意度和工作绩效的改进"[1]。所以，职级制中还要凸显激励成分，设法增设与校长"满意"相关的激励因素，提高校长岗位工作本身的意义和挑战性，使岗位的内容有相关的更高层次的特点，使校长在追求职级制的过程中有自我实现感，以激发校长挑战自己的积极性和工作热情，从而持续发展自己。

其次，校长专业发展的相关制度保障不到位。

任何一项改革都不是孤立的，是与其他事物相互关联的。系统科学理论认为，任何事物都处于一个系统之中，是系统中的要素；系统中的各要素既相互区别、相互独立、相互不可替代，又相互联系、相互影响、相互作用；系统中的一个要素出现问题，就会影响另外一个要素，也会影响整个系统的功能。

校长专业发展制度体系是一个系统，这个系统包含诸如校长职级制、校长考评制、校长退出制及其他众多制度。校长职级制的问题不仅是本身的问题，还与其他制度的不健全和欠缺有很大关系。

例如，目前我国的校长考评制度不健全，虽然《关于加强全国中小学校长队伍建设的意见（试行）》和《中小学校领导人员管理暂行办法》明确了校长考评的目的、内容、依据、种类、等次、原则和功能等，但是还欠缺具体的考评指标、考评标准、考评程序、考评方式等。例如，如何认定校长有明确的办学思想，如何判断其胜任校长工作，如何判断校长领导学校朝着规划愿景与目标发展，如何判断校长能够使学校运转协调、实现人际关系和谐等，这些都需要通过建立进一步的考评规则来实现。"建立

---

① 〔美〕弗雷德里克·赫茨伯格、伯纳德·莫斯纳、巴巴拉·斯奈德曼：《赫茨伯格的双因素理论》，张湛译，中国人民大学，2016，第118页。

校长职级制，对校长进行职级评定，评定标准和指标体系是关键。无论是学界还是实践领域，评价往往是最具有难度、最有技术含量的工作。评价的科学性、公平性等最容易受到利益相关者的质疑。当前对中小学校长的评价，尚未建立起基于校长专业发展标准的评价制度。"① 在考评制度不健全的情况下，任职年限就成为校长职级制判断的一个主要条件，因为这是量化的指标。

再如，目前我国也没有校长退出制度，对于退出校长的安排、退出校长的待遇等，我们都没有相关规定。他们在校长的位子上是有职级待遇的，一旦离开就没有这个待遇。如果他们继续在学校任教，就是一个普通教师，教师的待遇来自教师职称，如果校长在位时不解决教师职称问题，那么他们从校长岗位上下来后，生存都成问题，别说发展了。校长作为具有"经济人"特征的普通一员，生活在现实社会中，必须面对社会，必须握有一个贯穿自己职业生涯的要素——教师职称。所以，相比校长职级制，校长们更看中教师职称，即便他们有职级制的待遇，他们也会与教师争抢职称，去上课，但不会全力以赴当校长。所以，有学者认为，"校长的职级待遇具有不可持续性，缺乏长效制度保障"。"职级制改革具有不彻底性、不可持续性，具有'断头'的特点。"②

校长职级制是一种人事管理制度，如果想持续促进校长专业发展，就需要解除校长人事制度层面的后顾之忧，如何与教师专业技术职称进行有效衔接和过渡，成为职级制设计时需要考虑的问题。另外，校长职级制本身是校长专业发展制度体系的一部分，职级制需要和校长专业发展的其他制度相互配合、相辅相成，这样才能促进校长专业发展，否则，如果与其他制度脱节，或没有其他制度的配合与帮助，校长职级制就会成为摆设，没有实质性的效果。再有，校长职级制把校长职业作为专业看待，这一地位的提升及其对校长专业发展的作用具有不可估量的意义，但是校长们的认可度及认同性还不是很高。所以要从整个校长专业发展的制度体系健全的视角、从制度体系重构视角来提升校长职级制的有效性。

---

① 鱼霞：《中小学校长职级制改革试点中的问题与政策建议》，《中国教师》2016 年第 23 期。
② 鱼霞：《中小学校长职级制改革试点中的问题与政策建议》，《中国教师》2016 年第 23 期。

小　结

这部分以上海市和北京市西城区为例，阐述了校长职级制的实施情况。为了有效地做好校长职级制的试点，两地不仅适时地颁布了相关政策，而且随着发展又不断修改、完善相关政策。政策明确了职级制的相关实施措施，使职级制实施能够平稳、有序。实施目的也明确，主要是完善校长管理、激励校长工作、促进校长专业发展，这一点从政策文本中可以清楚地看到。

校长职级制的实施的确取得了一些成绩，其对校长专业发展产生了一些积极影响：强化了校长作为管理者的专业属性；指明了校长作为管理者的专业发展方向；建立了校长作为管理者的专业上升通道；得到了一些校长的认同。"职级制度淡化了行政级别，将校长（书记）任职情况、能力水平、办学实绩和个人业绩同职级挂钩，合理确定校长（书记）的工作薪酬，形成激励机制，使校长（书记）有一种荣誉感、责任感、使命感，调动了校长（书记）在学校行政管理、教育教学管理、党建工作中的积极性和创造性，促进其不断提高自身的政治素质、业务水平和履职能力。"[①] 有学者也认为，综观各地校长职级制改革的效果，"校长职级制的实施对于理顺管理体制、提升待遇、促进校长专业化发展起到了积极作用，校长职级制的实施基本实现了政策目标"[②]。

校长职级制实施中也存在问题，例如，任职年限过于刚性及岗位存在暂时性等问题。造成校长职级制问题的原因很多，主要原因是保健因素与激励因素的把控不到位、校长专业发展的相关制度保障不到位。

尽管校长职级制改革中存在一些问题，但是这个改革方向是可取的，应该进一步完善。后续需要对已有的实践经验进行提炼、总结、升华，需要通过一系列政策调整措施，解决问题，需要通过进行方案优化来更大程度地促进校长专业发展。

---

① 《完善评价指标体系推进校长（书记）职级制度——北京西城区校长（书记）职级制度简介》，《中小学管理》2007 年第 1 期。

② 郝保伟：《中小学校长职级制改革的现状特征与效果分析》，《中国教师》2016 年第 23 期。

第四章

校长专业发展制度体系的完善

前面几章的研究表明，从政策文本视角看，目前我国校长专业发展制度体系已具有雏形，对校长专业发展有了框架的规约作用。从政策执行来看，很多政策得到了很好的落实，制度体系在现实层面的确促进了校长专业发展。但是对校长专业发展的制度体系梳理和实证研究也发现存在一些问题，这些问题集中表现为：一些制度缺欠；一些制度不足；一些制度被认可、认同、建构不够；一些制度相互作用的协同效应不佳。本章重点解决前两个问题，后两个问题将在第五章解决。完善制度体系，需要从横向与纵向上进行设计，需要补足横向与纵向缺欠的制度，需要修复横向与纵向不完备的制度，这两大问题正是本章要解决的问题。

一 补足校长专业发展缺欠的制度

人力资源管理理论和组织理论，以及校长专业发展的实践表明，目前校长专业发展制度体系无论在横向上还是在纵向上都存在欠缺的制度。下面从横向上选择校长问责制度、从纵向上选择校长退出制度进行阐述，从而补足缺欠的制度，使校长专业发展制度体系更加完善。

（一）建立校长问责制度

校长在其岗位上任职，需要做什么、怎么做，有什么责任与权力，有什么理念与行为，应该由在任制度来规范，从校长专业发展及教育效益视角看，应该建立校长责任制度。校长责任制度是对校长工作进行规范的一种制度，包括校长应该负的责任及应该有的权力，还包括对失职的责任追究。校长责任制度包括校长负责制度和校长问责制度。目前我国已经建立了校长负责制度，但是没有建立校长问责制度，横向上缺少一个制度。由于缺少一个制度，校长运用权力欠缺制约机制，从而在一定程度上影响校长专业发展，因此应该补上这个缺失的制度，即应该建立校长问责制度。这里主要阐述校长问责制度的概念、价值和设置。

1. 校长问责制度的概念

问责制度，即问责制，它是指问责主体对其客体所承担责任和义务履行情况的质询、追问，并要求问责客体承担否定性后果的责任追究制度。

（1）什么是校长问责制

校长问责制是政府、学校教职员工、公众对中小学校长管辖范围的所有事务进行查看、质询、责问、弹劾，并要求其承担相应后果的一种责任追究制度。这种追究包括对下列行为进行问责：对故意或者过失、不作为或者作为不正确，以至于影响教育秩序和办学效益，贻误工作，或者损害他人合法权益，给学校造成不良影响和后果。校长问责制作为一种责任追究制度，包含监督、控制、奖惩、自律、改进等制度。

监督制度：校长问责制要查看校长使用权力及从事学校管理工作的情况，要督促其改变不合理的做法。

控制制度：问责制涉及公民对校长工作的"合理怀疑"，这种"合理怀疑"实际是在强化校长的责任，通过责任的强化，约束校长权力的行使。

奖惩制度：如果通过问责发现校长各方面都做得非常到位，就应该予以表扬，通过奖励肯定其做法；如果校长未能按照相关要求履行自己的职责，或在履行职责的过程中滥用权力，并造成工作损失，就应该承担相应后果，包括罢免其职务，这实际是惩罚。

自律制度：校长问责也是实现校长专业发展的一种自律机制，是校长约束自身权力所建立起的一种自我控制机制。

改进制度：通过问责，校长发现自己工作的不足，后续可以进行改进。问责校长本身不是目的，而是实现教育目的，促进校长专业发展的手段。

上述对校长问责制的阐释表明，它不仅是规范校长用权、工作的制度，还是其专业发展的制度。校长只有在监督、控制、奖惩、自律、改进中才能成长，校长在面对问责主体进行责任追问时，通过自己对办学情况的梳理、解释、描述、证明等来表达自己行为的成效和不足，这个过程本身就是一种成长。

（2）校长问责制与校长负责制的关系

校长负责制是一种学校内部的领导体制，要明确校长、党支部和教职工的地位与作用，及三者之间的关系，明确校长的权力与责任。前文已经明确，现行的校长负责制是一个完整的概念，它包括校长对学校工作全面负责、党支部保证监督、教职工民主管理三个有机组成部分，三者互相联系、互相依存，缺一不可。这个表述包含学校党、政、群三方面的地位、作用和职责权限。从校长负责制的产生来说，它针对以前弱化校长权力而形成的一种带有一长制特点的领导体制，强化的是校长的权力。

校长问责制是一种责任追究制度，强调的是校长应该承担的责任，强调对校长责任承担状况的问询、质疑，强调校长对责任后果负责。它不仅涉及内部校长、党支部和教职工的关系，还涉及校外公众与政府的关系。"问责是一种社会关系形式，它用符号反映实际行为的相互依存，这种相互依存既涉及道德维度也涉及策略维度，是制度化的社会实践，通过它可以反映行为与关系的环境和结果是社会生活特别是组织生活的中心，通过它的履行，人们认识自我，以及自身行为对别人的影响。"①

所以，校长负责制和校长问责制二者不是同一范畴的概念。但是二者又有密切关系，由于有了负责制，于是出现了问责制；由于有了问责制，负责制的实施更加到位，二者相辅相成，缺一不可，它们共同构成校长责任制的内容。

2. 校长问责制度的价值

建立校长问责制，既有理论上的要求，又有实践中的需要。

---

① 胡春艳、李贵：《西方问责制研究及其借鉴》，《中南大学学报》（社会科学版）2012 年第3 期。

校长是由上级政府或上级教育行政机关任命的，是学校行政系统的最高领导人，是学校法人代表，在学校领导关系中处于中心地位。校长对外代表学校，对上级党委和教育行政部门负责，对内全面领导学校的各项行政工作，对教职工、学生和家长负责。

第一，从校长职权内涵看。

为了履行校长职责，必须赋予校长应有的职权。校长应具有四大职权：决策权、指挥权、人事权、财务权。

决策权。校长有权根据党和国家的教育方针、政策及上级有关指示，结合学校实际情况，对学校行政工作的重大问题做出决断。校长在做出决策之前，尤其是对于重大问题的决策，应召开各种会议，听取各方面的意见，但最后拍板的是校长，不是集体。校长负责制实际是集体研究、个人决策的制度。

指挥权。校长是学校最高指挥者，学校各部门、各层次逐级向上负责，最终都得向校长负责。校长有权按层次下达任务，校长可以按管理层次授权、授责、授奖、受罚、审批各部门的工作计划，考核其工作成效，纠正其偏离方针、政策和实施方案的行为。在校长合理合法地进行上述各项工作的过程中，学校每一个成员都应该服从。副校长是校长的助手，协助校长管理学校。学校的行政机构、各处室、年级组和教研组等都是在校长领导下完成各种任务的。

人事权。校长有权提名任免副校长，有权按规定任免其他行政干部。对于教职工的聘任、使用、考核、奖惩，校长按照有关依据，在程序合法的基础上，有权做出决定。对教职工的重大奖惩要报上级批准。

财务权。校长有权按财经制度的规定安排使用学校的经费。例如：对国家拨给学校的办学经费，校长有权决定使用方案；自筹资金部分，校长有权根据学校的实际需要加以使用；校长有权建立校长基金并对其享有使用权，以用于奖勤罚懒，鼓励先进。

校长拥有如此多的权力，会按照"公意"来按部就班地运作吗？法国启蒙思想家查理·路易·孟德斯鸠（Charles Louis Montesquieu）在《论法的精神》中指出："一切有权力的人都容易滥用权力，这是万古不变的一条经验。有权力的人们使用权力一直到遇有界限的地方才休止。"① 孟德斯鸠的理论表明，如果校长的权力没有"遇有界限"，他们就很容易"滥用权力"，权力的无限必然带来腐败。

如何让校长们不滥用权力呢？孟德斯鸠认为，"从事物的性质来说，要防止滥用权力就必须以权力约束权力"。② 组织理论告诉我们，任何权力的运行都应该有制约它的权力存在，不能存在某种权力在运行过程中没有相应的权力制约它。

虽然校长负责制明确了党支部和教职工的监督作用，但是这种监督作用存在下列问题：第一，相对校长职权，这种监督是弱小的；第二，有的学校校长兼书记，教职工代表大会在校长领导下运行，会出现监督不到位的现象；第三，即便是进行了监督，校长如果不听，党群的监督可能就失去了意义，因为没有追究责任的制度，不会对校长造成什么大的影响。

在具体的实施过程中，校长负责制的监督体制不健全，党群监督弱化、不到位，其中已经出现校长个人权力膨胀、滥用的现象。由于对校长的权力缺少行之有效的监督和约束，在实践中，校长负责制出现了一些弊端："校长负责制变成了校长专制。由于校长一人掌握了学校的人事、教学、财务、管理等诸项大权，在很多学校实际上已形成了校长的专制。有些校长以关系亲疏来评估教师的身份待遇、物质待遇，顺之者步步高升，逆之者饱受打击，'让你下岗'动不动成了某些人发泄私愤的手段。"③ 应通过校长问责制，实现权为公民所用的目的，实现社会对教育的期望，也实现校长的自身价值。

第二，从校长职权来源看。

从权力来源看，领导者的权力包括职权和权威。职权是由国家权力机关委任的、管理职务范围内的权力；权威是领导者自身具有的使人信从的力量和威望。

校长的职权是由上级政府机关授予的，实际是一种公共权力，公共权

---

① 〔法〕孟德斯鸠：《论法的精神（上册）》，张雁深译，商务印书馆，1959，第 184 页。
② 〔法〕孟德斯鸠：《论法的精神（上册）》，张雁深译，商务印书馆，1959，第 184 页。
③ 鲍成中：《校长负责制与校长权力规约》，《中国教育学刊》2010 年第 5 期。

力来自全体公民。法国启蒙思想家让－雅克·卢梭（Jean-Jacques Rousseau）在其所著的《社会契约论》中，把公共权力的来源及其运作的原则讲得非常清楚。他认为，"每个人由于社会公约而转让出去的自己的权利、财富、自由"①。公民转让出去的权力形成了公共权力。但是公民不是毫无条件地转让的，公民的转让是为了得到自己的相关利益，"人们都可以获得自己本身所渡让给他的同样的权利，所以人们就得到了自己所丧失的一切东西的等价物以及更大的力量来保全自己的所有"②。这便是政治学中所说的权力的等价交换。为了实现等价交换，就要求运用公共权力的人或者集团按照公意行事，"任何人拒不服从公意的，全体就要迫使他服从公意"③。

实际就是按照公意服务于公民，如不能很好地服务公众，这个集团就将承担违约的责任——被人民罢免。英国思想家约翰·洛克（John Locke）也认为人民交出权力，委托代行权力的人行使这些权力，是为了换取相应利益。"受委托来达到一种目的的权力既然为那个目的所限制，当这一目的显然被忽略或遭受打击时，委托必然被取消，权力又回到当初授权的人们手中，他们可以重新把它授予他们认为最有利于他们的安全和保障的人。"④

校长不是公共权力的所有者，而只是公共权力的代行者，公民才是公共权力的所有者。作为权力的所有者，公民要清楚让渡的权力，校长是如何运行的，权力运行的结果是否维护与保障了他们的利益。从权力的来源看，校长有义务接受问责。

鉴于上述问题，建立校长问责制就成为必然。校长问责制就是让校长正确行使公共权力，让校长在强有力的制度约束下更有力地领导学校，提高学校的教育质量和办学效益，实现教育价值，达成教育目的。这个过程促进了校长自身的专业发展。

3. 校长问责制度的设置

1992年12月10日，《关于加强全国中小学校长队伍建设的意见（试

---

① 〔法〕让－雅克·卢梭：《社会契约论》，何兆武译，商务印书馆，2003，第38页。
② 〔法〕让－雅克·卢梭：《社会契约论》，何兆武译，商务印书馆，2003，第20页。
③ 〔法〕让－雅克·卢梭：《社会契约论》，何兆武译，商务印书馆，2003，第24页。
④ 〔英〕洛克：《政府论（下）》，叶启芳、瞿菊农译，商务印书馆，1964，第95页。

行）》指出："对因工作失职，或以权谋私，给国家、学校和群众利益造成损害的校长，视具体情况，按照有关规定，给予相应的处分；情节严重的，依法追究法律责任。"虽然该政策提出了追究校长责任的问题，但是到现在为止，我国还没有建立校长问责制，校长问责制必须明确谁来问、问谁、问什么等内容。

前面关于校长问责制的定义已经表明，问责客体是校长，问责主体是政府、学校的教职员工和校外相关人员，例如学生家长、社区群众、社会组织、新闻媒体等。

问什么，即问责内容，建立问责制，首先要明确校长应该有什么样的责任。校长问责制要求问责主体应该依据相应规定进行问责、进行责任追究，目前我国没有建立校长问责制，故没有专门的问责依据去阐明校长问责内容。但是目前对校长权力能够产生制约作用的规则有一些，例如：《中华人民共和国教育法》（1995 年 9 月 1 日起施行）、《中华人民共和国教师法》（1994 年 1 月 1 日起施行）、《中华人民共和国义务教育法》（2006 年 9 月 1 日起施行）、《中国共产党党内监督条例》（2016 年 10 月 27 日施行）等。

《中华人民共和国教育法》明确："学校及其他教育机构应当履行下列义务：（一）遵守法律、法规；（二）贯彻国家的教育方针，执行国家教育教学标准，保证教育教学质量；（三）维护受教育者、教师及其他职工的合法权益；（四）以适当方式为受教育者及其监护人了解受教育者的学业成绩及其他有关情况提供便利；（五）遵照国家有关规定收取费用并公开收费项目；（六）依法接受监督。"

《中华人民共和国义务教育法》也明确："学校有下列情形之一的，由县级人民政府教育行政部门责令限期改正；情节严重的，对直接负责的主管人员和其他直接责任人员依法给予处分：（一）拒绝接收具有接受普通教育能力的残疾适龄儿童、少年随班就读的；（二）分设重点班和非重点班的；（三）违反本法规定开除学生的；（四）选用未经审定的教科书的。"

2017 年 12 月 4 日，《义务教育学校管理标准》中提出学校的 6 大管理职责：保障学生平等权益、促进学生全面发展、引领教师专业进步、提升教育教学水平、营造和谐美丽环境、建设现代学校制度。6 大管理职责下面包括 22 项管理任务和 88 条具体内容。由于校长是学校的领导者，学校应该负的责任也是校长应该负的管理责任。

履行职责是校长应该承担的义务，校长的主要任务是：全面贯彻党和国家制定的教育方针，认真执行上级教育行政部门和上级党委的指示、决定，努力按教育规律办学；制定学校的发展规划和学年、学期工作计划并认真组织实施；全面主持教学、思想政治教育、体育卫生、后勤总务、人事组织等学校行政工作；配合学校党组织，支持和指导共青团、少先队、学生会和教职工工会等群众组织开展工作，管理人事工作，培养和提高教师的素质，调动他们的积极性，建立和健全教职工岗位责任制和学校的各项规章制度。

（二）建立校长退出制度

校长退出制度，即校长退出制，它是校长专业发展制度体系中的重要制度之一，缺乏这一制度影响了制度体系中的其他制度功能的发挥，前面校长职级制的研究就表明了这一点。

1. 建立校长退出制度的政策

人力资源管理流程理论表明，从校长进入岗位前的准备到进入岗位，到在岗位上工作，再到最后离开这个岗位，都应该有相应制度促进其专业发展，这些制度形成一个完整的制度体系，这个制度体系能有效促进校长专业素质不断更新、演进和丰富。

校长退出是指校长离开这个岗位。校长退出制是其离开这个岗位的一系列规则。这种规则对那些达不到岗位要求、制约学校发展、降低教育质量的校长，是一种强行退出制度。当然校长退出也包括主动辞职，正常调离、退休等情况，但是就目前来说，主要解决的问题是让不合格校长离开这个岗位。总之校长退出制是一种离任、调离、换岗、暂停、降职、撤职等的制度安排。

离任即离开校长岗位，去做普通教师，或自愿到其他部门工作，或达到国家规定的退休年龄正常退休；调离是指上级部门将其调到其他部门，或是调到教育系统内部的相关部门，或是调到教育系统外的其他部门；换岗是指将不符合现任岗位要求的校长调换到其他岗位，比如从中学校长岗位换到小学校长岗位，从主抓教育教学副校长岗位换到主抓后勤工作岗位等；暂停是指暂时停止校长或副校长职务，接受进一步培训，培训结束后如果达到校长岗位的要求，可再继续回到原来岗位；降职是指降到下一级别做管理工作，例如从校长岗位换到副校长岗位，从副校长岗位换到主任岗位；撤职是指撤销现任职务，是对不合格校长的一种制裁。

随着社会的发展，基础教育发展战略由数量发展转向质量提高，这是国家教育发展的战略转向。由于校长是教育的引领者，校长的素质直接影响教育品质，校长退出是其战略转向一个至关重要的措施，故国家不仅要把住校长进口关，还要设法让不合格校长退出，否则国家难以实现教育质量提升的战略转向。

校长是提升教育品质的核心，实际上国家早已认识到了建立校长退出制度对提升教育事业品质的意义，也认识到了退出制对校长专业发展的重要性。早在 1992 年 12 月 10 日，《关于加强全国中小学校长队伍建设的意见（试行）》就指出："凡不能胜任和不宜担任校长职务的，应及时予以调整。"

"十三五"期间，中组部、中宣部、教育部、科技部、国家卫生计生委又联合印发了《中小学校领导人员管理暂行办法》，该办法进一步明确指出："完善中小学校领导人员退出机制，促进领导人员能上能下、能进能出，增强队伍生机活力。"该办法还就中小学校领导人员退出的几种情况进行了规定。"领导人员达到退休年龄界限的，应当按照有关规定办理免职（退休）手续。因工作需要而延迟免职（退休）的，应当按照干部管理权限报批。""领导人员因健康原因，无法正常履行工作职责一年以上的，应当对其工作岗位进行调整。""领导人员因德、能、勤、绩、廉与所任职务要求不符，具有下列情形之一，被认定为不适宜担任现职的，应当按照有关规定予以组织调整或者组织处理：（一）贯彻执行党的教育方针、上级党组织指示和决定不及时不得力的；（二）存在师德禁行行为，或者有其他违背社会公德、职业道德、家庭伦理道德行为，造成不良影响的；（三）年度考核、任期考核被确定为不合格，或者连续两年年度考核被确定为基本合格的；（四）存在其他问题需要调整或者处理的。""领导人员违纪违法的，按照有关法律法规和规定处理。""实行领导人员辞职制度，辞职程序参照有关规定执行。"

由此看到，国家已经意识到了校长退出的意义，也颁布文件明确了要实行退出机制，后续应出台相关政策建立制度，支持校长退出后进行职业发展。

2. 建立校长退出制度的价值

由于目前欠缺校长退出制度，一些不合格校长、低水平校长占据着编制。例如："在贯彻实施中小学校长负责制的实践中，由于校长自身理念、能力、素质的问题，无法很好地担负学校发展的战略任务与使命，这成为制约中小学校长负责制实施的'胜任困境'。"[①] 对校长的访谈也表明这种现象存在：

> 刚刚调到我们学校的校长大家都不喜欢他。这个校长事无论大小，人无论年长，只要说话办事不顺他心，他就会用他的职权威胁你，动不动凶人，什么"扣发工资""减少奖金"，再不行就解聘。在与教师说话时，似乎总是盛气凌人，大家不敢与之沟通，也很怕。让校长搞的教师没有积极性，没有热情，彼此之间忌讳、防范、拆台。学生也不喜欢学校，设法转学，转不了的学生就抱怨，抱怨老师不再好好教，不再认真负责，学生也不好好学习。上级也知道他不合格，可是也没有办法，中国的干部能上不能下。我们这位校长被调来，据说是在原来的学校待不下去了。哪天在我们这也待不下去，可能又要为其换地方，倒霉的就是教师和学生。（JSY 副校长）

> 我们学校的现任校长原来不错，后来生了一场病，身体不好，很多事情干不了，大家都知道，也帮着干。但是有很多事情是帮不了的，例如，学校的总体设计、发展规划等是代替不了的。还有，学校与外界的信息、能量的交换等，中国是一个讲身份、地位的国家，有些事情就得校长出面才行，其他人出面都不好使。这些事情就被耽误了。校长也知道，但是她为了自己也还待在这个位子上。她不到届，又没范什么大错误，咱们又没有校长退出机制，就只能这样凑合，但是这样真不是正常的状态。（WSS 副校长）

[①] 王库、林天伦：《中小学校长负责制30年：困境与对策》，《教育科学研究》2017 年第 7 期。

由此看到，不合格校长降低了教育品质，制约了教育目标的达成度。不合格、低水平校长出现的原因，一是校长上岗时没有把好关，让不应该、不适合的人进入了校长岗位；二是进入时是合格的，但是进入后由于安于现状、不思进取、没有持续发展自己，从而变得不合格、低水平。

问卷调查关注了此问题，设置的题目是"我非常希望参加更多培训"，这是一个运用五点量表设计的题目，选项从"完全符合"到"完全不符"，结果是，有 22.5% 和 9.7% 的校长分别选择"比较不符"和"完全不符"，即 32.2% 的校长不希望参加更多培训。此种状态下，在没有外力干预时，他们会呈现不合格、低水平状态。如果有校长退出制度，则无论是进入时，还是进入后不合格、低水平，在一定程度上都可以避免。

美国心理学家和管理学家埃德加·沙因的复杂人假设认为：人的需要随着人的发展和生活的改变而变化，人的需要和动机因其对个体重要程度而形成不同的层次，这些不同层次的需要也会因人、因时、因情况而异。[1] 按照沙因的观点，当人们需要进入校长这个岗位时，他们会努力进取，向校长岗位步步逼近。但是当他们进入这个岗位后，他们的需求会发生变化。

美国行为科学家麦格雷戈的 X 理论的人性假设认为：人生性懒惰，不喜欢工作，只要可能，他们就会逃避工作；人生性缺乏进取心，不愿承担责任；人生性习惯于守旧，不喜欢变革。[2] X 理论表明当人们进入校长岗位后，他们天生的一些特性就会释放出来，这些特性使他们不愿意再学习、不愿意再进取，不愿意再改变自己。

麦格雷戈认为，管理职能就是说服、奖励、惩罚、干预人们，这些都是必需的，否则他们就会对组织采取消极，甚至对抗的态度。管理就是要控制人们的活动，使之符合组织需要。为此，要随时告诉他们干什么，随

---

① 〔美〕埃德加·沙因：《沙因组织心理学》，马红宇、王斌译，中国人民大学出版社，2009，第96页。
② McGregor, D. M., "The Human Side of Enterprise," *The Management Review* 46 (11), 1957, pp. 22 – 28.

时矫正他们偏离组织的行为。① 所以，必须建立校长退出制度，通过这个制度淘汰不合格校长，促使低水平校长成长，培育其成为具有高品质的校长。

校长退出制度能够判断哪些校长是不合格的。目前我国不能淘汰不合格校长，一个主要原因是没有办法从制度标准上判断不合格校长，也没有制度标准让校长明白自己哪儿不合格，因此无法让不合格校长心服口服地被淘汰。加之社会的稳定是大事，教育行政部门为了避免不必要的麻烦，对不合格校长也就睁一只眼闭一只眼，等他们到年龄退休，结果让学生和教师利益受损，让教育事业受阻。

校长退出制度还能够提升那些低水平校长的素质。心理学认为，人们心理上有三个区：舒适区，即习惯性做事区域，对于能力范围内的事情，自在学习；挑战区，对于超出一些能力范围的事情，刻意学习；恐慌区，涉及远超出能力范围的事情。一些校长水平低的主要原因是其一直在舒适区，安于现状，重复以往的做法，学习力、成长力减弱。人需要进入挑战区，"刻意学习"，即有意完成以前没有做过、可以掌握、能够提升品质的"学习"。校长退出制度是外界给他们一个推力，让他们意识到，如果不进步，就面临退出。一旦他们"刻意学习"，进入挑战区，他们的水平就会有所提升。

校长退出制度还可以让优秀的校长变得更优秀。退出制度不仅是让不合格校长离开，也是让低水平校长提升，良好的退出制度还可以激励校长，让他们不断超越自己，有效促使他们专业成长。

总之，校长退出制度不仅是一个淘汰制度、约束制度、推动制度、激励制度、培育制度，还是一个优化制度。通过校长退出制度，淘汰不合格校长，推动低水平校长进入挑战区，激励进行校长自我高品质培育，有效保障校长队伍资源的优化配置。校长退出制度可以有效实现组织中人员的态度、能力、时间与任职岗位匹配，绩效与待遇、薪酬、奖励匹配，个人发展与组织发展同步进行，个人职业生涯与组织业绩共同获益。

---

① McGregor, D. M., "The Human Side of Enterprise," *The Management Review* 46 (11), 1957, pp. 22 – 28.

校长退出是人力资源管理流程中的重要一环，缺失这一个，其管理流程不完备，就会影响整个人力资源管理功能的释放。校长退出制度是校长专业发展制度体系中的重要制度之一，它与其他制度一起构成完整的制度体系，缺少这一制度，就会影响整个制度体系功能的发挥。所以必须建立校长退出制度。

3. 建立校长退出制度的要件

目前我国实施的是校长任期制，且校长可以连续聘任。《中小学校领导人员管理暂行办法》对校长、副校长的任期进行了微调性的明确："校长、副校长每个任期一般为三至六年"；"领导人员在同一岗位连续任职一般不超过十二年"。出于对中小学学制学段相衔接的考虑，这个办法把任用时间由原来的 3~5 年改为 3~6 年。从政策规定角度看，一个人在副校长或校长岗位上可以任职 6~12 年，副校长和校长两个岗位的任期加起来，可以有 24 年；从现实情况看，由于没有退出制度，只要校长没有太大问题，就都可以连任。即便这个学校的教职工不接受，其换个学校仍然继续担任，使现在的校长能上不能下，长期以来生活在干部终身制的思维逻辑里，这不仅对教育发展、对学校改进、对师生成长不利，对校长一生的发展也不利。

鉴于这种状况，让一些校长退出该岗位，他们难以接受，也难以适应退出后的生活，如果处理不好，就会带来一系列社会问题。建立校长退出制度，不是一个部门、一个政策、一个规则就可以解决的，它需要具备很多要件，需要政府、社会、校长的共同努力。这里主要运用新制度主义理论对校长退出制度的三个要素进行阐述。

理查德·斯科特的新制度主义理论认为，制度包括为使社会生活具有稳定性的规制性、规范性和文化－认知性要素，以及相关的活动与资源。[①]其中规制性制度是必须遵守的规则，否则会受到法律法规等的制裁；规范性制度是应该遵守的规则，否则会受到社会道德的谴责；文化－认知性制度是群体成员共同建构的规则，否则会受到内在认知的谴责。新制度主义

---

① 〔美〕W. 理查德·斯科特：《制度与组织——思想观念与物质利益》，姚伟、王黎芳译，中国人民大学出版社，2010，第 56 页。

理论表明，校长退出制度是一种强制性行为，需要有规制层面的制度；校长退出制度也是社会对教育的期待，需要规范层面的制度；社会退出制度还是个体认知与群体共识的行为，需要有文化－认知层面的制度。

首先，政府要颁布相关政策，规约校长的退出。校长退出需要解决退出原则、范围、形式、程序、标准、途径、保障以及操作主体等问题，这些属于规制层面相应制度，政府制定这些政策是其责任的体现。规制带有强制性，要求校长和相关部门都必须遵守相应制度，否则会采取惩罚性措施。麦格雷戈的《企业的人性面》根据人性的 X 特点，强调了惩罚的价值。他认为："人生来对工作的厌恶是如此强烈，以至于给予奖励也不足以克服。人们接受奖励，并不断提高期望的标准，但是仅仅依靠奖励并不能达到理想的结果。只有给予惩罚的威胁才能实现这一功能。"① 这表明，必须发挥规制性制度的强制性功能，尤其是惩罚性的作用机制。规制性制度明确了，才能有效实现校长退出。

其次，社会要对校长退出有一种期待，同时校长要认同这种期待。这种期待包括价值观和社会道德。价值观是指行动者所偏好的观念或者所需要的、有价值的观念，以及用来比较和评价现存结构或行为的各种标准。社会道德以为人民服务为核心、以集体主义为原则、以维护他人的合法利益为准则。规范性制度规定事情应该如何完成，并规定追求所要达到的结果的合法方式或手段。② 校长退出要建立一种观念，校长手中的权力来自人民，人民赋予其权力是为了让校长引领教育发展，为了让校长造福于人民，为了培养好孩子。如果校长没有能力做到，就要交出手中的权力。从整个国家来说，校长的权力来自人民；从组织内部来说，校长的权力是这个组织中的所有成员让渡出来的，组织成员让渡自己的权力是为了让校长带给他们利益，如果校长做不到，就要退回这些权力。交出自己手中的权力，退还给成员，实际就是退出校长岗位。校长应该在社会期待中使自己对退出制度予以接受及践行，最后通过退出校长岗位这一行为达到校长队

---

① 〔美〕道格拉斯·麦格雷戈：《企业的人性面》，韩卉译，浙江人民出版社，2017，第55～56页。

② 〔美〕W. 理查德·斯科特：《制度与组织——思想观念与物质利益》，姚伟、王黎芳译，中国人民大学出版社，2010，第56页。

伍具有高素质、实现自我成长的目标。

最后，校长群体要达成退出的共识，把合法性退出作为理所当然的选择。社会要打造一种退出文化，无论什么职业，还是什么岗位、什么职务都存在退出。目前人们普遍认为从职位上退出人员的工作态度、工作能力、工作业绩有问题，校长出于自我保护，不认为自己有问题，让校长个体接受退出实属困难。但这是必须解决的问题，否则难以实现校长退出，即便实现了，也有可能造成社会不稳定。所以要达成一些共识。①校长退出是人力资源正常配置的措施之一。校长岗位要能上能下、有进有出，不适合做校长的人应及时流出，才是当今社会的正常形态。必须将个体需求置于社会需求之中，在社会需求与个体需求之间寻求一种契合，才能实现自身价值，满足自身需要。②校长退出也是其后续发展的环节之一。退出的目的除了提高教育质量外，还要促进人们发展，包括校长本人的发展。校长退出的目的不能说明作为个体的人没有价值，而是以此为契机，要么找到更适合自己发展的岗位，要么改变自己的工作态度，提升自己的工作能力，促使自我不断成长。一旦形成了自我成长机制，校长退出的困境就会得到一定程度的解决。

通过规制性、规范性与文化－认知性三类制度交叉运行，校长退出制度形成，从而实现校长平和、愉快退出。

小　结

校长专业发展制度体系中缺失一些制度，诸如校长问责制、校长退出制等，这种状态不利于促使校长持续专业发展，必须补足。

校长问责制是政府、学校教职工、公众对中小学校长管辖范围内的所有事务进行查看、质询、责问、弹劾，并要求其承担相应后果的一种责任追究制度。这一制度与校长负责制一起构成校长责任制，前者主要明确党政群三者关系及校长的权力，后者主要强调对权力的追究，二者共同保障校长对学校的有效领导，共同从权力与责任角度促进校长专业发展。建立校长问责制不仅是学校管理实践的需要，也是政治学和组织学理论的要求。建立校长问责制要明确校长问责依据、问责主体、问责内容、问责方式、问责程序、问责后果的处理等。

校长退出制是指其离开这个岗位的一系列规则。校长是教育的引领者，校长的素质直接影响教育品质，所以校长退出是国家教育质量提升的至关重要的措施。国家已经意识到了这一问题，于20世纪90年代颁布政策提出设法让不合格校长退出，2017年又就退出的几种情况进行了说明。建立校长退出制是国家教育品质提升的需要，是学校管理改进的需要，也是人力资源管理流程和人性假设理论的要求。校长退出制是一种强制性行为，需要有规制层面的制度。政府要颁布相关政策，解决诸如校长退出原则、范围、形式、程序、标准、途径、保障以及操作主体等问题；社会要对校长退出有一种期待，同时校长要认同这种期待；校长群体要达成退出的共识，把合法性退出视为理所当然的选择。规制性、规范性与文化－认知性三类制度有机结合形成制度体系，共同实现校长平和及愉快的退出。

二 修复校长专业发展已有的制度

前面的研究已经表明，校长专业发展中有些问题是由已有制度不够完善造成的。例如，校长持证上岗的规定力度和执行力度不够，违反惩罚措施的针对性及规定力度不够；再如，校长培训出现了内卷化现象；还有，校长专业发展的支持性和使能性制度不到位等。由于存在这些问题，故需要对已有制度进行修复。为此，首先要对修复的理论进行思考，并在此基础上提出修复建议。

（一）对修复校长专业发展已有制度的理论思考

校长专业发展理论是一个很重要、很宽泛的问题，需要大量篇幅进行研究。这里仅针对前面提到的校长专业发展制度中的需要修复的问题，诸如对校长专业发展阶段及发展制度类型进行理论思考。

1. 校长专业发展制度设置的阶段思考

前面提到的很多制度问题，例如，持证上岗的培训成效问题、校长培训内卷化问题等，实际上反映了对校长专业发展阶段的思考不够，对校长在不同发展状态下的问题及需要的了解不够。如果能够把校长专业发展分为不同阶段，明确每个不同阶段的发展特点，针对具体情况指导其发展，则效果会更佳。

职业生涯发展是"一个正在进行的过程，在这个过程中，个人沿着一系列阶段前进，每个阶段都有一套相对独特的问题、主题、生命"①。校长的职业生涯并不处于同一水平线，随着任职时间的增加，他们的管理经验越来越多，管理技术水平越来越高，他们对校长职业的态度、对问题的认识等都会发生质的变化，他们会经历不同的职业生涯发展阶段。"如果能够正确理解人们在不同职业阶段的任务和发展的含义，就有助于人们更有效地管理自己的职业生涯，有助于组织更好地管理、发展其人力资源。"②校长培训就是要帮助他们解决不同职业生涯发展阶段的问题，从而有助于个体发展和学校发展。

第二章的政策梳理已经表明：我国的校长任期一般是 3 ~ 6 年，校长可以连任；我国建立了中小学校长三层次培训制度，在不同阶段，校长参加不同层次的培训。政策制定者在设置三层次校长培训模式时，一个主要的价值理念就是要根据校长职业生涯发展阶段的特点来提供相应的培训。这实际上是由校长职业生涯发展理论决定的，该理论认为，人们在职业生涯中会经历一些阶段，每个阶段有其特有的问题与需要。根据职业生涯阶段理论，按照校长任职时间和其特点，可以粗略地将校长职业生涯分为三个阶段：拟任期、在任期和后任期。这便是校长三层次培训制度背后的三阶段理论。针对我国校长的连任体制，三层次培训过于粗略，不能充分兼顾不同职业生涯发展阶段的校长的需要。英国也发现了类似问题，其已经将"校长培训从原有的三个层次拓展为五个层级，包括潜在领导培训、副职领导培训、校长入职培训、在职领导高级研修、咨询式领导培训"③。

关于校长专业发展阶段的划分，有学者进行过研究。伊扎尔·奥普拉特卡（Izhar Oplatka）认为可以把校长专业发展分为四个阶段：入职阶段（Induction Stage），这是初任校长时期；形成阶段（Establishment Stage），这是

---

① 〔美〕杰弗里·H. 格林豪斯等：《职业生涯管理》，王伟译，清华大学出版社，2014，第 27 页。

② 〔美〕杰弗里·H. 格林豪斯等：《职业生涯管理》，王伟译，清华大学出版社，2014，第 22 ~ 23 页。

③ 郑玉莲、卢乃桂：《个人职业生涯为本的校长培训与学校领导力发展》，《教育发展研究》2011 年第 6 期。

校长成长时期；持续（更新）阶段（Maintenance or Renewal Stage），这是校长职业发展中期；醒悟期（Disenchantment），这是较长发展困难或停止期。[①] 实际上还可以对校长专业发展阶段进行细分，在最前和最后还有职业生涯阶段，即可以分为五个阶段：前任期、初任期、中任期、后任期、终任期。[②] 对应这些时期的是拟任期校长、新任期校长、稳定期校长、成熟期校长和成功期校长。

（1）拟任期校长

这是校长准备任职的阶段。一些教师在任职前已经进入了校长职业生涯阶段，这属于前任期，就是政策中所说的拟任校长。这个阶段的校长还没有担任职务，但是个体有担任校长的意愿，组织也有让其担任校长的可能性，这部分人属于我国通常说的后备干部，按照目前干部任命的程序确切来说是后备副校长。

我国要求校长应当具有教师资格，校长一般从优秀教师中选拔。虽然他们是教育教学骨干人才，是学科专家，但是缺乏担任校长职务的意识、知识与技术，对这个岗位职责的认识不是很全面，也不是很深入。此时的校长专业发展重点应该是强化岗位意识、传授岗位知识、提升岗位技术，可以通过校长的任职资格培训帮助他们建立学校管理的基本规范。

（2）新任期校长

这是校长刚刚担任职务的起始阶段。关于岗位意识：初任校长职务，他们虽然有积极性，有良好的教育教学知识与技术，但是他们在思想认识、管理知识与方式方面等离校长职务还有一定差距。校长不同于教师和中层干部，校长要有引领整个学校改进的意识，要有促进全体教师专业发展的意识。关于岗位知识与技术，我国的很多中小学校长具有学校中层领导，例如教导处主任、德育处主任等的经历，这种经历让他们学习过一些管理学知识、积累过一些管理方面的实践经验。

严格来说，这个阶段的校长应该持有"任职资格培训合格证书"，应

---

① Oplatka, I., "The Principal's Career Stage: An Absent Element in Leadership Perspectives," *International Journal of Leadership in Education* 7 (1), 2004, pp. 43–55.

② 傅树京、郭润明：《中小学校长培训层次的政策演变》，《河北师范大学学报》（教育科学版）2016年第4期。

该具有一定程度的校长管理岗位意识和技术。但是按照《义务教育学校校长专业标准》《普通高中校长专业标准》的要求，校长应该规划学校发展，营造育人文化，领导课程教学，引领教师成长，优化内部管理，调适外部环境。这些要求不是以前任职资格培训的知识与技术所能替代的。另外，校长岗位所需要的意识、知识和技术，难以随着职务的变化自然形成，需要经历个体原始积累的缓慢过程，借助外力会让其快速及有效形成，如在职校长培训就可以起到这个作用。此时的专业发展重点应该开设以胜任力为主的课程，培训主要解决如何当合格校长的问题。应该通过培训让他们强化对校长岗位的理解，让他们具备自如管理的岗位技术与艺术，让他们从教师角色转向校长角色，让他们从教师专业发展的轨道进入校长专业发展轨道。

（3）稳定期校长

这是校长在其岗位经历了两三年任职时间后的阶段。这个时期的校长已接受了任职资格培训，还有一些参加过在职提高培训，对校长岗位有了较充分的认识，有了一些校长职位管理的实践经验，也具备比较充分的管理技术与艺术，更富有理性色彩，奋斗目标也趋于实际，心理状态比较平衡、稳定。由于校长工作很辛苦，其也会遇到一些难以解决的问题，这可能会使有的校长出现职业倦怠，丧失激情与活力。此阶段他们面临的最大问题是如何在原有基础上不断提高，应该开设以问题为本的课程，为他们的发展指明新路径，使他们有新的突破，解决如何当个好校长的问题。

此时，如果校长能够获得新知识、新技术、新事物，能够及时总结有效经验、舍弃无效经验，解决实践中的问题，提高管理品质，他们就会变得成熟，可能会进入下一个职业生涯发展阶段，否则可能被社会淘汰，离开校长职位。因此需要为他们进行不同于新任期的专业发展指导，例如提供不同于新任期的更高层次的提高培训，或提供骨干高级研修，通过培训给他们提出新任务、新要求，提供发展的新路径、新力点，从而促使他们不断成长与发展。

（4）成熟期校长

这是校长在其岗位上经过了较长时间进入的下一个任期，即6年以后的阶段。当校长成功跨越前两个阶段后，就进入了这个阶段。此时的校长应该比较成熟，有了较丰富的管理经验，对学校管理有了较强的掌控能力。当然，这个阶段的校长也会存在不同状态。

一些校长进入新的职务任期后又有了新的作为，他们具有明显的办学成就，本身也有良好的素质，仍然有很高的热情和发展动力。但是他们必须有自己的教育教学理论，这种理论是通过研究自己的实践获得的，而不是全从外界引进的。他们发展的"危机"是理论水平与研究范式的制约。这部分校长要继续深入发展就必须系统地梳理自己的办学实践，形成自己的办学理念，解决教育和管理中的疑难问题，这些都需要强有力的理论指导，同时需要借助一些研究方法。骨干高级研修的目标设计正是要解决这部分校长的类似问题。

这一阶段还有一部分校长虽然进入了新的任职期，但是他们觉得自己已经有了管理经验，3~6 年的任期应该没问题，再往上被提拔的可能性也不大了。此时校长可能存在的问题是进取心不是很强，只求无过，不求有功；还有的可能被已经形成的管理模式封闭，制约其发展。许多实践者拘泥于自己专业技术的观点里，于是在实践的世界里无法发挥作用。[①] 这时候如果不及时改变，那么继续下去，10 年、20 年也不会有什么改变。如果能够将他们的问题置于一个更宽广的反映性探究脉络中，就可以提升行动中反映的合法性，就可以有更深、更广的发展空间。[②] 所以按照国家规定，他们仍然要参加每五年 360 学时的提高培训，校长可能要两次，甚至多次参加提高培训，或参加高级研修项目。对于多次参加提高培训的校长来说，尽管都是同一层次的培训，但是对象不同，他们所处发展阶段也不一样，所以培训的侧重点也应该不同，否则就会弱化培训的有效性。应该设法提升他们的水平，让他们感觉到每次培训都在改变自己，使他们有勇气、有资本进入骨干校长行列，成为成功型校长。

（5）成功期校长

这是校长在其岗位上经过 10 多年历练已经取得一些成就的阶段。我国

---

① 〔美〕唐纳德·A. 舍恩：《反映的实践者——专业工作者如何在行动中思考》，夏林青译，北京师范大学出版社，2018，第 57 页。

② 〔美〕唐纳德·A. 舍恩：《反映的实践者——专业工作者如何在行动中思考》，夏林青译，北京师范大学出版社，2018，第 58 页。

实行校长连续聘任制，除了工作的特殊需要外，一般来说，校长在同一岗位上任职不超过 12 年，任副校长和校长的职位加起来是 24 年。目前进入中小学做教师的基本都是 22~25 岁毕业的本科生或研究生，按照《中小学校领导人员管理暂行办法》的要求，校长一般应当具有五年以上教育教学工作经历，还要有一级及以上专业技术职务，要有一定的教育教学管理经验。待教师符合这些条件后，基本都在 30 岁以上，35 岁左右。此时开始做副校长，可以任职到退休。当然也不排除非常优秀的人在 30 岁左右做副校长。如果他们仍很优秀，则可能就是政策中说的"工作的特殊需要"，也可以任职到退休。这表明，一些校长在其职位上可以有很长的任职时间，所以还存在"终任期"阶段，即校长这个职务结束于他们作为教师的职业生涯的最终阶段。终身教育理论表明，人在职业生涯中要不断学习，否则会落后于社会发展。

经过了两个职务聘任期，相关人员一般都被提拔到正职校长的岗位上来。由于有了多年的校长管理实践，校长一般也形成了自己的办学思想，取得了很多管理成绩，在中小学校长中有了一定影响。但是他们仍然需要专业发展，因为他们不仅管理自己的一所学校，他们中的很多人还要担负培训新校长的任务。骨干高级研修需要根据他们的职业需求和心理需求，设置针对他们专业发展的专题研修内容，要让他们意识到自己具有引领整个基础教育发展的重任，要让他们向教育家型校长发展；此时的课程应该设法使他们站在理论高度看问题，要形成系统、深入的办学思想，要建构个体的学校管理理论。

上述关于校长职业生涯发展阶段的分析可知，校长在每个职业生涯阶段都有其特点，"每个阶段都会遇到某种'危机'，刺激人们的成长或阻碍其发展"。① 不仅如此，而且每个阶段都有其需要解决的问题，"每个发展阶段中正面经历与负面经历的比重大小会决定最后的性质"②。作为个体的校长，对于每个阶段"危机"和"机遇"的认知都有局限性，如果没有外

---

① 〔美〕杰弗里·H. 格林豪斯等：《职业生涯管理》，王伟译，清华大学出版社，2014，第 23 页。

② 〔美〕杰弗里·H. 格林豪斯等：《职业生涯管理》，王伟译，清华大学出版社，2014，第 23 页。

力给予他们正面引导，则可能会产生一些负面问题，从而影响他们的专业发展。

2. 校长专业发展制度设置的功能思考

制度是人们必须遵守的规则，这些"制度在对行动产生禁止和制约作用的同时，也会对行动者及其活动产生支持和使能作用，因为制度可以为行为提供引导与资源"①。按照新制度主义理论的观点，制度既有约束性功能，也有支持性功能和使能性功能。目前校长专业发展的这三类制度的存在状况如何，校长们感知到的状况又如何呢？

（1）校长专业发展制度功能的举例

校长专业发展制度确立了校长专业发展过程中必须遵守的规则，在促进校长专业发展过程中，国家既提出了约束性制度，也提出了支持性制度和使能性制度。

第一，约束性功能。

制度的约束性功能主要是对校长专业发展进行一些限制。无论是从校长进入该职位，还是在该职位中任职，抑或是在此职位上一生的发展，国家都有要求。

关于持证上岗制度，要求新任校长或拟任校长必须参加不少于300学时的任职资格培训，在任职前要取得"任职资格培训合格证书"，没有参加任职资格培训的校长，将督促其参加，并视情节给予批评教育、行政处分直至撤销其职务。这一制度要求他们必须去参加任职资格培训，通过学习，校长必须清楚校长岗位的职责，必须掌握相关知识和技能。

关于校长任用制度，《中小学校领导人员管理暂行办法》明确指出："严格执行考察制度，依据任职资格条件和岗位职责要求，全面了解考察对象的德、能、勤、绩、廉表现，着重了解政治品格、作风品行、廉洁自律等情况，深入了解教学教研水平、学校管理能力、师德师风和工作实绩等情况，实事求是、客观准确地作出评价，防止'带病提拔'。"

关于校长工作制度，校长负责制要求校长承担管理学校的责任，对学

---

① 〔美〕W. 理查德·斯科特：《制度与组织——思想观念与物质利益》，姚伟、王黎芳译，中国人民大学出版社，2010，第58页。

校的教育教学和行政管理工作全面负责，接受党组织的监督，尊重教代会参与民主管理、民主监督的权利，维护并保障教职工的合法权益，定期向教职工代表大会报告工作、听取意见、接受评议，实行校务公开等，否则会受到各方的质询。总之，负责制对校长工作中的权力使用和工作方式的确是一种约束，要求他们处理好党政群三方的利益，维护各方的合法权利。

关于校长考核制度，要求加强对校长履行岗位职责及任期目标完成情况的考核，要对校长的德、能、勤、绩进行全面考核。考核结果作为校长奖惩、续聘或解聘的重要依据。经过考核，凡能胜任学校领导工作，并不断做出成绩的，均可连续担任校长职务；凡不能胜任和不宜担任校长职务的，应及时予以调整。校长为了获得奖励、避免惩罚，为了后续的聘任，他们必须符合这些要求。

关于在职培训制度，要求他们在不同阶段参加不同培训，获得不同证书。诸如要求在职校长每五年必须接受不少于360学时的提高培训，并取得"提高培训合格证书"，以作为继续任职的必备条件，否则不能继续担任校长职务。这些对校长参加培训都是一种约束，通过这种约束督促校长去学习、去交流，从而起到不断完善自己的作用。

第二，使能性功能。

制度的使能性功能主要是让校长明确他们能够做什么，他们做什么更有利于他们专业发展。我国的校长专业发展制度具有类似功能。

关于任职资格，国家明确了担任校长的学历、职称、经历、证书等。实际上国家指明了想做校长的人应该努力的方向，如果大家具备了这些资格，就有做校长的可能性。《义务教育学校校长专业标准》和《普通高中校长专业标准》更是让校长知道在任职期间该做哪些事情，该向哪方面发展。

关于相互交流，《中小学校领导人员管理暂行办法》明确指出："完善领导人员交流制度，鼓励引导城镇学校、优质学校领导人员到乡村学校、薄弱学校任职。有组织地选派乡村学校、薄弱学校领导人员到城镇学校、优质学校挂职锻炼，或者到校长培训实践基地跟岗学习。"这表明国家倡导校长交流制度，这为校长去哪儿任职、去哪儿学习指明了方向。

关于改革与创新，《中小学校领导人员管理暂行办法》明确指出："倡导教育家办学，鼓励领导人员在实践中大胆探索创新，形成教学特色和办学风格。""建立容错纠错机制，宽容领导人员在工作中特别是改革创新中的失误，旗帜鲜明地为敢于担当者担当，为敢于负责者负责。"这表明国家鼓励校长勇于改革、大胆创新，为校长的发展解除后顾之忧。

关于课程学习，针对任职资格培训、在职提高培训，国家教委先后于1990年7月和1995年12月颁布了《全国中小学校长岗位培训指导性教学计划（试行草案）》和《全国中小学校长提高培训指导性教学计划》，后对此进行修订，于2001年颁布了《全国中小学校长任职资格培训指导性教学计划》和《全国中小学校长提高培训指导性教学计划》两个文件，进一步从类型和结构上明确了校长培训课程，不仅为培训机构提供了指导性方案，也为校长个体的学习提供了框架和内容。

这些制度的使能性功能为校长专业发展开辟了更广阔的空间，预示着校长专业发展从让我发展走向我要发展，但是目前这方面的制度功能还应该进一步增强。

第三，支持性功能。

制度的支持性功能主要是对校长专业发展的认可、鼓励与赞助。培训制度中的支持性功能在20世纪90年代就已经出现了，表明国家很早就认识到制定支持校长专业发展政策的意义。到了21世纪，这种支持性功能越来越强化。

关于休假，国家提出校长学术制度。2011年，《全国教育人才发展中长期规划（2010—2020年）》指出：建立中小学名师和名校长每五年享受半年"学术休假"制度，进行高级研修。

关于奖励，早在1998年1月8日，国家教育委员会在其发布的《教师和教育工作者奖励规定》中就明确指出，"在学校管理、服务和学校建设方面有突出成绩"的，也在奖励范围。《中小学校领导人员管理暂行办法》再次明确："领导人员在履行学校管理职责、承担专项重要工作、应对学校突发事件等方面表现突出、作出显著成绩和贡献的，按照有关规定给予表彰奖励。"

关于培训，参加培训是校长的权利，是其职务所得回报。参加培训的费用、工资及福利待遇等有相关财务制度予以保障。《关于举办"校长国培计划"——2014年中小学名校长领航班的通知》明确：中央财政专项拨款支持，按照每位参训校长 10 万元的标准，3 年按 3∶3∶4 拨付培养基地。不仅如此，国家还规定，校长培训与其使用相结合，校长后续的考核、任用、晋升等都与培训效果紧密结合。

关于高级研修，国家设置了自愿参加的骨干高级研修，为了支持校长参加这一层次的培训，国家提供了不同层次的研修：2001 年，《关于举办"全国中小学骨干校长高级研究班"有关事项的通知》提到了实施"全国中小学千名骨干校长研修计划"。该计划包括两项内容：一是骨干校长研修班，二是骨干校长高级研究班。2012 年，《关于加强教师队伍建设的意见》指出："培养造就高端教育人才。实施中小学名师名校长培养工程。"2013 年，《关于进一步加强中小学校长培训工作的意见》提出卓越校长领航工程，这是面向全国中小学校长开展的高端培训，主要包括中小学骨干校长高级研修班、中小学优秀校长高级研究班、中小学名校长领航班。上述政策为校长向高层次的专业发展提供了内容、方式、时间上的资源保障，表明我国校长培训逐渐从任务型演变为自愿型。

制度的支持性功能，表明我国对促进校长专业发展的力度加大，也预示着可以更有效地促进校长专业发展，但是目前这方面的功能还不强大。

上面仅仅举例说明了校长专业发展的三种制度，实际存在的情况比上述更丰富，当然也存在不充分现象。

（2）校长对专业发展制度功能的感知

上文列举了校长专业发展中制度的约束性、使能性与支持性三种功能。从政策梳理角度看，校长专业发展制度中，诸如资格制度、任用制度、负责制度和考评制度、培训制度等，都具有三种功能，当然三种功能的体现不同。那么校长对三种功能的感觉如何呢？本书对此进行了五点量表的问卷调查，问卷情况见表 4-1。

表 4-1　校长对三类制度的感知情况

单位：%

程度	感受到约束	感受到使能	感受到支持
完全符合	36.1	18.4	10.5
比较符合	39.5	22.9	11.4

续表

程度	感受到约束	感受到使能	感受到支持
一般	14.8	27.6	24.7
比较不符	6.7	16.8	39.5
完全不符	2.9	14.3	13.9
合计	100.0	100.0	100.0

表 4-1 表明，75.6%的校长都感受到了制度对他们专业发展的约束，36.1%的校长强烈地感受到了这种约束；41.3%的校长感受到使能功能；只有21.9%的校长感受到制度对他们的支持作用。

不仅如此，我们还就价值引领和感情支持的问题进行了问卷调查，数据如表 4-2 所示。

表 4-2　校长感受到的给予其价值引领和感情支持的情况

单位：%

程度	感受到价值引领	感受到情感支持
完全符合	12.6	12.2
比较符合	31.3	27.9
一般	20.9	26.4
比较不符	26.5	26.3
完全不符	8.7	7.2
合计	100.0	100.0

总之，校长们对支持性制度和使能性制度的感受程度不高，访谈研究也印证了此问题，请看访谈实录：

国家对校长都是在要求，在布置任务，激励校长发展提高方面的机制太欠缺。大部分学校发展还是靠校长自主性参与，激励性的措施很少很少，奖励性的也没什么。为什么大部分学校发展到一定阶段就停滞了，是因为校长发展到一定阶段就停滞了，不愿意再往上发展，维持原状。实际上一个学校的发展其实就是校长的发展，当校长的发展停滞了，学校的发展也就是踏步。没有一个机制刺激校长发展，校长

当然倦怠啦，他们也不是神人，其他人该有的他们也有。（ZYY校长）

总感到被什么东西牵着，想走得快一些，但是又走不快，甚至有时走不动；有时还感觉有几座大山压着，政府、教职工、学生、家长的所有要求都指向学校，也就是指向校长。教育又是涉及千家万户的事情，稍不注意，社会就有反映，校长还得出面。真的觉得很累、很累，校长倦怠太正常了。真的希望有支持我们的制度，帮助我们的制度，让我们浑身有劲的制度，但是现在常常不是这样。（ZWG校长）

我国政策很多，每出来一个都是要我们应该怎么怎么，必须怎么怎么，不怎么就怎么怎么。能不能有些帮助我们解决身边问题的政策呢，当然政策不可能这么细到解决我学校的问题，我只是表达一个愿望，希望上级多给点支持性资源，多给点实际帮助。即便不能给太多，也别限制得太死，给我们点空间，让我们有点自由度，让我们在一个比较宽松的环境中往前走，这样才能走好。否则把人裹得紧，他手脚放不开，不可能发展好。（WFF副校长）

看来校长们对约束性制度的感知也很强烈，甚至有些校长对如此紧的束缚有意见，对支持性和使能性制度感知到的也不够。

（二）对修复校长专业发展已有制度的政策建议

为了修复校长专业发展制度体系存在问题的制度，需要发挥制度的约束性、使能性和支持性三功能的综合效应，需要加大持证上岗政策的执行力度和规定力度，还要设法规避校长培训的内卷化。

1. 发挥制度三功能的综合效应

校长专业发展既需要借助制度的约束性功能，也需要借助使能性和支持性功能，它们都在一定程度上确保、推动、促进了校长专业发展。

X理论表明，人有懒惰性的一面，他们不愿意给自己增加很多事情，甚至有时会逃避一些事情。这一人性理论告诉管理者，要用严格、权威的制度去制约人，要用奖惩明确的措施去规范人。所以，约束性政策是必要的。

由于一些校长所处的位置以及对事物认识的局限性，他们更多看到的是自己的学校、自己的工作、自己的发展，对如何做合格校长、如何做优秀校长不太清楚，急需他人的指导，因此，制度使性功能不可缺少。

资源依赖理论也表明，校长专业发展需要支持性制度。资源依赖理论表明，人的发展需要相关资源，有些资源是自身无法生成的，需要外部环境供给。校长专业发展，不单单是校长个体有意愿就可以实现的，需要外界从物质上和精神上给予支持，设置制度与实施制度的过程就是为校长专业发展提供资源的过程。制度的支持性功能可以对校长参加专业发展给予极大帮助，使他们不断从外界获取新思想、新知识、新技术，从而促进他们持续不断的发展。

上述论述表明，制度三功能都是校长专业发展需要的，它们独立存在，谁也代替不了谁，他们应该联系在一起，共同作用于校长专业发展。

目前的状况是制度的约束性功能较强，第二章的政策梳理说明了这一点，不仅如此，校长的感知也很明确。制度的使能性功能较前者弱了些，多数校长没有感到这类功能的存在。在三个制度功能中，支持性功能最弱，不仅政策梳理表明其不够，而且被校长感知到的也不够。然而校长非常需要它，访谈验证了这一点：

> 国家颁布"学术休假"制度，我们百分之二百赞成。因为我们在名校，所以作为校长也被人家关注，以为我们都很棒，经常有人让我们这儿去讲讲，那儿去讲讲。实际上我们就是一般般的人，我们也需要发展，也需要充电，如果我们不发展，我们学校也就不行了，如果那样，我们真是对不起教育事业了。我很想有一段时间什么都不干，好好静下来，反思一下这么多年来的管理，但是现在没有机会，每天就像打仗一样，寒暑假也不能够闲下来，我真担心这样下去哪天自己的东西都掏空了。（ZJC 校长）

> 现在搞教育集团，我这个集团有 7 所学校，我当法人代表的有 4 所。原来管一所学校都觉得很忙，现在管那么多的学校更忙了，基本没有时间去看书、去做研究，这样下去我自己都觉得危险，但是真的没有时间。我经常想，什么时候能够有这么一段时间，哪怕就两三个月，什么都不干，就读书、学习，甚至到大学去听听课，那我就满足

了。如果真有你说的什么半年"学术休假"制度，我们求之不得。（WHH 校长）

现在讲校长专业发展，似乎就是一般学校的校长需要，总让我们带着他们发展，当他们的实践导师，当名校长工程、名校长工作室的领头人，好像我们不需要发展似的。其实我们最需要发展，不然我们怎么让别人发展呢？要以我们的发展促进他人的发展吗？我们要发展也得给点时间呀，我们都是一般人，发展也需要时间。建立中小学名校长每五年享受半年学术休假制度，这是非常好的决定，遗憾的是没有落实，快点落实吧。（LYY 校长）

为了有效发挥制度的约束性、使能性和支持性功能，尤其是发挥制度三功能的综合效应，应该强化支持性这一较弱的功能。

一是落实已有的支持性制度。虽然国家颁布了一些校长专业发展的支持性和使能性政策，但是有些没有落实，强化也不够。例如，有些高级研修班的人数太少，如中小学名校长发展工程，每期的人数太少，想参加的人很多，不能满足校长们的需要。而有些在职培训带有摊派性质，校长不欢迎，但是必须去。再如，支持读教育硕士的资金不充分。校长们觉得我们读教育硕士，在提高学位层次的同时也提高了自身素质，而且读教育硕士比一般的在职培训，甚至比高级研修都有收获，可是不能全部报销。还有，"建立中小学名校长每五年享受半年学术休假制度，进行高级研修"，基本没有实施。校长们非常希望尽早执行这一制度，名校长的愿望更高。

二是加大对支持性制度的颁布力度。《国家教育事业发展"十三五"规划》指出："建立中小学教师校长专业发展支持服务体系。"虽然国家在不断颁布支持性政策，但是仍然不充分、不到位，需要加大类似政策的制定力度。例如，关于对校长的奖励，1992 年 12 月 10 日，《关于加强全国中小学校长队伍建设的意见（试行）》就倡导："为培养德智体全面发展的一代新人做出显著成绩的校长，各地要采取多种形式予以表彰、奖励。对其中有突出贡献、享有较高声誉的校长，国家教委授予'全国优秀校长'的称号，并颁发奖章、证书。要广泛宣传优秀校长的先进事迹和办学经验。"《中小学校领导人员管理暂行办法》再次强调了此事。但是后续的落实和操作性政策不到位，建议强化对校长的奖励性制度。

2. 加大持证上岗政策的执行力度

研究表明校长持证上岗制度存在一定问题。造成问题的原因：一是制度设置本身存在问题；二是执行过程存在问题。所以既要从制度设置角度完善，又要从执行角度完善。加大持证上岗的政策力度包括加大持证上岗政策的执行力度和规定力度。

（1）加大持证上岗政策的执行力度

目前在"持证上岗"制度要求下，很多校长已经取得了"任职资格培训合格证书"，但是还有近一半的校长在任职前没有参加该层次的培训，改变此种现状的建议如下。

首先，严格执行持证上岗制度，没有取得"任职资格培训合格证书"的一律不予以任命。如果确实工作需要，则可以采用变通方式，让其暂时担任校长助理，协作校长进行管理，而不是独立对一摊事进行管理。

其次，进行灵活、便利及时、有效的任职资格培训。前面的实证研究表明，上述政策执行不到位的一个重要原因是组织问题，一些地区没有任职资格培训，省市里的培训又延后，为此应该从源头解决此问题，做到新入职校长在任职前都可以及时参加类似培训。

（2）加大持证上岗政策的规定力度

第一，取消延迟取得合格证书的规定。随着社会发展，公民对教育的期盼、对学校的要求越来越多，所有这些都指向了校长。所以校长不仅要有培养当下人才的思想和技术，还要有培养未来人才的思想和技术。因此，校长在任职前必须有充足的管理思想和技术准备，否则会落后于他人和社会。另外，对校长职业专业化的要求越来越多，作为一个专门职业，校长必须具有任职资格证书。还有，经过二三十年培训机构的建设和培训者队伍的发展，其也具备了为众多未来校长提供任职资格培训的可能性。

第二，制定有力度、有针对性的惩罚性制度。1999 年 12 月 30 日，《中小学校长培训规定》明确规定"新任校长必须取得'任职资格培训合格证书'，持证上岗"。"无正当理由拒不按计划参加培训的中小学校长，学校主管行政机关应督促其改正，并视情节给予批评教育、行政处分、直至撤销其职务。"其对没有执行该规定的校长提出了罚则。但是因有些情况未参加培训不是校长个人造成的，所以这个处罚的意义受到挑战。

在香港，凡是有志成为校长的拟任校长，都要实现专业发展，并通过专业发展取得相应资格。香港教育统筹局第 31/2002 号通告《校长持续专业发展》规定，从 2004~2005 学年起，拟任校长必须符合有关聘任条件并取得校长资格认证，只有这样，才可能被聘为公立学校校长。

3. 规避校长培训的内卷化

前文的实证研究表明，目前校长培训出现了内卷化现象，这种现象导致一些校长不喜欢参加培训，培训效果欠佳，所以必须规避这种现象。为此，一是要突破已有的制度惯性，二是赋予校长选择培训的权利，三是设置理论导向的校长实践培训课程。

（1）突破已有的制度惯性

校长培训制度是我国比较早形成的制度，也是比较健全的制度，具有一整套校长培训理念、培训方式、培训课程等，后续很多培训都建立在这些路径基础上，它们对校长专业发展起到了很大的正向作用，但是也出现了"路径依赖"现象。

路径依赖思想最早来源于保罗·大卫（Paul David）和布赖恩·阿瑟（Brian Arthur）对技术经济学的研究。"路径依赖"是指经济、社会或系统一旦进入某个路径，就会锁定在这一路径上，并在惯性的作用下不断自我强化。因为当人们选定了一种路径，即长时间锁定在一个路径上，就意味着放弃了其他成本相对较低或更有效的路径。沿着既定的路径，经济和政治制度的改革变迁可能会进入良性发展与循环轨道，当然也有可能进入一条恶性循环的无效率道路，事物会沿着错误的路径呈下降趋势，最终被锁定在无效率状态。

一旦事物进入了锁定路径，就很难改变，往往要借助外在力量，比如发生大的变革或引入外生力量。[①] 要改变这种状态，必须依靠强大的外力。

道格拉斯·C. 诺思把"路径依赖"（Path Dependence）这一思想运用到制度变迁研究中。他认为在制度变迁中同样存在报酬递增和自我强化的

① March, J. G., "Exploration and Exploitation in Organizational Learning," *Organization Science* 2 (1), 1991, pp. 71-87.

现象。"一些微小事件的结果以及机会环境能决定结局，结局一旦出现，便会产生一条特定的路径。"① 由于制度具有惯性，制度变迁过程存在"路径依赖"。制度变迁一旦走上某一路径，就会在以后的发展中沿着既定方向不断强化自己，形成与其相适应的制度意识形态、制度文化、制度利益集团等可称之为制度环境的东西。"发展路径一旦被设定在一个特定的进程（course）上，网络外部性（network externalities）、组织的学习过程，以及得自历史的主观模型，就将强化这一进程。"② 沿着既定的路径变迁，可能会进入良性循环的轨道，但也许会进入"死胡同"，形成无效率的制度状态。

制度具有保持既有状态不变和克服外力作用的特性，这种特性可称为制度惯性。制度惯性是指一种制度发展到一定阶段，处于一种相对稳定的状态，进一步发展就可能导致制度锁定。这种相对稳定的状态的达成可能是自然而然形成的，也可能是由强大外力制约的。校长培训制度惯性是指校长培训制度发展到一定阶段后处于相对稳定的状态，有可能会产生制度锁定。这种制度惯性会导致校长培训内容及方式等各个方面出现僵硬、刚性的状态，使培训陷入复制、重复旧内容的循环中。

一方面，校长培训制度的惯性导致校长培训处于一种渐进性的变革过程。渐进性变革是指改革的进程始终处于可控制与可驾驭的范围之内，这种变革不会在短期内形成突破性的制度变迁，而是以稳健的、有序的方式进行。在校长培训的管理中，培训者在处理培训中出现的问题时，出于稳定的考虑，一般会根据惯例解决问题。不仅如此，而且一般来说，校长培训的管理采取渐进性变革的方式，这是由于上级政策具有稳定性，如果改变，则要经过一定的程序。另外，由于培训的对象是人，他们接受新事物需要一个过程，因此不宜采取较激烈的变革方式进行创新实践。鉴于这些原因，校长培训的管理方式容易走上经验主义的道路，导致路径依赖。

另一方面，校长培训制度的惯性造成校长培训的制度化倾向。这种制

---

① 〔美〕道格拉斯·C. 诺思：《制度、制度变迁与经济绩效》，杭行译，格致出版社、上海三联书店、上海人民出版社，2014，第111页。

② 〔美〕道格拉斯·C. 诺思：《制度、制度变迁与经济绩效》，杭行译，格致出版社、上海三联书店、上海人民出版社，2014，第116页。

度化倾向是指校长培训中，培训的内容、过程、活动和方式等都形成了统一性的标准，建立了系列化的措施，一切都在自我设置的模式中运行。这种运行的结果是：一是校长培训变革空间变小，一切建立在经验积累的基础上，难以根据社会发展变化和校长成长状况来改进培训方式和内容，导致校长培训的内驱力不足；二是以自身特有的规则构筑堡垒，与外界沟通交流不够，形成了一个自我封闭的系统，使校长培训进入一种锁定状态，导致路径依赖。

所以，必须去打破制度惯性，实现对校长培训的创新，改变一些老化观念和做法。例如，现在有些地方一味追求现实功利的目标和需求，把培训当作教育部门下派的任务，用以往现成的培训流程来覆盖培训的各个环节，不重视在新形势下发展、针对不同培训主题的不同培训方式等。再有，培训部门对校长需求了解不够。由于不了解校长需求，只能按培训者的意愿安排课程，按照培训部门的实际情况确定培训方式。应该随着社会发展及时更新培训内容，按照校长实际需求安排培训课程等。

（2）赋予校长选择培训的权利

赋予校长选择培训的权利，就是去哪个机构学习、去学习什么内容由校长根据自己的情况自行选择。教育行政部门根据校长选择情况，进行人员协调，提出合理化建议。在赋权实施的初期，诸如任职资格培训和部分提高培训可以继续保留原有安排，多数提高培训和骨干高级研修可实施校长选择制。在赋予校长选择培训的权利后，政府、培训机构和校长都要有新的行为。政府和培训机构要凸显对校长专业发展的服务意识和功能。《国家教育事业发展"十三五"规划》明确指出，建立中小学校长专业发展支持服务体系。校长培训也要建立相应的支持服务体系。

中央政府要尽快修订、完善校长培训课程的指导性教学计划。目前我们使用的是2001年教育部颁布的《全国中小学校长任职资格培训指导性教学计划》和《全国中小学校长提高培训指导性教学计划》。两个文件进一步从类型和结构上明确了校长培训课程，各培训机构在这两个文件基础上设置自己的培训课程。这些课程为我国校长培训做出了很多贡献，培养了很多优秀校长。但随着社会的加速发展，它们的有些指导滞后于社会发展，难以起到引领校长向前发展的作用，应该尽快予以修订、完善，还应该建立培训课程评估机制，指导与促进校长培训课程的设置与实施。地方教育行政部门从安排校长参训，变为为校长培训提供咨询服务，例如，提供给培训机构开设课程的类型、内容、结构、方式、特色、师资情况等方面的信息；提供给各培训机构招生条件、开班时间、培训安排等信息；建立校长培训数据库，为后续校长参加培训提供更有利的支持。教育行政部门要与各培训机构保持密切联系，双方互通信息，培训机构向各级教育行政部门提供设置课程情况，各级教育行政部门向培训机构提供校长参训情况。

培训机构要提供充足且适宜的高品质课程，要提前向校长公布课程设置信息和师资讲授情况；同时设置咨询部门，为校长选择培训课程提供咨询服务，避免校长盲目选课、盲目选师；要建立校长培训课程需求调研机制，了解校长个人发展、师生发展和学校发展中的问题，了解校长的培训需求，以便提供具有个性化的课程。对于有些校长，不妨提供"私人定制"课程；要采取多元化的课程传递方式，甚至可以送课到校，即培训者到现场，根据实际情况进行培训；培训机构还要注意对培训者的培养，避免脱离中小学实际情况，夸夸其谈地教授课程。

校长从被安排到主动选择，首先，要明白通过培训促进自己专业发展是个体自主的事情，自己是自己专业发展的主导者，外界仅起辅助作用；其次，校长要系统梳理自身发展、师生发展和学校发展的主要问题，在梳理基础上，判断自己需要学习哪些课程，需要学习多少学分的课程；最后，校长还要对培训机构和培训课程有比较详细的了解，在此基础上判断哪些课程适合自己。在赋予校长选择权的同时也赋予其责任，培训效果不佳不能再推给上级和培训部门，不能再认为是上级没有安排好培训项目，不能再认为培训部门没有安排适合自己的课程。不仅如此，对于上级在培训服务中出现的问题，对于培训机构课程设置中出现的问题，校长还有义务帮助其解决。

赋予校长选择培训课程权利的意义如下。

第一，有利于培训目标达成：赋予校长选择权可以强化校长自主、自愿、高效参加培训的意识和行为，激发他们参训的积极性；校长最清楚自己发展中的问题，最明白自己应该学习什么内容，他们自己选择的课程能够有针对性地解决自身发展中的问题，避免了重复学习现象的发生。不仅如此，赋予校长选择权，也会刺激教育行政部门提供更加有效的指导性服务，变任务驱动为效果倒逼，从而有效实现培训目标。

第二，有利于培训机构提升课程品质：各培训机构在《2001 任职计划》和《2001 提高计划》指导下设置自己的课程，由于这两个计划不是指令性的，因此，各培训机构拥有一定课程设置和实施的权力，培训课程的效果更多取决于这些培训机构。由于目前没有建立完善的校长培训课程评估机制，一些培训机构提供的课程的品质不高。给予校长选择培训课程的自主权，发挥一定市场作用，政府根据各培训机构参训人员情况拨付经费，这样可以刺激培训机构为校长提供更丰富、更实效、更有针对性的课程。

（3）设置理论导向的校长实践培训课程

校长认为一些培训课程远离他们的工作和生活实际，只是一种书本上的东西，难以帮助他们解决实际问题。培训课程理论与实际脱节现象是造成内卷化的一个重要原因。有人认为现在校长培训课程中理论性东西占的比例太大，应该减少，大量增加实践课程，这样就可以改变理论与实践脱节现象。我们认为，不能因为存在脱节现象，就弱化理论性课程设置。校长来到培训机构参训主要是学习理论，提升他们的理论素养，实践性的东西在工作中就可以学习。校长培训目标的实现、校长专业发展水平的提升都需要理论，没有强有力的理论武装，校长不可能成为学校改进的引领者，教师与学生也不可能在缺乏理论思维的校长领导下获得充分发展。

应该建立理论导向的校长实践培训课程，这样既强化了课程的理论性，又体现了理论对实践的指导作用。①选择贴近校长实践的理论课程。目前一些课程本身远离校长实践，其带给校长的理论当然脱离他们的实践，所以选择贴近校长实践的培训课程是至关重要的一环。②选择贴近校长实践的理论。任何一门课程中都有贴近校长实践的理论，也都有远离他们实践的理论。如果培训者了解校长实践，就会选择贴近他们的理论。培训者如何讲解理论也很关键，同样地，如果培训者针对解决校长实践中的问题进行讲解，就会让校长感到理论有价值。③引导校长正确看待理论指导实践的作用。如果校长参加培训就是想得到一个具体的解决问题的办法，认为学了以后马上就可以用上的课程才是有用的，那么这种认识下的理论很难体现其应有的价值。理论对实践产生作用需要一个过程，需要一个中介变量，即理论—感悟（中介变量）—指导实践。感悟是校长通过对理论的接触，进而领悟到理论的真谛，从而悟出理论对实践的指导价值。有了对理论的感悟这个中介变量，才谈得上理论指导实践。培训课程要帮助校长产生感悟，从而起到理论指导实践的桥梁作用。

通过设置上述培训课程，实现从"任务本位"向"发展本位"的转变，实现培训课程设置和实施的"有用性""实用性""针对性"等，最终去内卷化，提升培训品质。

小　结

这一部分主要阐述修复已有校长专业发展制度中不足之处的理论思考和政策建议。

首先，需要对制度修复进行理论分析。例如，关于校长专业发展阶段的理论建构，本书提出了前任期、初任期、中任期、后任期和终任期五个发展阶段，对应的是拟任期校长、新任期校长、稳定期校长、成熟期校长和成功期校长。阐述每个阶段校长的特点、需要及培训需要解决的问题。再如，关于校长专业发展制度的功能的理论分析，本书在新制度主义理论框架基础上，举例阐述校长专业发展的约束性、使能性和支持性制度的功能，同时还呈现了校长对专业发展制度功能的感知情况的调查结果。

其次，提出修复已有校长专业发展制度的具体措施。例如，应该发挥校长专业发展制度的约束性、使能性和支持性三个功能的综合效应，通过这种综合效应确保、推动和促进校长专业发展。再如，加大持证上岗政策的执行力度，一是加大对已有政策的执行力度，二是加大必要的政策规定力度。还有，应该设法规避校长培训的"内卷化"，为此，应突破已有的制度惯性；赋予校长选择培训的权利；设置理论导向的校长实践培训课程。

| 第五章 |

校长专业发展制度体系的重构

前面几章我们分别从政策文本和政策执行视角阐述了目前校长专业发展的制度体系，从中发现了一些问题。第四章解决了一些问题，但是还不够，应该通过制度体系的重构克服当前校长专业发展制度体系的缺陷，规避文本和执行中的问题。这一章借助新制度主义理论，重新建构一个校长专业发展的规制性、规范性和文化－认知性三者有机结合的制度体系，即通过重构合理的校长专业发展制度体系，更加有效地促进校长专业发展。这里主要就重构的基础内容，以及这三个要素及其组合进行分析。

一 校长专业发展制度体系重构的基础内容

本书主要运用新制度主义倡导者 W. 理查德·斯科特的规制性、规范性和文化－认知性理论重构校长专业发展制度体系，故首先要明确三制度的基础内容。

（一）校长专业发展的规制性制度

下面主要明确什么是校长专业发展的规制性制度，然后在此基础上阐述该制度对校长专业发展的作用机制。

1. 校长专业发展规制性制度的内涵

校长专业发展规制性制度主要是通过法律、法规、规章、政策等体现出的要求对其进行规约的规则。

前文梳理的校长资格制度、校长任用制度、校长负责制度、校长考评制度、校长职级制度、校长培训制度等，都来自政府的政策文件，这些都属于规制性制度。

校长持证上岗制度：新任校长或拟任校长必须参加不少于300学时的任职资格培训，并在任职前取得"任职资格培训合格证书"，持证上岗。

校长资格制度：任职校长要具有教师资格，具有中级（含）以上教师职务任职经历，一般应从事教育教学工作5年以上。

校长任用制度：实行校长聘任制，可以连续任用，每届3～6年，每届要实现任期内的目标。实现任期内的目标，经过考核合格可连续担任校长职务，否则予以调整。

校长负责制度，校长要全面负责学校工作，全面贯彻国家的教育方针和政策；校长要尊重对教职工的民主管理，接受党支部和教职工的监督。

校长考评制度：校长要接受上级对其德、能、勤、绩的全面考核，实行年度考核和任期考核，考核等级分为优秀、合格、基本合格、不合格。

校长培训制度：全体校长在其整个职业生涯都要参加培训。在职校长每五年必须接受不少于360学时的提高培训，并取得"提高培训合格证书"。

校长专业发展的规制性制度按照既定的程序有意识、有目的地制定和实施，其形成具有明显的主体自为性和正式性。这一特点主要体现在三个方面：一是制度形成主体拥有正式的行政权力，一般来说是由国务院、教育部及其他省份等相关教育行政部门制定的，行政权力影响力的发挥为规制性制度提供了合法性的基础；二是制度形成的程序是正式的，一般都要经过人们提议、方案起草、民主讨论、方案选定、公布执行等环节，具有"自上而下"的形成过程；三是制度的载体形态是正式的，一般以形成相应的制度文本或者成立正式的组织机构来体现。

2. 校长专业发展规制性制度的作用机制

校长专业发展规制性制度具有强制性，要求校长必须按照政策所要求的内容去做，必须遵守这些规则。遵守的机制就是奖励机制与惩罚机制。制度三要素的倡导者 W. 理查德·斯科特认为，规制性制度通过奖励或惩罚来影响人们的行为。①

关于校长专业发展的奖励机制如下。

持证上岗制度：获得"任职资格培训合格证书"，便具有了成为校长的可能性。

资格制度：具有教师资格和 5 年教学职务经历，便具有了成为校长的可能性。

负责制度：校长承担相应责任，便具有了继续担任校长职务的可能性。

考评制度：考评通过，凡能胜任学校领导工作，均可连续担任校长职务。

职级制度：达到校长职级制的晋升条件，便具有了晋升高一级的可能性，待遇也随着晋升而提升。

培训制度：取得了"提高培训合格证书"，便具有了继续担任校长职务的可能性。

关于校长专业发展的惩罚机制如下。

持证上岗制度：没有参加任职资格培训的校长，将督促其参加，并视情节给予批评教育、行政处分直至撤销其职务。

资格制度：不具备校长任职资格的，不予以提拔。

考评制度：考评未通过，不能胜任和不宜担任校长职务的，予以调整。

职级制度：达不到晋升条件的校长，不予以晋升。

培训制度：无正当理由拒不按计划参加培训的中小学校长，学校主管行政机关应督促其改正，并视情节给予批评教育、行政处分直至撤销其职务。

上述奖惩机制表明，遵守相关要求可以获得或继续留在校长职位上，违背则取消其做校长的资格。制度强制性的重要体现就是让遵守者"尝到甜头"，并继续遵守；让违规者付出成本代价，让其不再违规。道格拉斯·C.

---

① 〔美〕W. 理查德·斯科特：《制度与组织——思想观念与物质利益》，姚伟、王黎芳译，中国人民大学出版社，2010，第 60 页。

诺思认为，制度运行的关键在于犯规要有成本，对违规的要有处罚。[①] 在中小学，校长职位相对同级教师来说，可以有比较高的经济收入。面对规制性制度带给校长的奖惩，具有"经济人"特征的校长自然选择遵守。人受到经济刺激会做出任何能够提供最大经济利益的事情。[②]

规制性制度对校长专业发展的影响不仅是由于遵守了外在条文就会获得利益，实际上也需要校长们的内在认可，他们有了对制度的认可，他们的认识、行为与专业发展制度碰撞以后就会产生情感的反应。按照制度三要素理论，当校长们遵守专业发展的制度，就会有一种轻松、平静、安然的感觉；当他们违反此制度，就会有紧张、不安、担心的感觉。心理学的研究表明，前者使人舒服，后者使人焦虑，这样的感觉促使校长们选择遵守规制性专业发展制度。这种碰撞所导致的情感，可能就是制度要素的力量来源。[③]

（二）校长专业发展的规范性制度

校长专业发展过程中，除了接受规制性制度要素的规约以外，还要接受教育场域中利益相关方对校长这一特定角色产生的社会期待的规约，按照社会期待去行动，以获得发展的合法性。下面主要明确什么是校长专业发展的规范性制度，然后在此基础上阐述该制度对校长专业发展的作用。

1. 校长专业发展规范性制度的内涵

校长专业发展的规范性制度主要是通过社会期待中体现出来的要求对其进行规约的规则。

这种社会期待是社会主体的一种期待，是一种代表公共道理的期待，其中道德成分起着重要作用，他们规约了校长作为领导者应该具有的专业素质。规范性制度中提到的社会期待，不仅包括专业发展内容的期待，还包括方式的期待，即校长获得这种专业素质应该通过合法的方式，应采用

---

① 〔美〕道格拉斯·C. 诺思：《制度、制度变迁与经济绩效》，杭行译，格致出版社、上海三联书店、上海人民出版社，2014，第4~5页。

② 〔美〕埃德加·沙因：《沙因组织心理学》，马红宇、王斌译，中国人民大学出版社，2009，第52页。

③ 〔美〕W. 理查德·斯科特：《制度与组织——思想观念与物质利益》，姚伟、王黎芳译，中国人民大学出版社，2010，第62页。

符合公共道理的方式，即道德的方式。

社会期待主要来源于利益相关者对校长群体素质的一种预设，例如，源于社会、上级、教职工、学生、家长以及相关组织与个体等对校长专业素质的一种认识。这种社会期待有时反映在一些正式文本中，是显性的；有时反映在诸如程序惯例、人际关系等社会道德观念中，是隐性的。

无论是显性的还是隐性的，都必须借助一定的载体才能被校长感受到，才能作为校长专业发展之"应然"，引导校长专业成长行为。各个国家关于校长的专业标准就是表达社会对校长专业素质的期待的一种正式文本，反映了社会对校长专业素质的"应该"层面的期待。

例如，美国的相关标准如下。

美国社会对校长寄予很高的期望，希望他们不仅具有教育方面的广博知识、较高理论修养，而且成为具有较强管理能力的领导者，要在领导上取得骄人的成绩，要能够带领美国教育走入世界最先进的行列。为此，他们成立了由政策制定者、基于实践的组织者、高级教育官员、高级教育领导者和教育管理领域的专家学者组成的小组，制定、修订校长专业发展标准。按照州学校主管委员会执行主任吉纳·威尔霍伊特（Gene Wilhoit）的说法，这个标准的基础建立在广泛和具有凝聚力的领导系统上，这个领导系统非常有效地进行资料收集，从而设法制定出能够支持、保留和奖励高素质领导人才的标准。[①]

经过多方磋商和征求意见后，美国于1996年制定了《学校领导标准》，后来于2008年和2015年又对此进行了修订。2015年发布了《教育领导者专业标准2015》。该标准共设计了十项一级标准：S1 使命、愿景与核心价值观；S2 伦理与专业规范；S3 公平与文化响应；S4 课程、教学与评价；S5 关爱与支持学生的共同体；S6 学校人事专业能力；S7 教职工专业共同体；S8 家庭与社区的有意义参与；S9 运行和管理；S10 学校改进。[②]

再如，中国的校长专业标准如下。

---

① The Council of the Chief State School Officers, Introduction to the Educational Leadership Policy Standards: ISLLC 2008, http://www.ccsso.org.

② National Policy Board for Educational Administration, Professional Standards for Educational Leaders 2015, http://www.npbea.org.

为了促进校长专业发展，国家出台了《义务教育学校校长专业标准》和《普通高中校长专业标准》。两个标准都基于以德为先、育人为本、引领发展、能力为重和终身学习的理念制定，都是提升校长专业发展水平，促进校长专业化的引领性、规范性、基础性文件。《义务教育学校校长专业标准》是对义务教育学校合格校长专业素质的基本要求，强调深入推进义务教育均衡发展。《普通高中校长专业标准》是对普通高中合格校长专业素质的基本要求，强调推动普通高中多样化发展。两个标准都包括6个专业职责：规划学校发展、营造育人文化、领导课程教学、引领教师成长、优化内部管理、调适外部环境。每个职责从专业理解与认识、专业知识与方法、专业能力与行为三个方面提出了专业要求。每个专业职责有10个要求，共计60个要求；10个要求的分配是，专业理解与认识及专业知识与方法各有3个要求，专业能力与行为有4个要求。

中国的校长专业标准的制定从2008年开始，也是建立在大量调研基础上产生的，其间进行了"中国中小学校长专业基本标准研究项目，包括：全国中小学校长队伍基本情况普查、中小学校长抽样问卷调查、中国中小学校长专业标准研制三个方面研究任务"。[①] 为了研制好标准，相关部门召开了若干研讨会、座谈会、交流会，听取了全国相关人员的意见。"从2008年启动到2013年《校长专业标准》出台，历时近5年，其间，标准草案多次易稿，从思路、框架到内容、文字，多次推倒重来，此中艰辛，只有参与者深知。在《校长专业标准》研制的前期，上海市多家科研院所合力攻关，全国多家科研院所协同攻关；在后期修改和定稿过程中，北京师范大学和教育部小学校长培训中心发挥了主导作用。因此，我国《校长专业标准》的面世是全国多家研究机构、众多相关专家长期研究的结果，是集体智慧的结晶，该标准具有扎实的研究基础。"[②]

上述标准产生过程表明，虽然标准是由社会组织或政府颁布的，但是它们都是在大量调查基础上形成的，反映了社会不同人群对校长专业素质

---

① 陈永明等：《〈中小学校长专业标准〉解读》，北京大学出版社，2011，第Ⅱ页。

② 褚宏启、贾继娥：《我国校长专业标准：背景、结构与前景》，《中国教育学刊》2013年第7期。

的期待，故具有校长专业发展的规范性制度特点。

社会对校长职业素质的期待，除了体现在上述标准外，还体现在包括报纸、文章、书等代表社会主体的舆论中。对于校长而言，成为专业的领导者，需要做如下方面的努力：树立专业意识、具备专业知识、提升专业能力。[①] 现代新型校长，应当具备合理的知识结构、综合的教学视野、明确的评价以引领自觉、较强的协同合作意识等多方面素养。[②] 校长专业发展是指校长的内在专业结构不断更新、演进和丰富的过程。内在专业结构包括专业理念、专业知识、专业能力、专业伦理、自我专业发展意识等。[③]

通过对政策的分析、对社会舆论的关注及对社会公众的访谈，社会寄予校长的期待主要是：应该有很高的职业道德水准，应该有强烈的责任感和服务意识，应该有高品质的学校管理思想和技术，应该引领社会和教师的发展，应该能够协调多元化利益主体共同前行。总之，校长应该学会不断自我超越，应该具有持续不断发展自己的行为等。

2. 校长专业发展规范性制度的作用机制

校长专业发展的规范性制度主要是社会期待赋予校长应该具有的素质和应该获取这些素质的合法性方式。社会期待促使校长产生社会责任和职业责任，这些责任背后产生一种压力，这种压力对校长的专业发展行为产生了实质性的影响。"这种期待往往是由特定情境中的支配性行动者持有，而期待所指向的焦点行动者会体验为一种外在压力。"[④] 这种压力一是来自校长的"社会人"特征，二是来自校长工作的权威需要性。

校长作为高知识、高职称、高学历的代表人才，具有强烈的"社会人"特征，他们不仅追求物质与金钱，还追求人与人之间的友谊、信任、归属感、尊重感、荣誉感等，社会期待对他们会有更大的影响。他们希望自己归属于校长这个群体，希望得到社会的认可、上级的支持、教师的信任、学生的爱戴，这样他们就会获得很多无形的社会性资源。为此他们就

---

① 代蕊华：《校长要成为专业的领导者》，《教育革新》2015 年第 11 期。
② 陈永明：《做一名现代学校的新型校长》，《辽宁教育》2016 年第 4 期。
③ 褚宏启、杨海燕：《走向校长专业化》，上海教育出版社，2009，第 8 页。
④ 〔美〕W. 理查德·斯科特：《制度与组织——思想观念与物质利益》，姚伟、王黎芳译，中国人民大学出版社，2010，第 63 页。

要设法办社会满意的教育，设法完成上级交给的任务，设法满足教师的需要，设法促使学生全面发展。这些都是建立在专业成长基础上的，一个专业发展不到位的校长，不可能符合社会对他们的期待，这正是规范性制度对他们发展产生影响的作用机制。

校长作为学校的领头人，希望能够极大地影响师生，甚至更多人，做到"一呼百应"，这就需要校长有很高的权威。领导科学认为，领导者的权力根据其来源可以分为职权和权威：职权是由国家权力机关委任的、管理职务范围内的权力；权威是领导者自身具有的使人信从的力量和威望。权威与领导者个人因素有关，"起源于个人的智慧、知识、经验、道德价值、领导天赋、奉献精神等"。[1] 权威是自然而然地赢得下属的敬重和信任，下属从心理上愿意接受其影响而获得的权力。领导者有没有权威，以及权威大小，都是由领导者自身素质决定的。领导者品格优秀，知识渊博，能力强，权威就高；反之，权威低，甚至无权威。要获得权威是相当困难的，然而一旦获得权威，谁也不可能把它取消掉。作为出色的管理者，权威对职权有着不可或缺的补充作用。[2] 权威不具有强制性，不是靠强制力迫使教师服从指挥，而是由于成员发自内心的敬佩和信任，心甘情愿地服从，因此，这种权力的行使是无条件的、顺利的，权威是有效行使职权的基础。校长为了获得权威，就要做符合社会期待的事情，否则社会、教职工及学生不会赋予其权威。

上述分析表明，校长们要想实现自己的需求，就必须设法实现社会期待，必须遵守道德规范，否则可能被上级轻视、被社会漠视、被校长群体孤立，也得不到师生的爱戴，其影响力大打折扣。当校长们遵守了其专业发展的规范性制度，实现了社会期待时，就会有一种荣誉感，这让他们倍感舒服、倍感自豪，这种富有正面意义的情绪、情感体验，会促使他们再次产生积极向上的行为；否则会产生羞耻感，使他们紧张、焦虑、不安，这种感觉促使他们自我反思、自我谴责，唤起他们对社会期待的认同、接

---

① 〔法〕亨利·法约尔：《工业管理与一般管理》，迟力耕、张璇译，机械工业出版社，2013，第23页。

② 〔法〕亨利·法约尔：《工业管理与一般管理》，迟力耕、张璇译，机械工业出版社，2013，第23页。

受等情感上的审美体验，与非道德思想、行为保持零距离，使他们以后不会违反规范性制度。

对于校长们对规范性制度的遵守，外在的社会期待不能缺少，但是主要原因还是校长们对这种社会期待的认同，"比起规制性控制，规范性控制更有可能被行动者内化"。① 内化的结果是他们认同了社会的道德，这意味着"当行动与重要利益和价值产生了关联，或者当行动嵌入相互依赖的网络时，我们的选择就会受到较多的限制"②。当校长们接受了社会对他们的期待时，他们的行动与社会道德的要求就会一致，就有可能"使行为进入一种规范秩序"③，就变成了一种内在的力量，这种力量促使他们遵守。所以，规范性制度的作用机制，是外在社会期待通过校长内在认同而实现的。由于规范性制度没有强制性，校长的内在认同就是至关重要的。

（三）校长专业发展的文化－认知性制度

在校长专业发展过程中，他们不仅要受到具有强制性作用的规制性制度和具有道德性作用的规范性制度的影响，还会受到更深层次的文化－认知性制度的影响。下面主要明确什么是校长专业发展的文化－认知性制度，然后在此基础上阐述该制度对校长专业发展的作用机制。

1. 校长专业发展文化－认知性制度的内涵

校长专业发展的文化－认知性制度主要是通过文化形成的认知对其进行规约的规则。

校长们在专业发展中受文化环境影响而形成认知，这种认知内化为校长们的品质，对他们专业发展素养进行塑造与建构。本书借用斯科特制度三要素理论中对文化－认知性制度要素的分析，结合对校长职业特点及人性假设的分析把握，加之实证调查，发现受目前校长专业发展文化的影响，校长对其作为领导者的素养，诸如关于校长专业成长、管理技术、发

---

① 〔美〕W. 理查德·斯科特：《制度与组织——思想观念与物质利益》，姚伟、王黎芳译，中国人民大学出版社，2010，第 70 页。
② 〔美〕W. 理查德·斯科特：《制度与组织——思想观念与物质利益》，姚伟、王黎芳译，中国人民大学出版社，2010，第 132 页。
③ 〔美〕W. 理查德·斯科特：《制度与组织——思想观念与物质利益》，姚伟、王黎芳译，中国人民大学出版社，2010，第 132 页。

展资源、办学自主权等都形成了一些比较共同的认知。

（1）关于校长专业成长的认知

校长们普遍认为作为学校领导者，应该引领学校改进、应该带领教师发展、应该设法让学生成才、应该让家长满意，为此必须让自己有视野、有想法、有技术、有能力，这些都取决于自己的素质。所以，自己必须不断提高自己，要持续成长，以校长的发展促进学校、教师和学生发展：

> 有人说一所好的学校源自一个好的校长，这种说法虽然夸大了校长的作用，但是其中的意思我们应该都知道，说明校长具有重要性。的确是这样，校长在一个学校全面负责，如果你不行，那老师们肯定也跟着不行，如果这样，学校也就没有什么起色了。所以，校长必须让自己处于不断进步的状态，这也是以身作则。老师们看到校长都这样往前走，他们就没有道理不前进。（集体访谈4）

> 上级把一个学校交给我们，我们要带领一帮人往前走，要对得起上级、对得起教师和学生，压力还是蛮大的。干好这件事，自己必须有想法、有能力，这就要知道世界的发展，知道国家改革情况，知道其他学校的改进情况。所以必须不断学习，不学习就不知道这些，如果自己都不知道，那如何带领学校发展呢。（ZWG校长）

> 现在世界在变化、国家在变化、教育也在不断改革，教师也经常出去学习，他们知道很多教育教学改革事情，他们回来要进行这些改革。如果校长都不知道这些改革，就不可能做好这些事情，那么学校就不会发展。不仅如此，如果校长都不如教师有思想、有管理知识和技术，教师也会看不起校长，这种状态校长没办法干了。所以，校长必须多出去学习。（WHH校长）

（2）关于校长管理技术的认知

校长手中虽然有权力，但是面对的都是有知识的教师，光用权力管他们不行，要有校长权威，让他们心服口服才行；校长管理的责任性很大，要有服务意识才能有效履职；校长还要有面对公众的意识，这是由学校组织环境决定的。新制度主义理论认为，学校属于较弱技术环境控制、较强制度环境控制的组织。① 学校的这一特点，要求校长了解制度环境的特点，办学不仅让学校内部接受校长，还要让校长学会处理学校与社会、家长的各种矛盾：

> 校长的管理技术非常重要，这里还包括管理艺术。例如，你对政策的理解、对政策的解读、对社会期待的认知是否正确，有没有执行上级的指令力度，能不能很好地贯彻执行教育政策。再如，你自己有没有办学思想，有没有能力带领学校往前走、带着师生发展，能不能调动教师积极工作的行为，能不能设法让老师主动、自觉发展等。这些都是校长应该具备的素质。（集体访谈2）

> 现在学校中的很多教师都挺"牛"的，硕士、博士很多，且来自名牌高校，校长还没进过这些大学呢，校长也就是个本科生，有些校长还是续本得到的本科学历；还有一些学校有一些特级教师，校长还不是呢；现在开始评正高级教师，一些教师都评上了，校长还是副高呢。这种情况下，校长不能只靠手中的权力，玩硬的，必须进行柔性管理，否则这些教师怎么会买你的账呢。（ZXF校长）

> 有一次一个老师因为录入成绩之事与教务处发生了口角。教务处说通知多次，但是这位老师就是不录。这个老师说，教务处没有就此事专门通知她，她认为教务处应该就此事进行点对点的通知服务。此事让我感觉，现在人们对服务意识和技术要求很高，人家把自己的权力交给了我们，人家不是白给我们的，是让我们服务的，这大概就是"等价交换"的意思吧。（CHH校长）

> 我学校一个学生放学回家后又离家出走了，我知道后动员很多老师去找，有些老师认为孩子是到家后又出走的，是家长的责任，不是学校的责任，不理解我的做法，我也没有很强的解释力度。我去市里学习后明白了，中小学是"弱技术环境、强制度环境"的组织，其中的"强制度环境"要求我们要符合社会公认的事实。社会认为学生是你

---

① 〔美〕W. 理查德·斯格特：《组织理论》，黄洋、李霞、申薇、席侃译，华夏出版社，2002，第129页。

们学校的，你们就要管，不管肯定遭到社会舆论的谴责。所以，校长要学会面对社会，校长要多学习，尤其是要有理论素养。（ZHF校长）

（3）关于校长专业发展资源的认知

资源依赖理论表明，任何组织和个人的发展都需要外界的资源供给，"没有任何一个组织是自给自足的，所有组织都必须为了生存与其环境进行交换，获取资源的需求产生了组织对其外在单位的依赖性，资源的重要性和稀缺性则决定组织依赖性的本质和范围"①。

校长们也普遍认为，他们的专业发展也需要外界资源供给，但是很多校长感觉目前资源供给不够。关于"您目前专业发展中的最大障碍主要"的问卷调查，81.9%的校长认为是"资源限制"。尤其郊区的校长更是感到资源供给欠缺：

> 我们这些人出来参加校长班学习的最大体会就是又一次感觉到资源对人们发展的重要性。这里说的资源不仅仅指经费的投入，还包括一种文化，尤其是校长专业发展的文化。我们出来这些时候时刻都有发展的危机，似乎有一种不发展就不能生存的感觉，但是回去后这种感觉就变淡了，然后就没什么了。还有，来此处学习，时常能够听到大师们的观点，人家说的就是有道理，人家一说，你少探索多少年，能够随时得到这些知名专家的指导也是巨大资源。（集体访谈3）

> 现在北京市对郊区的学校和校长的投入比以前大多了，比如专门办了郊区校长的培训班，让我们受益非常大。但是相对城区校长来说，我们的发展资源还是少。例如，最近一些中小学校长评上了正高级的教师，多数都是城里的校长，郊区的很少。（MZH校长）

> 我们与城里校长来比，发展平台不一样，人家的平台高，我们发展的平台低。所以，大家可能使的力气一样，但是结果不一样。骑自

---

① 〔美〕W. 理查德·斯格特：《组织理论》，黄洋、李霞、申薇、席侃译，华夏出版社，2002，第108页。

行车，费劲蹬了一小时，才走 10 里①地，汽车一脚油门下去，一小时 100 里左右，就是平台不一样，其实就是发展资源不同。（WZJ 校长）

（4）关于校长办学自主权的认知

学校办学自主权是法律上赋予学校独立自主地进行教育教学管理的权力，是实现教育目标的保障。2010 年，《国家中长期教育改革和发展规划纲要（2010—2020 年）》明确指出："政府及其部门要树立服务意识，改进管理方式，完善监管机制，减少和规范对学校的行政审批事项，依法保障学校充分行使办学自主权和承担相应责任。"2017 年 1 月 10 日，《国家教育事业发展"十三五"规划》再次强调："改革教育治理体系，深化简政放权、放管结合、优化服务改革，落实学校办学自主权，加快现代学校制度建设。"虽然国家一直强调此事，但是行政文化现状，使很多校长抱怨办学自主权不够，上级的行政干预过多：

> 很早就提出要培养教育家型校长，校长要有明确的办学思想，要有先进的教育理念，要办出有特色的学校，等等。这些都是建立在一定的办学自主权基础上的，没有自主的办学空间，连起码的经费支出、进度的自主权都没有，何谈先进、特色、优质。（具体访谈 1）

> 现在总是说放权，说给校长办学自主权，可是我总感觉校长的权力越来越小。学校要人需要有编制，学校花钱需要符合各种规定，有些规定让人不可思议。必须按照要求花钱，但是制定要求的人并不知道学校的具体情况，于是一个鲜活的教育场所，就被几个要求变得没有了生机。（LYY 校长）

> 总是要求校长有独特的办学思想，很多时候也特别强调办学特色，但是校长办学思想也不能太多、太特，否则上级不允许。行政文化给的框框太多，就只能够在这个范围内，出了这个框框就不行，所以我们办学一定要悠着点儿。（WZJ 校长）

> 教育是一个人与人打交道的地方，是一个灵魂与一个灵魂的碰撞

---

① 1 里相当于 500 米，里是长度单位。

才能产生作用的地方，这种地方除了需要各种规范外，还需要有一些灵活的空间。所以应该赋予校长一定的办学自主权，不要对此干预太多。(LYL 校长)

2. 校长专业发展文化 - 认知性制度的作用机制

校长专业发展的文化 - 认知性制度是在专业发展文化基础上，校长们产生的一种认知图式。这种"内在的"理解过程是由"外在的"文化塑造的。[①] 文化是"在解决其外部适应性问题以及内部整合问题时习得的一种共享的基本假设模式"。[②] 认知是外部世界刺激与个人机体反应的中介，是关于世界的、内化于个体的系列符号表象。[③] "文化提供了思考、情感和行动的模式。"[④] 校长专业发展的认知通过对外在文化的内化实现，内化的结果是建构。在外在文化基础上产生了自己的想法，建构了自己对校长专业发展的框架，这是一种文化的支撑和自我实现的体现。

学校和其他组织的区别在于它不仅是一个具有教育科层特征的组织，而且也是一个充满文化气息的组织，校长不仅具有逐利需要的"经济人"和追求圈内认同的"社会人"特征，而且客观上还是一个受所处文化环境影响的"文化人"。文化 - 认知性制度把校长假设为"文化人"，这一假设承认校长会受其专业发展文化影响，"个体与组织在很大程度上都要受到各种信念体系与文化框架的制约，会接纳各种信念体系与文化框架"[⑤]。这种影响注定会在校长的认识中留下烙印，对校长产生潜移默化的影响，从而形成他们的认知，使他们用自己的认识来看待、解释自己的专业发展，从而产生相应的行为。

---

① 〔美〕W. 理查德·斯科特：《制度与组织——思想观念与物质利益》，姚伟、王黎芳译，中国人民大学出版社，2010，第65页。
② 〔美〕埃德加·沙因：《组织文化与领导力》，章凯等译，中国人民大学出版社，2014，第16页。
③ 〔美〕W. 理查德·斯科特：《制度与组织——思想观念与物质利益》，姚伟、王黎芳译，中国人民大学出版社，2010，第65页。
④ 〔美〕W. 理查德·斯科特：《制度与组织——思想观念与物质利益》，姚伟、王黎芳译，中国人民大学出版社，2010，第66页。
⑤ 〔美〕W. 理查德·斯科特：《制度与组织——思想观念与物质利益》，姚伟、王黎芳译，中国人民大学出版社，2010，第67页。

文化－认知性制度对校长行为的规约是自然而然的，不是用与利益的得失密切联系的奖惩机制来强制他们遵守制度，也不是完全用外界的社会期待来约束、诱导他们遵守，而通过校长们的认知图式等进行规约。这种认知图式既包括校长关于其专业发展的一系列概念、推断、命题及判断等，还包括他们对这些认知的结构组合，如其思维模式等。这些促使校长们建构了文化－认知性制度，形成了他们遵守的合法性基础。"这种合法性依赖于前意识的、被视为当然而接受的各种理解或认知框架。"① 这是一种"理所当然"状态下的自然行为及必然行为。

这种认知图式不只是某个人的，而是属于校长这个群体的，是这个群体的共同理解、共同假设，然后变成了一种理所当然的行为模式，自然而然地体现在专业发展行动中。虽然校长来自不同地方，具有不同的家庭背景、学历学位和人生经历，然而他们一旦进入校长这个群体，就会形成一些共同理解、共同假设，就会建构共同的图式。日裔美国学者威廉·大内（Willam Ouchi）在《Z 理论》一书中，从文化角度描述了日本企业和美国企业的不同，肯定了他们经验的可移植性，其中的原因就是文化的作用。文化具有原则性，可以与普遍适用于经济组织的规则脱钩，② 即可以通过文化的传播，相互借鉴对方的优点。这表明校长可以基于文化建构群体的认知图式。

众所周知，思想认识决定行为，这种认识实际是一种精神的力量。德国学者马克斯·韦伯（Max Weber）在《新教伦理与资本主义精神》一书中强调了精神的力量，支配事物运作的"最基本的是一种'精神气质'"。③ 任何一项事业成功的背后都有一种无形的、支撑着一项事业的精神力，在一定条件下，这种精神力量决定这项事业的成败。无论在哪里，只要这种精神变得活跃就能够产生效果。④ 一旦校长们认定了他们作

---

① 〔美〕W. 理查德·斯科特：《制度与组织——思想观念与物质利益》，姚伟、王黎芳译，中国人民大学出版社，2010，第 70 页。

② 〔美〕威廉·大内：《Z 理论》，朱雁斌译，机械工业出版社，2013，第 XVIII 页。

③ 〔德〕马克斯·韦伯：《新教伦理与资本主义精神》，苏国勋等译，社会科学文献出版社，2010，第 38 页。

④ 〔德〕马克斯·韦伯：《新教伦理与资本主义精神》，苏国勋等译，社会科学文献出版社，2010，第 39 页。

为领导者应该具有的素养，认定了应该通过合法方式形成这种素养，他们就会有行动，会努力去做。

另外，文化－认知性制度除了"文化人"的人性假设之外，还有"自我实现人"的假设基础。美国心理学家亚伯拉罕·马斯洛（Abraham Maslow）认为，人具有自我实现的需求，一个人能够成为什么，就必须成为什么，必须忠实于他自己的本性。[1] 人都要求从事自己所希望的事业，并从事业的成功中得到内心的满足，希望最大程度地发挥自己的作用。人希望成为那个人，成为他所能够成为的一切。[2] 校长作为一所学校的领路人，有强烈的自我实现需要，其中包括实现自己的教育理念及管理理念，实现自己引领学校、教师和学生发展的设想，实现成为一个优秀校长的梦想。为此他们建构了自我发展的文化－认知性制度模式，他们一定会按照这一模式去促使自己成长。"作出成长的选择而不是畏缩的选择就是趋向自我实现的运动。"[3] 自我实现强调的是自主、挑战、成长、最大限度地发挥个人的能力和智力等。[4] 这些都指向了校长对文化－认知性制度的遵守。

虽然校长专业发展的文化－认知性制度不一定是公开言明的，很可能是默示的，但它发挥重要的规约作用，它实质性地塑造着校长们的行为。校长对它的遵守往往是自发的、不假思索的，甚至是本能的，因此对校长们的影响是最为深入、最为持久和最为巨大的。由于这种制度生长在校长们内心中，其改变起来难度较大。

小　结

按照新制度主义理论代表学者斯科特的观点，校长专业发展制度可以分为规制性制度、规范性制度、文化－认知性制度。

---

① 〔美〕亚伯拉罕·马斯洛：《动机与人格》，许金声等译，中国人民大学出版社，2013，第24页。
② 〔美〕亚伯拉罕·马斯洛：《动机与人格》，许金声等译，中国人民大学出版社，2013，第24页。
③ 〔美〕亚伯拉罕·马斯洛：《人性能达到的境界》，曹晓慧等译，世界图书出版公司，2014，第42页。
④ 〔美〕埃德加·沙因：《沙因组织心理学》，马红宇、王斌译，中国人民大学出版社，2009，第73页。

规制性制度是体现在法律、法规、政策文本中的规则，要求校长在专业发展过程中必须遵守，具有强制性，否则就会受到惩罚。其作用机制是奖惩，遵守了可以获得或继续留在校长职位上，违背则取消做校长的资格。

规范性制度是通过相应的社会期待来促使校长专业发展的规则，或体现在正式文本中，或存在于人们观念中。它对校长的规约没有强制性，但是基于社会期待形成的压力以及校长们的特点促使他们遵守。

文化－认知性制度是建立在专业发展文化基础上的校长们产生的一种认知，一种基于社会文化而产生的共识。它对校长专业发展的规约不是来自外来的力量，而是由于内化而产生的"理所当然"在影响校长专业发展。

二 校长专业发展制度体系重构的要素分析

上文已经明确了校长专业发展制度体系重构的基础内容是规制性制度、规范性制度、文化－认知性制度。这三个制度要素有自己的优势与劣势，它们既存在差异性，又具有共同性，还相互联系、相互作用。

（一）校长专业发展制度体系要素的优劣分析

规制性制度、规范性制度和文化－认知性制度三个制度在对校长的专业发展产生影响时，有各自的优势，同时也有各自的劣势。

1. 规制性制度的优劣分析

（1）优势

规制性制度清晰地指出了校长专业发展的各种规制，明确性较强。执行部门和相关人员都比较容易进行计划、组织、落实和总结；校长也很容易知道自己该做什么，该怎么做；实施的效果也比较容易反映出来。以持证上岗制度为例，规制性制度要求：校长在任职前要取得"任职资格培训合格证书"，持证上岗；新任校长或拟任校长必须参加不少于300学时的任职资格培训。该制度明确地告诉校长要参加什么培训，要参加多少学时的培训，要获得什么证书；组织方也明确地知道要组织什么培训，要设置多少学时的培训，要颁发什么证书。

校长专业发展的规制性制度是制定主体根据某种需要形成的，当制度作用的环境或者作用对象的需要发生变化的时候，可以随时进行制度条文的增删或者组织机构的调整，相对于那些隐性的制度要素来讲，它的调整具有及时性，其成为校长专业发展的规制性制度改革最容易触及的地方。以校长在职提高培训的学时为例，1995 年 12 月，《关于"九五"期间全国中小学校长培训指导意见》规定，已接受过岗位培训的校长每五年必须接受累计不少于 200 学时的提高性培训；1999 年 12 月，《中小学校长培训规定》把每 5 年累计不少于 200 学时提高到了"培训时间每五年累计不少于240 学时"；2013 年，《关于进一步加强中小学校长培训工作的意见》把每5 年累计不少于 240 学时提高到了"5 年一周期不少于 360 学时"。由此可见，校长专业发展的规制性制度的调整是比较及时的，可以根据需要进行及时调整。

（2）劣势

规制性制度的制定、执行、评估成本大。校长专业发展的规制性制度基本来自国务院、教育部及各省份等相关教育行政部门的政策文件，这些政策制定都要有一系列程序，包括政策提议、起草、讨论、修改、再讨论、再修改等；政策公布后的执行，要有机构、有人员专门去实施；为了有效发挥制度的作用，还要组织机构和人员去监督、去评价等。这些都需要较大的投入，故成本较高。

规制性制度的遵守可能会出现表面化的情况。由于校长专业发展的规制性制度是外来的，是权力部门制定的，即便其有强制性，具体遵守的主体仍是校长，校长对其遵守的程度不仅取决于制度及其执行本身，还取决于他们对制度的认可程度，或者说是对制度的信任程度。如果校长对制度没有基本的认可，没有信任，对制度的接受程度较低，其遵守的效果就会大打折扣，或者可能执行受阻。即便制度会被遵守，但是遵守效果也可能不佳。"行动者有可能采取博弈的方式，如果这样的话，实际行为就变得与规则和正式结构相脱离了。"① 因此，校长专业发展的规制性制度的遵守

---

① 〔美〕理查德·斯格特：《比较制度分析的若干要素》，阎凤桥译，《北京大学教育评论》2007 年第 1 期。

效果具有表面化的特点。例如，校长参加在职培训之后，完全可以保障每 5 年累计不少于 360 学时，甚至更多，但是很有可能人参加，心不参加，其培训效果停留在浅层，是表面的效果，实际上没有什么效果。规制性制度"有可能是表面化的和稍纵即逝的"。①

规制性制度下的"经济人"假设虽然符合校长的人性特点，但是如果单一强调这一点，则极易诱发校长的功利主义倾向。校长生活在教育领域，工作在学校，学校是培养人才、传承文化等公共职能和道义的领域。教育这一领域的工作，多数是思想与思想的交流，是灵魂与灵魂的碰撞，是一种理解。这种理解是校长之间、校长与教师之间、校长与学生之间心灵的对话，是彼此之间的感情交流，是通过灵魂与感情的碰撞生成思想、产生行为的活动。功利主义不符合学校特点，不利于师生成长，当然也非常不利于校长专业发展。所以，对校长专业发展进行规约，不宜过于强化"经济人"假设。

2. 规范性制度的优劣分析

（1）优势

规范性制度既靠外在的社会期待力量，又靠校长们对社会期待的认同来规约自己的思想与行为，兼有外在性和内在性，具有内外调节和制约作用。

其外在是社会期待的约束，尤其是社会道德。对于校长们来说，在这个职位上，要遵守该职位的职业道德，要实现社会对这个职位的期待。2017 年 1 月 13 日起施行的《中小学校领导人员管理暂行办法》明确，中小学校领导人员应当具备：较强的事业心和责任感，爱岗敬业，乐于奉献，淡泊名利，甘为人梯，富有教育情怀，能够全身心投入工作，实绩突出；良好的品行修养，带头践行社会主义核心价值观，恪守职业道德，立德树人，为人师表，尊师重教，关爱学生，严于律己，廉洁从业。这些不仅是政府的要求，也是教职工、学生和家长的期待。社会认为校长应该尊重学生、爱学生，如果哪位校长领导的学校出现了对学生不尊重的行为，

---

① 〔美〕理查德·斯格特：《比较制度分析的若干要素》，阎凤桥译，《北京大学教育评论》2007 年第 1 期。

社会就将谴责校长。杭州一所西点男子学校，用黄连、辣椒、鞭子等惩治顽皮的儿童，这是反教育行为，我们应该与之斗争。[①]

规范性制度是社会期待对人们行为的规约，没有强制性，是人们认同后的一种遵守。当校长们认同了外在的道德规则，形成了信念和价值观后，就会按照既定的社会期待来发展自己的信念和价值观，进而形成共同信念与价值观。"共同信念与价值观更有可能成为秩序的重要基础。"[②] 一旦校长们接受了外在的期待，其就变成了一种内在的力量，这种力量促使他们遵守。例如，教育部关于《义务教育学校校长专业标准》明确指出：校长要具有领导教学的专业理解与认识，尊重教育教学规律，积极推进教学改革与创新，全面提高义务教育质量，要掌握教学的专业知识与方法，掌握课堂教学以及教育信息技术应用的一般原理与方法，掌握学生不同发展阶段的培养目标和课程标准；要掌握和采取专业能力与行为，为学生提供丰富多样的课程教学资源，深入课堂听课并对课堂教学进行指导，积极组织开展教研活动和教学改革。实证研究发现，校长们认同这种要求，所以校长们普遍积极提高自己教学领导的专业素养。以 SDSD 大学进行的两届校长在职提高培训为例，有一半以上的校长做教学领导研究。

（2）劣势

规范性制度具有外在性和内在性，具有外在的社会期待和内在的个体认同，当二者有机结合、内外一致时，对校长的规约是巨大的。但是这个前提不一定满足，如果校长们不认同外在的道德，就没有把社会期待作为自己的使命，没有一种责任感去践行社会道德，就不会通过自己的专业发展来承担这些责任，此时就只有外在道德的约束，而这种约束又没有强制性，校长可能不遵守。

例如，根据教育及教师特点，对校长的期待是：对教师的领导应该是使他们自觉、努力、有效从事教育教学工作。但是现实中，有些校长并没有这么做。他们采用了过于具体细化的数字来领导教师的教育教学：规定

---

① 顾明远：《要与反教育行为作斗争》，《中国教育学刊》2011 年第 9 期。
② 〔美〕W. 理查德·斯科特：《制度与组织——思想观念与物质利益》，姚伟、王黎芳译，中国人民大学出版社，2010，第 64 页。

每周必须批改作业的次数，规定对学生辅导的次数，规定每周听课次数；通过查看教案撰写的页数及其字迹工整程度考查教师的教学态度，通过查看作业批改数量及其对学生谈话次数考查教师的责任心，通过查阅听课笔记记录厚度及其字迹工整程度考查教师的学科专业发展情况，通过查数课堂上提了多少问题和学生举手回答问题次数考查教师的启发性教学状况。问卷和访谈调查表明，教师非常不赞成这种过于具体的领导方式。[①] 对一些校长的访谈表明，他们感觉采用具体细化的方式来领导教师挺有效，在这样的认识下，校长显然不会通过改变自己的专业素质来完善领导方式。如果这样，这个制度就失去了其规约的应有价值。

再如，《义务教育学校校长专业标准》中关于"调适外部环境"的专业要求是，校长要能够"充分发挥家长委员会支持学校工作的积极作用，引导社区和有关专业人士参与学校管理和监督，接受改进学校工作的合理建议"。一些校长认为：

> 目前我国的家长都很忙，组建"家长委员会"的设想很好，但是实施上有很多困难。可以担任家长委员会领导的家长工作紧张，没时间管；有时间管的家长，承担不了家长委员会领导的责任。家长委员会设置涉及很多社会问题，这些社会问题不处理好，就只是让学校去建设，效果不好。（LZC 校长）
>
> 让"社区和有关专业人士参与学校管理和监督"，需要设置相关机构，安排相关人员。这些涉及学校工作的事情我们都好办些，但是涉及校外人员的事情就不好办了。我们没有权力支配人家，人家也没有责任做这些事情，这种情况下要请人家来参与学校管理和监督，可想而知难度有多大。（WFF 副校长）

上面虽然只放上了两位校长的访谈实录，但实际上有上述想法的校长很多。访谈研究表明，一些校长对建设家长委员会、请校外人员参加学校管理并不是很赞成。正是由于这样的原因，现在一些学校没有建立家长委

---

① 傅树京：《中小学以价值为本的教师领导方式》，《中国教育学刊》2007 年第 11 期。

员会，即便是建立的，也是形式的，实质性内容不够。请校外人员参加学校管理也是同样状况。看来外在制度没有被认同，其作用非常弱化。

3. 文化 – 认知性制度的优劣分析

（1）优势

文化 – 认知性制度相比规制性制度和规范性制度对校长专业发展的影响来说是最稳定、最深刻和最广泛的制度。因为文化本身就具有稳定性、深刻性和宽泛性。稳定性：获得认同的文化是维系事物的稳定力量，这种力量不会轻易地被放弃。深刻性：文化往往是最深层次的、无意识的部分，因此它不可触摸、不被注意到。宽泛性：文化一旦形成，便进入群体的所有方面，渗透并影响到方方面面。① 在文化基础上形成的认知图式，对人们的行为产生的"理所应当"的内在规约作用也更加持久、深入和宽广。

例如，校长专业成长和发展资源的认知：校长们普遍认为，作为学校的领导者应该有先进的管理理念与技术，为此就要不断学习，不断发展自己，要积累更多的专业发展资源。所以，他们参加骨干高级研修的积极性很高。以北京市中小学名师名校长发展工程来说，两年一个周期。2012 年8 月，《中共北京市委教育工作委员会 北京市教育委员会关于实施北京市中小学名师名校长发展工程的意见》附件一《北京市中小学名师名校长发展工程培养计划》，就校长在这两年时间里要完成的事情进行了明确：（1）完成 80 学时的通识性课程学习；（2）选择与自己工作密切相关的管理中具有现实针对性的研究课题，结业时提交研究报告；（3）结合学习内容或课题研究，公开发表 1~2 篇论文；（4）结合学习内容或课题研究参加 1~2 次管理经验交流发言。在工作之余要完成这些研修任务，对校长具有挑战性。尽管非常辛苦，但校长们仍然积极报名，每一期都有校长不能如愿以偿地参加这一工程的研修。不仅如此，而且有些校长已经多次参加骨干高级研修，其仍然以极大的兴趣报名参加名师名校长发展工程的研修，并且在学习中具有认真、肯学的态度。

---

① 〔美〕埃德加·沙因：《组织文化与领导力》，章凯等译，中国人民大学出版社，2014，第15 页。

（2）劣势

首先，文化－认知性制度具有共性文化基础下的个体的建构性，这种建构不仅包括内容，还有方式，尤其是思维方式。需要通过校长与社会文化多次互动才能形成，需要比较长的时间才能形成，很难在短期内变化。所以，这种制度的变革具有迟滞性特点，很难随着时代的变化而迅速与之同步变化。因此，当社会发生急剧变化时，这种制度可能会制约校长的专业发展。

其次，这种制度是校长在一定文化环境的影响下建构的自我认知，是深深地嵌入校长心里的深层次的东西，一旦形成了认知图式往往就是根深蒂固的，"不容易被人操纵使用或者改变"[1]。不仅如此，还有可能成为阻碍外在新规则执行的保守力量，从而抵消新规则的部分功能，甚至使新的规则无法实施，最终导致改革失败。

最后，文化－认知性制度对校长专业发展的规约是基于文化而产生的，由此达成与社会一致的共识。如果没有产生认知，没有与社会文化达成共识，这种制度就不能对校长产生作用。不仅如此，基于文化产生的认知也并不都是积极的，如果形成消极的共识，就会对校长专业发展产生不利的影响。例如：目前社会中的功利化文化，使很多校长产生了功利化的认知，什么培训班能够见大世面就参加什么，什么书能够马上见效就看什么，什么课题能够被批就报什么，什么文章好发就写什么，什么话上级爱听就说什么，什么事能够马上被社会认可就干什么，等等。这样的文化－认知性制度对校长专业发展起的是消极作用，但是它们在规约着校长的专业发展。

（二）校长专业发展制度体系要素的异同分析

规制性、规范性和文化－认知性三制度具有差异性，它们从自己的视角对校长专业发展产生影响。但它们又有共同的方面，相互联系，共同作用于校长专业发展。

---

[1] 〔美〕理查德·斯格特：《比较制度分析的若干要素》，阎凤桥译，《北京大学教育评论》2007年第1期。

1. 三制度的差异性分析

从制度三要素理论的基本观点来看，规制性制度、规范性制度与文化－认知性制度在秩序基础、遵守逻辑、要素指标等方面都存在明显的差异，通过不同的机制作用于校长，因此，它们可以独立发挥作用。三制度相互独立，甚至是冲突的存在主要是由于它们之间有实质性的差别，它们在意志体现、设置逻辑、遵守逻辑、规约层次和约束机理等方面都存在差异。

三制度的意志体现不同。校长专业发展的规制性制度是外在权力所为，充分体现了权力持有者的意志，具有形成的正规性、体现的文本性、规约的明示性等特点；规范性制度具有明显的社会道德色彩，体现了社会主流的价值观，反映了校长个体的认同程度，具有正规性与非正规性相结合、文本性与非文本性相结合、规约的显示性与默示性相结合等特点；文化－认知性制度具有明显的文化环境影响下校长个体认知的痕迹，反映了校长个体对专业发展的建构情况，具有认知的正向性与负向性、影响的积极性与消极性、规约的自然性与固执性。

三制度的设置逻辑不同。规制性制度是基于"非信任逻辑"设置的，即校长对于为他们设置的专业发展目标不一定去实现，他们是"非听话"的，所以要用外在的强制性制度控制他们，让他们必须沿着既定的目标前进。如果他们都是"听话"的，都是按照既定目标往前走的，就不需要通过设置目标来控制他们了。规范性制度是基于"半信任逻辑"设置的，所以只能设置外在的非强制性的社会期待来约束他们的行为，因为他们可以自觉遵守，有值得信任的基础。文化－认知性制度是基于"信任逻辑"设置的，他们有自我建构的能力与技术，有自我约束、自我控制的意识和行为，是值得信任的。

三制度的遵守逻辑不同。校长专业发展三制度遵守逻辑的区别是遵守所带来的结果对校长需要满足不一样。规制性制度要素遵守的是"利益逻辑"，校长遵守制度规定、按制度规定行事，更多的是为了获得制度遵守后的物质利益，其人性假设是"经济人"；规范性制度遵循的是"应当逻辑"，校长应该认同利益相关群体的价值期待、应该按照承担的责任和规范行事，"应当"的结果更多的是为了获得圈内专业同行和领导的认可，其人性假设是"社会人";文化-认知性制度遵循的是"正统逻辑",校长在群体共享的认知图式影响下,理所当然地去选择大家都理解和接受的行事模式,是心理自然的使然,其人性假设是"文化人"。因此,不同的人性假设产生了不同的制度遵守逻辑,但其行为表现为趋同—遵守。

三制度的规约层次不同。在校长专业发展的三制度中,规制性制度对校长的专业发展行为的要求是最基础的,遵守后能够保证校长获得最基础的合法利益;规范性制度对校长专业发展行为的要求相对较高,要求教师认同利益相关方的价值期待,按照应该扮演的角色履行相应的责任;文化-认知性制度对校长专业发展行为的规约是最高的,是校长对自己的规约,具有主动性与整体品质提升性。当然这也取决于校长在群体交往过程中受文化影响形成的认知是正面的,还是负面的。如果是正面的认知,就会提升校长专业发展水平,否则就会阻碍其发展。因此,从三制度对校长专业发展规约的层次来看,如果只重视规制性制度的建立,忽视规范性和正向的文化-认知性制度的认同与构建,就容易导致校长按最低要求行事,产生制度遵守中的"目标置换"行为。

三制度的约束机理不同。校长专业发展的规制性制度比较强调行为约束的外在性,它对校长专业发展行为的作用机制主要通过权力进行控制,体现了权力主体的支配性、控制性和处置性等;规范性制度强调外在社会期待对校长的影响,其发挥规约作用的机制主要是期待而非控制,规约作用发挥的程度取决于校长对其关系网络的依赖程度,取决于社会期待嵌入校长内心世界的程度;文化-认知性制度强调在特定文化环境中校长自我内生性的建构,它对校长的影响主要是靠个体与群体建构的共享观念及行为惯例来规约的,体现了行为主体的自我性,还体现了他们主观能动性的发挥程度。

2. 三制度的内外性分析

三制度都具有内在性与外在性。规制性制度是权力部门所为,多是外在的规定。就像一只"看得见的手",对校长专业发展行为进行规约,具有明显的外在控制特征。虽然该制度主要来自外在的要求和外在"工具"的实施,但是也需要内在认可,作为具有独立思想和行为的校长,没有内在认可不可能遵守好规制性制度。规范性制度是社会期待被校长认同的结果，是外在与内在的结合。既有"看得见的手"，也有"看不见的手"；既有外在的"应该"性，又有内在的"认同"性；文化–认知性制度是校长们在社会文化基础上建构的共识，是一种"自然"遵守，多是内在的。就像一只"看不见的手"对校长专业发展行为进行规约，具有明显的内在"理所当然"的特征。

总之，规制性、规范性与文化–认知性三制度都具有外在性与内在性，都离不开外在要求和内在内化。从外在性来看，三种制度基本是对外在政策的遵守、对社会期待的约束、对文化环境的影响，其外在性越来越弱；从内在性来看，三种制度基本是认可、认同、建构，其内在性越来越强。

虽然它们都有外在性与内在性，但是它们对校长专业发展的规约权力和层次是不同的。就外在性而言：一个是有形的行政权力，主要是来自制度制定及实施主体的权力；一个是无形的社会权力，主要是来自相关利益群体的期待约束权力；一个是无形的文化权力，主要是来自专业团体或群体的专业发展文化的影响权力。就内在性而言：一个是浅层次的认可，一个是中层次的认同，一个是深层次的建构。

3. 三制度的联系性分析

规制性和规范性制度都会影响校长专业发展文化的形成，被校长认可的规制性制度和被校长认同的规范性制度会培育良好的专业发展文化，这样的文化会促使校长建构个体认知，从而形成校长群体专业发展的共识。所以，文化–认知性制度的形成是规制性和规范性制度反复发挥作用的结果，是群体成员在交往实践的基础上形成的共享认识和意义模式。同样，文化–认知性制度也会对规制性和规范性制度产生影响，会为它们的贯彻实施提供必要的支持性。反之，不被校长认可的规制性制度和不被校长认同的规范性制度也会培育不健康的专业发展文化，例如视野的短视性、利益的功利性、权力的膨胀性等，在这种文化下，校长形成的认知会阻碍规制性和规范性制度要素的作用发挥，成为其专业发展的消极力量。

校长专业发展的规范性和积极的文化–认知性制度要素的作用发挥也依赖于其规制性制度的支撑，离开了规制性规则的强制性约束，这些非正式的制度也会软弱无力。由于规制性制度的遵守多基于外在的压力，迫于不得已而为之，其功能发挥具有人为性、表面性、有限性。相比之下，规范性制度遵守基于认同，对校长的规约具有内在性，文化－认知性制度对校长们的规约更是自然的、内在的、巨大的。对规范性制度和积极的文化－认知性制度的遵守也会促使校长对规制性制度的认可、遵守，而不仅是形式上的"照章办事"。因此，在制度发挥作用的效果上，三者应该是相互补充、相互依赖的。

小　结

规制性、规范性和文化－认知性这三个制度的结合，构成了本章制度体系重构的结构要素。三制度各有优势，同时也有劣势。它们之间在意志体现、设置逻辑、遵守逻辑、规约层次和约束机理等方面都存在差异。

尽管存在这些不同，但是它们也存在共性，它们都具有外在性与内在性。规制性制度、规范性制度、文化－认知性制度外在性逐渐减弱、内在性逐渐增强。三制度相互联系、相互影响，共同作用于校长专业发展。

三　校长专业发展制度体系重构的组合分析

上面的分析表明，需要使规制性制度、规范性制度、文化－认知性制度三制度组合在一起，需要实现彼此的有机结合、协同作用，需要形成整体优化的制度体系，这样才能有效促进校长专业发展。

（一）校长专业发展制度体系重构的组合价值分析

对于规制性制度、规范性制度、文化－认知性制度三制度对校长专业发展的影响，虽然它们各自独立，但是它们相互联系，如果它们合理组合在一起，形成制度体系，发挥协同作用，对校长专业发展的作用将是巨大的。这里从三制度的优劣、校长的人性特点、校长专业发展特点，及其制度的合法性等方面来认识合理组合的价值。

1. 从三制度的优劣看组合的价值性

从上文关于规制性制度、规范性制度、文化－认知性制度三制度的优劣分析可以看到，每个制度都有优势，规制性制度有明确性和强制性的制约作用，规范性制度有柔性的约束和价值引领作用，文化－认知性制度有思想建构和行为塑造的作用。但是每个制度也都有劣势，其对校长专业发展的推动作用都是有限的，必须有弥补它的制度存在，这样才能形成有效的制度体系。

学校的教书育人的模糊性、权变性和高度的价值涉入性，以及校长专业发展的内在性，使仅仅依靠具有强烈外在性、刚硬性、表面性和暂时性的规制性制度来促使校长专业发展是远远不够的，必须由内在性、柔和性、深刻性、稳定性的制度来弥补。规范性制度和文化－认知性制度在规约校长专业发展的过程中具有这些特点，可以弥补规制性制度的不足。

规范性制度也有局限性，由于是非强制性的，又具有规则的模糊性和个体的非认同性，其作用方式可能是半形式化、半实质化的，其作用结果可能无效，因此需要强制性和明确性的规制性制度来支持，也需要有"理所当然"的行为惯例的文化－认知性制度弥补。

文化－认知性制度变革的滞后性，会使校长专业发展落后于时代的发展，而规制性调整的及时性可以弥补其不足。不仅如此，文化－认知性制度还具有很强的内在性，依赖校长们的认知建构，如果建构的是具有负向功能的制度，就将极大地制约校长们的发展，必须有修正它们的制度存在。规制性制度和规范性制度的外在性，可以帮助校长调整背离社会主流目标的思想和行为。

上述研究表明，每个制度既有优势，也有劣势。每个制度的劣势可以通过其他两个制度的优势弥补，所以三个制度必须联合起来，必须有机结合，才能彰显整个制度体系的优势。

2. 从校长个体的人性看组合的价值性

校长作为一个教师出身的领导者，既有追求物质利益欲望的"经济人"特点，也有渴望被教职工和专业团体接受的"社会人"特点，还有受环境影响的文化人和成为自己向往的自我实现人的特点。他们是复杂人，需要与动机之间的相互作用，使人形成了复杂的动机、价值观和目标，应该在相应水平上理解他们的动机与需要。[1]

---

[1] 〔美〕埃德加·沙因：《沙因组织心理学》，马红宇、王斌译，中国人民大学出版社，2009，第 96 页。

虽然作为具有经济人特点的校长会有趋利避害的"唯利"倾向，但是如果单纯地采取奖励、惩罚的方式实施外在强权规约，强迫校长接受为其制定的行为规则，被动化发展，那么对于一个专业性较强的校长群体来讲似乎是行不通的，甚至可能会导致其发展缺乏合法的信念；虽然作为具有社会人特点的校长在专业发展过程中会充分考虑诸如社交群体、专业圈子等社会性因素，但是也不能不考虑他们的利益，不能不考虑校长专业发展的文化积淀和人的主观能动性。因此，制度体系的建构要考虑经济、社会、文化等人性的多元化方面，而非单一的人性特征。

关于三制度的研究表明，规制性制度的人性假设是"经济人"，规范性制度的人性假设是"社会人"，文化 - 认知性制度的人性假设是"文化人"和"自我实现人"。从这个角度看，校长专业发展的制度体系需要三个制度有机结合，发挥整体优化的作用。

3. 从校长专业发展特点看组合的价值性

X 理论假设表明，人生性缺乏进取心，没有雄心壮志，不愿承担责任，宁愿被人领导。[①] 校长专业发展也具有 X 理论阐述的特点，这一特点决定了对校长的专业发展既要借助外界的规制性和规范性制度，推动他们发展，但是又不能单纯地依靠它们。如果一味依靠外界的规章制度来约束校长专业发展行为，忽视其发展的独特性，就容易导致校长对规章制度合法性的认同危机，导致校长表面上遵守，实际上抵制，把遵守这样的"形式目的"与提升校长专业素养这样的"实质目的"置换。

校长专业发展除了具有外界规约性外，还具有个体建构性、自我成长性等特点。Y 理论假设表明，人生性并不是消极被动，人生性愿意努力工作，有承担责任的能力，也有发展潜力。[②] 校长的专业发展要建立在个体主观能动性发挥基础上，个体要根据时代的进步、教育的需要建构自己的专业品质，这是一个自我成长的过程。因此，鉴于校长专业发展的特殊性，对他们专业发展的有效引导还要依靠规范性制度的认同以及积极的文

---

① McGregor, D. M., "The Human Side of Enterprise," *The Management Review* 46 (11), 1957, pp. 22 - 28.

② McGregor, D. M., "The Human Side of Enterprise," *The Management Review* 46 (11), 1957, pp. 22 - 28.

化-认知性制度建构的协同作用,这样才能使外在的强制性规则和内在的认同及建构结合起来,形成符合校长专业发展特点的制度体系。

4. 从制度的合法性看组合的价值性

制度功能的发挥的前提是其具有合法性,这种合法性表现为每一种制度的来源的合法性。例如,规制性制度来自合乎国家机关的权力需要,规范性制度来自合乎社会意志的道德需要,文化-认知性制度来自合乎个体意志的建构需要。

制度遵守的合法性,即一个人的行为是否合法要看其是否符合相关规定:从规制性制度角度来看,是否符合体现在法律、法规、政策文本中的规定;从规范性制度角度来看,是否符合社会期待,可能体现在一些政策文本性条文中,也可能只存在于社会的道德观念中,没有成文的规定;从文化-认知性制度角度来看,符合在社会文化基础上建构起来的认知图式,更多地隐含在人们的头脑中,基本没有什么文本。

合法性还指三种制度构成的制度体系合法,囊括了应该体现的方方面面。马克斯·韦伯(Max Weber)认为:"没有一种统治自愿地满足于仅仅以物质的动机或者仅仅以情绪的动机,或者仅仅以价值合乎理性的动机,作为其继续存在的机会。毋宁说,任何统治都企图唤起并维持对'合法性'的信仰。"[①] 韦伯关于合法性的阐述给我们的启示是:校长专业发展不能简单依靠行政性权力对他们进行控制,也不能只将社会的意志强加给他们,不能完全按照他们自己的意志行事。

校长在遵守制度时,实际也基于多方面的考虑,基于多方面的规定。要想让他们有效地进行发展,必须综合多方面的意志与体现,在此基础上形成制度体系,即制度体系设置必须符合国家、社会、个体三者的共同需要,形成不同形式的规定。只有建立在不同需要基础上的制度体系才能让校长对制度体系产生合法性认同,从而产生对三制度的高度信任与深度承诺。

(二)校长专业发展制度体系重构的组合的实现分析

上述阐述表明,校长专业发展的三制度既相互独立,又相互联系、相

---

① 〔德〕马克斯·韦伯:《经济与社会(上卷)》,林荣远译,商务印书馆,1997,第239页。

互强化。"在实际生活中的大多数制度形式中，并不是某一单独的制度基础要素在起作用，而是三大基础要素之间的不同组合在起作用。"① 如果三者能有机结合，协调发挥作用，那么制度体系就会得到优化，就会持久、有效地发挥积极作用，就能对校长专业发展起到强大的推动作用。但是如果三者之间出现不协调的情况，就会引发冲突，对校长专业发展起削弱、降低、阻碍等反向作用。"三种制度基础要素之间可能出现错误的结合，并因此支持和引发不同的选择和行为。"② 建构校长专业发展制度体系就要设法产生前者的功能，避免后者功能的出现。

系统科学理论认为：整体不应该是各个要素杂乱无章的堆积，而应该是它们之间合乎规律的有机集合体。这个集合体的整体功能（$E_{整}$）等于各部分功能 $E_{部}$ 之和，再加上各部分相互联系产生的结构功能 $E_{联}$，即 $E_{整} = \sum E_{部} + E_{联}$。$E_{联}$ 产生的结构功能可能是正向的，也可能是负向的，前者 $E_{联} > 0$，后者 $E_{联} < 0$。如果 $E_{联} > 0$，则 $E_{整} > \sum E_{部}$，整体优化；如果 $E_{联} < 0$，则 $E_{整} < \sum E_{部}$，非整体优化。

重构校长专业发展制度体系，是想通过制度体系促使校长更好地发展，所以要实现规制性制度、规范性制度、文化-认知性制度三制度组合的整体优化，避免非整体优化。系统科学理论表明，实现校长专业发展制度体系重构的整体优化：一是提升系统中各要素的质量，二是实现系统联合功能 $E_{联} > 0$。

1. 提高校长专业发展制度体系中各要素的质量

提高校长专业发展制度体系中各要素的质量，即提高规制性制度、规范性制度、文化-认知性制度的质量。从三制度的内外性来看，提高它们的质量，一是做好外在制度建设工作，二是做好校长内化工作。

（1）打造良好校长专业发展文化

关于校长专业发展的外在制度的建设，对于规制性制度质量问题，第

① 〔美〕W. 理查德·斯科特：《制度与组织——思想观念与物质利益》，姚伟、王黎芳译，中国人民大学出版社，2010，第70页。
② 〔美〕W. 理查德·斯科特：《制度与组织——思想观念与物质利益》，姚伟、王黎芳译，中国人民大学出版社，2010，第71页。

二章我们从政策视角进行了梳理，第三章从执行视角进行了实施研究，第四章从思辨与实证角度阐述了应该如何完善，实际就是要弥补其中欠缺的制度，修复其中不到位的制度，所以这里不再赘述规制性制度的质量提升问题。规范性制度源于社会整体利益的道德期待，这一期待足以引导校长们向积极的方向专业发展，这里也不再多说。文化–认知性制度在良好的文化基础上建构解决的认知图式，提升该制度的质量，重要的是打造良好的校长专业发展文化。

众所周知，文化是促使人们内化和建构认知的基础，按照埃德加·沙因的观点，文化是由一些基本假设所构成的模式，文化将各种不同要素，例如惯例、气氛、价值观和行为等融合为一个整体，并固化到一个更大范围、更深层次上①。现实社会所能提供的客观物质条件和社会文化氛围等各种符号系统是形成个人的人生观、价值观和方法论的客观基础，个人的生理条件、心理条件和智力水平是形成个人人生观、价值观和方法论的主观因素。这决定了人的可塑性，即人会随着客观环境和主观环境的变化而不断调整自己的需要，这表明了打造良好的校长专业发展文化的必要性。

校长专业发展文化是人们的世界观、人生观、价值观，以及思维方式、审美情趣、风俗惯例和行为习惯等所形成的一种专业发展氛围，是在探索校长解决外部环境的适应和内部统合问题这一过程中所发现、建造和形成的。如果这些专业发展氛围、模式良好，就有利于促使校长建构具有正功能的认知，从而对校长专业发展产生积极影响；反之，如果文化环境不良，校长就有可能形成反向认知，从而对校长专业发展产生消极影响。例如，社会功利化环境，使一些校长产生短期化行为。文化对校长专业发展的影响，无论是积极的，还是消极的，都是巨大的，所以要建立一种良好的校长专业发展文化，然后引导校长形成积极正向的认知。

打造良好的校长专业发展文化的重要理念是：政府、社会、学者有责任建设、营造和培育良好的校长专业发展文化。

首先，政府有责任建设良好的校长专业发展文化。

---

① 〔美〕埃德加·沙因：《组织文化与领导力》，章凯等译，中国人民大学出版社，2014，第15～16页。

校长专业发展需要政府引领，政府有责任为校长提供足够的专业发展机会，培养充足且素质优良的人员担任校长。政府有责任制定校长专业发展制度，策划各种持续专业发展活动；有责任使一些教育机构为校长开办各种课程，为具有不同需要的校长提供多元化的专业发展选择机会；有责任凝聚有关力量，使它们互相配合，协助持续专业发展措施的实施；有责任提供资源，支持校长发展专业才能；有责任为校长提供优质的专业发展课程；有责任举办高素质专业发展活动。

为了打造良好的校长专业发展文化，我国政府先后制定了大量有助于校长专业发展的政策，其中有前面说的指令性政策，也有诸如《全国中小学校长任职资格培训指导性教学计划》和《全国中小学校长提高培训指导性教学计划》等指导性政策。政府还先后建立了一些中小学校长培训基地，例如，1989年10月，依托华东师范大学建立了教育部中学校长培训中心；2000年5月，依托北京师范大学建立了教育部小学校长培训中心。为了做好中小学校长国培工作，还在国家教育行政学院设立了"中小学校长和幼儿园园长国家级培训项目管理办公室"，专门负责中小学校长国家级培训项目的日常管理工作。当然，政府需要做的工作，远不止这些。

其次，社会有责任营造良好的校长专业发展文化。

校长专业发展的文化－认知性制度是指，在"共同理解""基本假设"等文化基础上产生的自我认识，从而形成一种制度。"个体与组织在很大程度上都要受到各种信念体系与文化框架的制约，会接纳各种信念体系与文化框架。"[1] 也就是说，校长会受到专业发展文化的影响，然后主动建构自己的认知。W. 理查德·斯科特指出："我们使用带连字符的概念，就是为了强调我们所指的并不是个体的精神产物，而是支撑社会生活稳定和秩序的普遍符号体系和共同的意义。"[2]

校长持续专业发展的目标是为全体学生提供优质教育，因此，校长持续专业发展有赖社会各界有关人士的参与、支持和帮助，涉及社区、家

---

[1] 〔美〕W. 理查德·斯科特：《制度与组织——思想观念与物质利益》，姚伟、王黎芳译，中国人民大学出版社，2010，第67页。

[2] 〔美〕W. 理查德·斯格特：《组织理论》，黄洋、李霞、申薇、席侃译，华夏出版社，2002，第125页。

长、社会组织、专业团体以及大专院校等。例如,家长要对学校信任,今天"家长对学校的信任程度大幅度降低。平时学校说什么,有些家长是表面点头,心里怀疑。真正遇到'事'的时候,家长则以不信任为'认识基础',怀疑一切,难以沟通,家校矛盾就逐渐升级。因为,在家长心中,你的话是冠冕堂皇,是空话连篇,是高高在上,是官话套话,自然就言而无信。比如,有的学校装修了专业教室,检测合格了,家长仍不相信,要求看检测报告。看了检测报告,又说学校找的检测机构不行,应该让家长找检测机构"①。学校处在被怀疑的状态,校长生活在一个不被信任的环境,不利于他们发展。"正因为缺少信任与感情,家校在处理学生问题时、在沟通双方思想时,往往会产生对立情绪。我就体会到,没有信任与感情做基础,一切合规的沟通方式、一切合理的措施,都会蒙上不信任的阴影。"② 所以,建立家校信任文化是打造良好的校长专业发展文化的前提。建立家校信任文化,虽然学校、校长有责任,但是社会也有责任。

最后,学者有责任培育良好的校长专业发展文化。

学者是从事教育教学理论和实践研究的人员,学者有责任通过研究,培育良好的校长专业发展文化。学者有责任提供与校长的实际经验相结合的理论;有责任协助校长提高他们的理论水平;有责任配合校长个人、学校和社会发展需要做好相关研究。这里以校长教学领导素养的形成来看一看学者研究的力量。

校长教学领导素养的形成,就是通过打造良好的校长专业发展文化,设法把外在要求变为内在认可、认同,然后提升到自我建构层面。上面已经阐明,实际上校长们已经认可、认同了教学领导,所以他们普遍积极提高教学领导力,这表明外在的规制性制度已经成为规范性制度,不仅如此,而且这一制度已经内化成了校长个体的品质。这源于形成了良好的教学领导的文化,很多学者的研究为这一文化的形成起到了很好的铺垫作用。学者们认为,要提高学生的学习成绩,就必须实施教学领导,因为教学领导对学生学习成绩具有正向影响。

---

① 李明新:《家校之间缺什么》,《北京教育》(普教版)2017 年第 4 期。
② 李明新:《家校之间缺什么》,《北京教育》(普教版)2017 年第 4 期。

研究表明"领导与学生成绩有显著关系","领导对学生学习成绩可能具有一般化影响，也可能具有积极或消极影响"。① "有大量的资料证明，学校领导者实施教学型领导的行为对学生成绩有着显著的影响。"② 关于领导行为与学生成绩，一些研究表明，校长对课程与教学有力的直接指导，能提高市区小学贫困学生的教学效果。③ 关于有效学校的研究，比较一致的意见是：有效学校的基本特征是"领导集中于教学内容"，且具有"强有力的教学领导"。④ 有效学校中的校长常常认定自己扮演教育领导的角色。⑤

这些观点在20世纪八九十年代初出现并享誉美国，20世纪末、21世纪初，这种观点来到中国，使校长们认识到教学领导的意义，认识到教育领导者要善于实施教学领导，应该具有围绕学校教学开展领导工作的素质，应成为教学型领导者，应该成为教学领导专家，同时形成教学领导文化。校长基于这种文化建构自己教学领导的认知，这体现在他们的专业发展中，形成了文化－认知性制度。

（2）提高校长对三制度的认可、认同和建构能力

规制性、规范性和文化－认知性三制度有效促进校长专业发展都需要校长的内化，需要提高校长对三制度的认可、认同和建构能力。

校长是专业发展的主人翁，校长有责任推动自身专业成长。校长必须认识到专业发展对个人成长和学校发展的重要性，这样各种专业发展活动才能得以真正成功落实。校长要按照个人需要、职责和任务需要、学校和社会发展需要，审慎地制订自己的专业发展计划，进行专业发展需要分析。同时征询上级教育部门、师生和社会的意见，就自己的持续专业发展活动模式适当地分配进修时数。应选择具有学术意义并与其专业成长有关的活动。

① Walker, A. et al., "Key Qualities of the Principalship in Hong Kong," http://www3. fed. cuhk. edu. hk.
② 〔美〕罗伯特·马扎诺等：《学校领导与学生成就——从研究到效果》，邱志辉等译，中国轻工业出版社，2007，第7页。
③ Leithwood, K. A., Montgomery D. J., "The Role of the Elementary Principal in Program Improvement," *Review of Educational Research* 52 (3), 1982, pp. 309 – 339.
④ Odden, A., *Educational Leadership for America's Schools* (New York: McGraw-Hill, 1995), pp. 147 – 149.
⑤ 冯大鸣：《美、英、澳教育管理前沿图景》，教育科学出版社，2004，第214页。

可以通过反思活动，有效实现校长对三制度的认可、认同和建构。反思即思考以前的事情，总结以前的经验。美国哲学家、教育家约翰·杜威和唐纳德·A. 舍恩都对反思进行了深入研究。杜威提出了著名的五步反思法：暗示、问题、假设、推敲、检验。[①] 杜威认为，人们的反思从观察开始，观察所得到的事实性材料"决定以后做什么和如何做"；实事使我们将情境中的因素加以理智化（即形成问题），这可以使"情境中的困难和行动的障碍更加明确起来"；形成问题后要用推理和行动检验假设，"检验它们作为解决方法，能够具有的价值"。[②] 舍恩认为，反思是在描述事实基础上，关注问题、建构问题，在此情景下理解、解释、解决问题的过程。[③] 他在提出描述实例的思想之后，强调建构问题对实践者的意义。舍恩认为，问题不会以给定的方式出现，需要在复杂的情境中去建构，"一个成功问题的建构将使反思顺利进行下去"。然后去探究、诠释这些问题，产生一个可以理解与和谐一致的思想。[④] 杜威和舍恩及其他学者的观点表明，反思应该建立在描述事实的基础上，进行确定问题、寻找假定，之后在自身理论的指导下去完善行为。

描述事实：其就是把专业发展过程中遇到的一些事件、产生的感触、呈现的实践困惑和理论迷茫以描述的形式记录下来。描述事实不仅可以为事后回顾、反思自己的专业发展历程提供基本的原始素材，而且描述本身就是与自我进行专业发展对话的过程，就是对自己过去的专业发展进行反思和再理解的过程，这有利于帮助自己重新审视专业发展政策、社会期待、社会文化理解是否正确、体现是否到位。

明确问题：校长们在专业发展中经常会遇到许多困难，产生一些困惑，这让他们无所适从，这些遮蔽了校长进一步发展的线索，使他们在某

---

① 〔美〕约翰·杜威：《我们怎样思维·经验与教育》，姜文闵译，人民教育出版社，2005，第 94 页。

② 〔美〕约翰·杜威：《我们怎样思维·经验与教育》，姜文闵译，人民教育出版社，2005，第 88 页。

③ Schon, D. A. , *The Reflective Practitioner*: *How Professionals Think in Action* (New York: Basic Book, 1983), pp. 128 – 133.

④ Schon, D. A. , *The Reflective Practitioner*: *How Professionals Think in Action* (New York: Basic Book, 1983), pp. 135 – 136.

一阶段停滞不前。走出困境的流程之一是通过反思明确问题。明确问题实际是让校长在事实描述的基础上，通过对事件的归类，形成事物的秩序，进而明确对三制度的认可、认同和建构时出现的问题，应该解决什么问题。通过这个过程，困惑、迷茫在校长面前变得清晰，困难在校长面前变得有解决方法。

寻找假定：明确问题是为了解决问题，为此，首先要了解问题的原因，了解问题背后的深层次因素，即寻找各种"假定"（Assumption）。"假定是我们所持有的对于世界和自己的处境自以为正确的观念（Beliefs），它们会赋予我们自己和我们行动以意义。那些潜在的假定决定了我们思考和行动的框架。"① 人们行为模式的形成与确立常常受这些"假定"的导向性支配和影响，它使人们处于一种"自以为是"的"固执"状态，这种状态造成校长对三制度的认可、认同和建构出现问题，使他们止步不前。"反思过程最突出的特征是以寻找假定为核心。"② 寻找到假定后，这些问题的个人原因就容易看出。

生成理论：其指导校长从事专业发展的理论包括公共理论和个人理论。前者是蕴含着一定公共空间的理性认识，后者是蕴含着个体空间的理性认识。校长的个人理论在其专业发展中有举足轻重的地位，舍恩等学者非常重视个人理论的价值，他认为，要认识和形成自己具有情境敏感性的实践理论，而不是只从外界引进理论。③ 因此，校长应该设法生成个人发展理论，在这种理论指导下，提高对三制度的认可、认同和建构能力。人们"可以不依赖现存的理论和技术，而生成一种适用特定情境的新理论"④。

完善行为：校长专业发展最终要有外在行为表现，这些都是通过完善行为来实现的。杜威提出了"反思性行动"（Reflective Action）的概念，"因为

① 〔美〕Stephen D. Brookfield：《批判反思型教师 ABC》，张伟译，中国轻工业出版社，2002，第 2 页。

② 〔美〕Stephen D. Brookfield：《批判反思型教师 ABC》，张伟译，中国轻工业出版社，2002，第 2 页。

③ 〔美〕Stephen D. Brookfield：《批判反思型教师 ABC》，张伟译，中国轻工业出版社，2002，第 265 页。

④ Schon, D. A., *The Reflective Practitioner: How Professionals Think in Action* (New York: Basic Book, 1983), p. 68.

行为的问题是全部生活问题中最深刻、最普遍的问题"①。反思应伴随行动过程，并通过反思来调整、完善个体行为。舍恩提出了"行动中反思"（Re-flection-in-Action）的概念，认为我们不仅要思考已经做的事情，还要思考正在做的事情，通过对问题的理解、解释等来调整自己的实践，改变自己的行为。② 通过完善行为这一环节，校长真正达到认可规制性制度，认同规范性制度，在专业发展文化基础上建构积极正向的认知图式。

2. 促使校长专业发展制度体系中各要素联合产生正向功能

重构校长专业发展的制度体系的重要措施是，使规制性制度、规范性制度、文化－认知性制度三制度有机结合，发挥其正向功能，避免产生负向功能。当三者有机结合、协调一致的时候，制度结构是最稳定的，制度体系是最合理的，它们对校长专业发展的作用力最强。这些制度要素结合在一起所产生的强大力量是十分惊人的。③ 三制度的有机结合有很多情况，诸如，以某个制度为主，以其他为辅等。

（1）以规制性制度为主的情况

当事物的主体需要强有力的外在力量时，以规制性为主，辅之以规范性制度和文化－认知性制度进行规约。

在很多情况下，这三个校长专业发展制度常常是互相"敌对"的力量，尤其是在制度改革初期，新的规制性规则受路径依赖的影响，与规范性和文化－认知性制度要素常常发生矛盾。任何改革通常都会倡导建立新的发展规则，而校长原有的发展习惯、对专业发展的认知等都会成为阻碍新规则实施的力量，从而抵消新规则的部分功能，甚至使新的规则无法实施，最终导致改革失败。为了改革成功，可以由规制性制度主导，通过这种外在强制性制度打破校长已有的习惯性思维和行事的路径依赖，去除改革的"敌对"力量，建立符合社会发展的新制度。

① 〔美〕约翰·杜威：《我们怎样思维·经验与教育》，姜文闵译，人民教育出版社，2005，第62页。
② Schon, D. A., *The Reflective Practitioner: How Professionals Think in Action* (New York: Basic Book, 1983), pp. 49－69.
③ 〔美〕W. 理查德·斯科特：《制度与组织——思想观念与物质利益》，姚伟、王黎芳译，中国人民大学出版社，2010，第71页。

虽然此时由规制性制度主导，但是也不能忽视规范性制度和文化－认知性制度的建立。改革的成败，不仅取决于能否制定一些更好的、更新的规则，还取决于广大校长是否能够逐渐弱化对新制度的抵制行为，取决于校长能否有意识地对一些习以为常的发展行为做出调整和改变。所以，还要设法让校长认可新规则，然后通过内化建构相应认知。要设法帮助校长判断哪些是落后的、消极的文化－认知性制度，哪些是积极的。对落后的、消极的自觉抵制，对先进的、积极的要吸纳、接受，最后形成自己的认知。另外，如果规制性制度对校长能多从支持角度而不是控制角度去约束的话，校长就不会对规制性制度产生过多的抵触，他们就会将制度的执行视为理所当然。

（2）以规范性制度为主的情况

当事物的主体既需要外在约束又需要内在认同时，以规范性制度为主，辅之以规制性和文化－认知性制度。

新制度主义理论认为，"组织面对两种不同的环境：技术环境和制度环境"①。技术环境是与确立目标和达到目标有着联系的所有环境的总称。②在中小学，技术环境主要指与教育目标、教育任务相联系的校舍、设备、工具、资金、机构、制度、知识等，还有技术、技能、技巧、行为、活动等。制度环境是一个组织所处的法律制度、文化期待、社会规范、观念制度等为人们"广为接受"（Taken-for-granted）的社会事实。③

由于组织的目标不同、组织任务不同，技术环境和制度环境对组织的控制也是不同的。有些组织面临严格的技术环境和制度环境的控制；有些则相反，二者对它们的控制都很弱；有些组织面临很强的技术环境控制，但是制度环境的控制较弱；有些则相反，技术环境控制弱，但是制度环境的控制较强。学校属于较弱技术环境控制、较强制度环境控制的组织。④

① 周雪光：《组织社会学十讲》，社会科学文献出版社，2003，第72页。
② 〔美〕W. 理查德·斯格特：《组织理论》，黄洋、李霞、申薇、席侃译，华夏出版社，2002，第122页。
③ 周雪光：《组织社会学十讲》，社会科学文献出版社，2003，第72页。
④ 〔美〕W. 理查德·斯格特：《组织理论》，黄洋、李霞、申薇、席侃译，华夏出版社，2002，第129页。

学校没有足够的技术能确切地生产出人们所期望的和可测量的产品，相比之下，制度环境可以将"基本原理"强制为具有合理性。[①] 学校组织的这一特点表明，对学校"产生作用的并不只是理性或效率的因素。社会性建构的观念体系和规范制度对组织产生了巨大的控制性影响"[②]。学校受到褒奖往往是因为它们遵守了专业标准与法律要求，而不是因为它们的产品质量。[③]

中小学组织的强制度环境与弱技术环境的特点对校长的专业发展提出了很大挑战，规范性制度对校长专业发展起到了很大的规约作用，要求校长不仅应了解、理解"法律制度、文化期待、社会规范、观念制度等为人们广为接受的社会事实"，还应认同它们，并且在行为上体现出与此期待一致的行为。否则不仅是校长不被社会认同，学校也难以办社会满意的教育。因此，在此种情况下，校长专业发展以规范性制度为主，辅之以规制性和文化－认知性制度。

（3）以文化－认知性制度为主的情况

当事物的主体需要强有力的内在力量时，以文化－认知性制度为主，辅之以规制性和规范性制度进行规约。

例如，关于学校教学领导之事，校长要具有教学领导的素养，要通过教学领导提高学生学习成绩、提高学生的综合素质。《义务教育学校校长专业标准》明确指出，校长要具有领导教学的专业理解与认识、专业知识与方法、专业能力与行为，这是外在制度要求。如果仅仅停留在"刚性""应该"层面，那么校长的教学领导素养可能只是形式上的，欠缺实质上的，教学领导可能形同虚设。

学生成绩提高可以通过师生拼时间、拼精力来获得，目前社会上出现了很多现象，诸如"只要学不死、就往死里学""生前何必久睡、死后必

---

① 〔美〕韦恩·K. 霍伊、赛西尔·G. 米斯克尔：《教育管理学：理论·研究·实践》，范国睿主译，教育科学出版社，2007，第247页。

② 〔美〕W. 理查德·斯格特：《组织理论》，黄洋、李霞、申薇、席侃译，华夏出版社，2002，第109页。

③ 〔美〕韦恩·K. 霍伊、赛西尔·G. 米斯克尔：《教育管理学：理论·研究·实践》，范国睿主译，教育科学出版社，2007，第247页。

定长眠"等口号，还有"白加黑""5＋2"等行为，这些都是拼时间、拼精力的现象。这种状况会导致师生的成长没有后劲，难以持续发展。如果校长具有教学领导素养，则可以通过改变理念、改进方式、完善技术等措施，使师生不必如此拼时间、拼精力，但是也可以提升学习成绩。

由于校长的教学领导充满了模糊性、随机性和难以预测性，这就使外界难以用统一性来要求校长，也难以用统一的"物理""化学"指标来衡量其教学领导的效果，更难以获得教学领导方面充足的数字化信息。如果一定要严格使用外界制度，即将不该统一、不能统一的内容冠以统一性要求；把不能数字化、不该数字化的内容冠以数字化指标，就会改变校长的专业发展态度，使他们产生抵触情绪、逆反心理等。所以，校长的教学领导素养的规约必须使之把外界的规则内化成自己的认知图式，必须使之形成文化－认知层面的制度，这才能体现出实质性的教学领导的作用。

在此种情况下，规制性和规范性制度不可缺少，没有外在的考核要求、没有外在的社会期待，校长也不可能建构自我认知。

在类似的专业发展规约方面，一定以内在建构性为主，此时文化－认知性制度起主要作用，辅之以规制性和规范性制度。

小　结

三制度的独立作用性及相互联系、相互影响性，以及校长的人性特点、专业发展特点，及其制度的合法性等都决定了规制性制度、规范性制度、文化－认知性制度三制度必须有机组合在一起，必须发挥协同的结构作用，形成整体优化的制度体系，这样才能有效促进校长专业发展。

系统科学理论启示我们，实现校长专业发展制度体系重构的整体优化：一是提升规制性制度、规范性制度、文化－认知性制度三制度的质量；二是实现三者的有机结合，使其产生联合的正向功能，即实现 $E_{整} > \sum E_{部}$。

| 结　语 |

一　主要研究贡献

本书从制度体系视角研究了促进校长专业发展的问题，分别从文献、政策和执行角度研究了以前的制度体系，从补足与修复方面探索了完善制度体系的措施，还基于新制度主义理论重构了一个新的校长专业发展制度体系。

（一）从政策文本视角梳理了现有的校长专业发展制度体系

本书梳理了校长资格制度、校长任用制度、校长培训制度、校长负责制度、校长考评制度、校长职级制度等，这些是目前我国比较成熟和正在实施的制度。对这些制度的梳理是建立在研读了国家关于校长专业发展的法律、法规和政策文件基础上的。由于在中国，国家的法律、法规和政策是必须执行的，建立在这些文件基础上的制度具有权威性，因此本书的制度梳理具有很高的价值。

这些制度对校长任职前、任职中及任职后都进行了规定，是校长专业发展的基础。它们之间相互区别、相互联系、相互作用，其彼此的有机结合构成了促进校长专业发展的规制性制度体系。

根据政策梳理，对照组织理论、人力资源管理理论和制度理论可以知道，目前校长专业发展制度体系还不完备，欠缺诸如校长问责制、校长退出制等很多规定；有些制度的规定具有不完备性，例如，持证上岗制度规定力度不够，专业发展的使能性制度的功能不明显，支持性制度的功能不够等。

（二）从执行视角展示了现有的校长专业发展制度体系

本书运用实证方式展示校长持证上岗制度、校长培训制度、校长职级制度的执行情况。其中有些制度的执行基本到位，例如，任职资格培训和在职提高培训的学时都符合要求，很多校长也愿意参加任职资格培训，他们也意识到了校长持续参加培训的责任性，培训部门也提供了各种培训；校长职级制度明确了实施措施，对校长专业发展也产生了一些积极影响。

但是这些制度在执行中也存在一些问题：持证上岗的执行不到位；校长培训呈现投入大于产出、培训内容自我锁定的内卷化现象；校长职级制实施中的任职年限过于刚性、岗位设置呈现暂时性等问题。

（三）阐明了完善校长专业发展制度体系的具体策略

研究表明，目前我国校长专业发展制度体系存在诸如缺失与老化等问题，于是提出了解决这些问题的办法。

例如，补足校长专业发展缺欠的制度。人力资源管理流程理论表明，从校长进入这个岗位到离开都应该有相应制度进行规定，但目前我国没有校长退出制度；组织理论表明，校长在岗工作应该有责任制，责任制包括校长负责制和问责制，目前我国没有校长问责制。应该建立校长退出制和校长问责制。本书在提出补足这些制度的同时，还阐述了建立这些制度的意义、理论依据和制度要件等。

再如，修复校长专业发展已有的制度。首先对制度修复进行了基础理论建设，例如，关于校长专业发展阶段，提出了拟任期、新任期、稳定期、成熟期、成功期五个发展阶段，对每个发展阶段的特点、困惑及应给予的指导进行阐述；针对校长专业发展的制度功能，本书在新制度主义理论基础上，举例阐述了校长专业发展的约束性、使能性和支持性制度功能。在理论思考的基础上，提出了修复的措施：应该发挥校长专业发展的约束性、使能性和支持性三制度功能的综合效应；加大对已有政策的执行力度和对必要政策的规定力度；设法规避校长培训的内卷化。

（四）重构了校长专业发展制度体系

解决我国校长专业发展制度体系中的问题，单靠补足校长专业发展缺欠的制度和修复校长专业发展已有的制度还不够，还应该通过制度体系重构来解决。

本书基于新制度主义理论，重构了包括规制性、规范性和文化－认知性在内的校长专业发展制度体系。其中：规制性制度体现法律、法规、政策文本中的规定，对校长专业发展具有强制性；规范性制度是社会对校长专业发展的一种期待力量，或体现在正式文本中，或存在于人们道德观念中；文化－认知性是在文化基础上，校长们产生的一种认知，一种由校长文化而建构的共识。

本书对三制度是什么进行了明确，对它们的内容、各自优劣等进行了阐述，也对它们之间在意志体现、设置逻辑、遵守逻辑、规约层次和约束机理等方面的差异进行了研究，还分析了三制度组合的结构功能。三制度的独立作用性，及相互联系、相互影响，以及校长的人性特点、专业发展特点，及其制度的合法性等都决定了规制性、规范性、文化－认知性必须有机组合在一起，必须发挥协同作用的结构功能，形成整体优化的制度体系，这样才能有效促进校长专业发展。

相对于"完善校长专业发展制度体系"的研究，本书重构校长内在制度。"完善"主要针对"重构"中的规制性制度而言。众所周知，校长专业发展主要是一种个体行为，任何促进、激励、支持等措施，都要通过校长个体来实施，所以校长个体对制度的内化具有举足轻重的意义。规制性、规范性和文化－认知性制度体系的重构关注到了这个问题，所以重构时强调校长对三制度的认同和建构这样一个外在性逐渐减弱、内在性逐渐增强的内化过程。不仅如此，重构还非常强调三者的有机结合、共同作用，凸显了其整体优化的效应。

二 主要学术创新

本书主要的学术创新是阐明了内外协同运行、纵横有机结合的校长专业发展制度体系，还阐明了与制度体系相关的各种事情，例如，校长专业发展五阶段的内容、特点和发展重点，校长专业发展制度的三种功能及出现校长培训内卷化的原因及规避措施等。

（一）阐明了内外协同运行的校长专业发展制度体系

本书的一大创新是重构了内外协同运行的校长专业发展制度体系。一般来说，谈到制度、制度体系的建设，主要是指外在制度、制度体系的设置。本书突破了这种认识框架，构建了一个包括规制性、规范性和文化 - 认知性制度在内的，能够体现内外兼有的制度体系，并对这个制度体系的协同运行进行了系统的阐述。

（二）阐明了纵横有机结合的校长专业发展制度体系

外部的规制性制度是内外协同运行的校长专业发展制度体系中至关重要的内容。从政策文本视角看，我国虽然有了纵横结合的制度体系，但是有些制度欠缺，有些制度老化，它们需要补足与修复。本书对补足与修复进行了基础理论研究。基于人力资源管理流程理论从纵向上阐述了校长退出制度，基于权力制约理论从横向上阐述了校长问责制度，从人力资源阶段发展理论阐述了校长发展阶段，从制度功能主义理论视角举例阐明了校长专业发展制度的约束性、使能性和支持性三种功能。

（三）阐明了校长专业发展五阶段的内容、特点和发展重点

根据人力资源发展阶段理论及对校长的调查，本书提出了校长专业发展的五阶段观点，它们是：拟任期校长、新任期校长、稳定期校长、成熟期校长、成功期校长。同时本书对每个阶段的内容、特点、困惑和专业发展的重点进行了阐述，以指导校长专业发展。

（四）阐明了校长专业发展制度的三种功能

以往对制度的研究主要关注的是制度的约束性功能，本书在关注此功能的同时还关注了制度的使能性与支持性功能，举例阐明了制度的这三种功能，同时建议应该充分发挥校长专业发展制度的这三个功能的综合效应，通过这种综合效应确保、推动和促进校长专业发展。

（五）阐明了校长培训内卷化的原因及规避措施

实证研究表明，我国的校长培训呈现诸如投入大于产出、培训内容的

自我锁定等内卷化现象，导致部分校长参加培训的意愿不高。主要原因是培训体制具有被动参与性与需求不明确性，培训内容滞后于社会发展和校长变化等。应该设法突破已有的制度惯性、赋予校长选择培训的权利、设置理论导向的校长实践培训课程，通过这些措施来规避校长培训内卷化。

三　主要研究不足及需要完善之处

限于视野、水平及资源等，研究还存在很多问题，主要是研究范围的广泛性、深入性、系统性和精确性不够，因此，需要完善如下内容。

首先，需要进一步充分研究规范性制度体系和文化－认知性制度体系中的结构，需要对由此产生的整体优化功能进行深入说明。

其次，关于校长问责制，还需要详细、深入研究问责的依据、内容、主体等；关于校长退出制，需要系统研究校长退出的标准、程序、方式等。

再次，校长专业发展五阶段及约束性、使能性和支持性功能等都需要深入阐述。

最后，需要扩大调查范围，例如，问卷应该根据中小学的情况随机发放，访谈中应该增加教育行政人员等。

主要参考文献

中文文献

著　作

1. 〔德〕马克斯·韦伯:《经济与社会（上卷）》，林荣远译，商务印书馆，1997。

2. 〔德〕马克斯·韦伯:《新教伦理与资本主义精神》，苏国勋等译，社会科学文献出版社，2010。

3. 〔法〕亨利·法约尔:《工业管理与一般管理》，迟力耕、张璇译，机械工业出版社，2013。

4. 〔法〕让－雅克·卢梭:《社会契约论》，何兆武译，商务印书馆，2003。

5. 〔法〕孟德斯鸠:《论法的精神（上册）》，张雁深译，商务印书馆，1959。

6. 〔加拿大〕迈克尔·富兰:《学校领导的道德使命》，中央教育科学研究所、加拿大多伦多国际学院组织翻译，教育科学出版社，2005。

7. 〔美〕W. 理查德·斯科特:《制度与组织——思想观念与物质利益》，姚伟、王黎芳译，中国人民大学出版社，2010。

8. 〔美〕E. 马克·汉森:《教育管理与组织行为》，冯大鸣译，上海教育出版社，2005。

9. 〔美〕Fred Luthans 等:《心理资本:打造人的竞争优势》，李超平译，中国轻工业出版社，2008。

10. 〔美〕J. 史蒂文·奥特等:《组织行为学经典文献》，王蕾等译，上海财经大学出版社，2009。

11. 〔美〕Stephen D. Brookfield：《批判反思型教师 ABC》，张伟译，中国轻工业出版社，2002。

12. 〔美〕W. 理查德·斯科特、杰拉尔德·F. 戴维斯：《组织理论：理性、自然与开放系统的视角》，高俊山译，中国人民大学出版社，2011。

13. 〔美〕W. 理查德·斯格特：《组织理论》，黄洋、李霞、申薇、席侃译，华夏出版社，2002。

14. 〔美〕埃德加·沙因：《沙因组织心理学》，马红宇、王斌译，中国人民大学出版社，2009。

15. 〔美〕埃德加·沙因：《组织文化与领导力》，章凯等译，中国人民大学出版社，2014。

16. 〔美〕彼得·德鲁克：《卓有成效的管理者》，许是祥译，机械工业出版社，2015。

17. 〔美〕道格拉斯·C. 诺思：《制度、制度变迁与经济绩效》，杭行译，格致出版社、上海三联书店、上海人民出版社，2014。

18. 〔美〕道格拉斯·C. 诺思：《经济史上的结构和变革》，厉以平译，商务印书馆，1992。

19. 〔美〕道格拉斯·麦格雷戈：《企业的人性面》，韩卉译，浙江人民出版社，2017。

20. 〔美〕L. Dean Webb、M. Scott Norton：《教育中的人力资源管理——人事问题与需求》，徐富明等译，中国轻工业出版社，2005。

21. 〔美〕杜赞奇：《文化、权力与国家：1900—1942 年的华北农村》，王福明译，江苏人民出版社，2018。

22. 〔美〕弗雷德里克·赫茨伯格、伯纳德·莫斯纳、巴巴拉·斯奈德曼：《赫茨伯格的双因素理论（修订版）》，张湛译，中国人民大学出版社，2016。

23. 〔美〕Fred C. Lunenburg、Allan C. Ornstein：《教育管理学：概念与实践》，朱志勇、郑磊主译，中国轻工业出版社，2013。

24. 〔美〕加里·德斯勒：《人力资源管理》，刘昕译，中国人民大学出版社，2012。

25. 〔美〕杰弗里·H. 格林豪斯等：《职业生涯管理》，王伟译，清华大学出版社，2014。

26. 〔美〕杰拉尔德·C. 厄本恩等：《校长论：有效学校的创新型领导》，黄崴、龙君伟主译，重庆大学出版社，2004。

27. 〔美〕克里斯·阿吉里斯、唐纳德·A. 舍恩：《实践理论——提高专业效能》，邢清清等译，教育科学出版社，2008。

28. 〔美〕拉尔夫·费斯勒等：《教师职业生涯周期——教师专业发展指导》，董丽敏等译，中国轻工业出版社，2005。

29. 〔美〕罗伯特·G. 欧文斯：《教育组织行为学》，窦卫霖等译，华东师范大学出版社，2001。

30. 〔美〕罗伯特·马扎诺等：《学校领导与学生成就——从研究到效果》，邬志辉等译，中国轻工业出版社，2007。

31. 〔美〕乔治·梅奥：《工业文明的人类问题》，陆小斌译，电子工业出版社，2013。

32. 〔美〕斯蒂芬·罗宾斯、玛丽·库尔特：《管理学》，刘刚等译，中国人民大学出版社，2017。

33. 〔美〕唐纳德·A. 舍恩：《反映的实践者——专业工作者如何在行动中思考》，夏林青译，北京师范大学出版社，2018。

34. 〔美〕特里·L. 库珀：《行政伦理学：实现行政责任的途径》，张秀琴译，中国人民大学出版社，2001。

35. 〔美〕托马斯·J. 萨乔万尼：《校长学：一种反思性实践观》，张虹译，上海教育出版社，2004。

36. 〔美〕韦恩·K. 霍伊、赛西尔·G. 米斯克尔：《教育管理学：理论·研究·实践》，范国睿主译，教育科学出版社，2007。

37. 〔美〕沃尔特·W. 鲍威尔、保罗·J. 迪马吉奥主编《组织分析的新制度主义》，姚伟译，上海人民出版社，2008。

38. 〔美〕西奥多·舒尔茨：《对人进行投资——人口质量经济学》，吴珠华译，首都经济贸易大学出版社，2002。

39. 〔美〕亚伯拉罕·马斯洛：《动机与人格》，许金声等译，中国人民大学出版社，2013。

40. 〔美〕亚伯拉罕·马斯洛：《人性能达到的境界》，曹晓慧等译，世界图书出版公司，2014。

41. 〔美〕约翰·杜威：《我们怎样思维·经验与教育》，姜文闵译，人民教育出版社，2005。

42. 〔美〕约翰·罗尔斯：《正义论》，何怀宏、何包钢、廖申白译，中国社会科学出版社，2009。

43. 〔美〕詹姆斯·G.马奇、赫伯特·A.西蒙：《组织》，邵冲译，机械工业出版社，2008。

44. 〔美〕詹姆斯·科尔曼：《社会理论的基础（上）》，邓方译，社会科学文献出版社，2008。

45. 〔美〕艾尔·巴比：《社会研究方法》，邱泽奇译，华夏出版社，2005。

46. 〔美〕卡罗尔·德韦克：《终身成长：重新定义成功的思维模式》，楚炜楠译，江西人民出版社，2017。

47. 〔美〕詹姆斯·马奇、马丁·舒尔茨、周雪光：《规则的动态演变——成文组织规则的变化》，童根兴译，上海人民出版社，2005。

48. 〔英〕科林·斯科特：《规制、治理与法律：前沿问题研究》，安永康译，清华大学出版社，2018。

49. 〔英〕查尔斯·韩地：《第二曲线》，齐若兰译，远见天下文化出版股份有限公司，2016。

50. 〔英〕托尼·布什：《当代西方教育管理模式》，强海燕主译，南京师范大学出版社，1998。

51. 〔英〕洛克：《政府论（下）》，叶启芳、瞿菊农译，商务印书馆，1964。

52. 陈孝彬主编《教育管理学》，北京师范大学出版社，1999。

53. 陈永明等：《〈中小学校长专业标准〉解读》，北京大学出版社，2011。

54. 褚宏启、杨海燕等：《走向校长专业化》，上海教育出版社，2009。

55. 冯大鸣：《美、英、澳教育管理前沿图景》，教育科学出版社，2004。

56. 傅树京：《教育管理的理论与研究》，人民出版社，2015。

57. 傅树京：《教育管理学导论》，原子能出版社，2007。

58. 关松林：《〈义务教育学校校长专业标准〉实践解读》，高等教育出版社，2014。

59. 〔美〕黄宗智：《长江三角洲小农家庭与乡村发展》，中华书局，2000。

60. 林明地：《学校领导：理念与校长专业生涯》，台北高等教育文化事业有限公司，2006。

61. 刘传沛、程向红主编《中山市校长职级制改革探索》，广东人民出版社，2005。

62. 饶见维：《教师专业发展——理论与实务》，台湾五四图书出版有限公司，1996。

63. 宋中英：《中小学校长的社会资本研究——基于社会网络分析的视角》，北京大学出版社，2012。

64. 王铁军、邬志辉主编《校长专业发展》，东北师范大学出版社，2009。

65. 魏志春、高耀明：《中小学校长专业标准研究》，北京师范大学出版社，2010。

66. 萧鸣政：《人力资源开发与管理——在公共组织中的应用》，北京大学出版社，2005。

67. 辛鸣：《制度论——关于制度哲学的理论建构》，人民出版社，2005。

68. 姚裕群主编《人力资源开发与管理概论》，高等教育出版社，2015。

69. 张国骥、赖阳春：《中小学校长管理制度研究》，湖南师范大学出版社，2010。

70. 张永宏主编《组织社会学的新制度主义学派》，上海人民出版社，2007。

71. 郑杭生主编《社会学概论新修》，中国人民大学出版社，2013。

72. 郑燕祥：《教育领导与改革新范式》，上海教育出版社，2005。

73. 周雪光：《组织社会学十讲》，社会科学文献出版社，2003。

论文

74. 〔美〕李·S. 舒尔曼：《理论、实践与教育的专业化》，王幼真、刘捷编译，《比较教育研究》1999 年第 3 期。

75. 〔美〕理查德·斯格特：《比较制度分析的若干要素》，阎凤桥译，《北京大学教育评论》2007 年第 1 期。

76. 本刊编辑部：《校长专业化与校长培训——陈玉琨教授访谈实录》，《教育发展研究》2005 年第 17 期。

77. 褚宏启、贾继娥：《我国校长专业标准：背景、结构与前景》，《中国教育学刊》2013 年第 7 期。

78. 褚宏启：《中小学校长培训课程的改革路径》，《教师教育研究》2009 年第 6 期。

79. 褚宏启：《走向校长专业化》，《教育研究》2007 年第 1 期。

80. 傅树京：《反思型校长专业发展模式》，《中国教育学刊》2006 年第 11 期。

81. 傅树京：《香港校长持续专业发展的理念及特点》，《中国教育学刊》2005 年第 11 期。

82. 傅树京、熊筱湘：《美国〈教育领导政策标准：ISLLC 2008〉探析》，《外国中小学教育》2010 年第 10 期。

83. 傅树京、郭润明：《中小学校长培训层次的政策演变》，《河北师范大学学报》（教育科学版）2016 年第 4 期。

84. 高志宏：《我国行政问责制的现实困境、路径选择与制度重构》，《东北大学学报》（社会科学版）2010 年第 3 期。

85. 关松林：《发达国家中小学校长培训的经验及其借鉴》，《教育研究》2017 年第 12 期。

86. 胡春艳、李贵：《西方问责制研究及其借鉴》，《中南大学学报》（社会科学版）2012 年第 3 期。

87. 贾继娥、王刚、褚宏启：《我国校长职级制改革的现实背景与主要策略》，《教育科学》2012 年第 1 期。

88. 李树峰：《论校长问责制的定义、本质与功能》，《比较教育研究》2006 年第 4 期。

89. 李太平、李茹、黄洪霖：《美国校长专业标准的演变历程及经验》，《全球教育展望》2019 年第 5 期。

90. 梁亦华：《文本背后的价值取向——香港校长专业发展的延续与变革（1982－2013）》，《清华大学教育研究》2014 年第 2 期。

91. 卢乃桂等：《中国校长培训政策的延续与变革（1989－2009）》，《清华大学教育研究》2010 年第 5 期。

92. 罗燕：《教育的新制度主义分析——一种教育社会学理论和实践》，

《清华大学教育研究》2003 年第 6 期。

93. 司林波、孟卫东：《教育问责制在中国的建构》，《中国行政管理》2011 年第 6 期。

94. 涂元玲：《英国〈国家校长标准〉：背景、内容与特征》，《比较教育研究》2011 年第 5 期。

95. 王福建、梁廷：《校长职级制改革的理论基础、现实问题及深化策略——以山东省中小学校长职级制改革实践为例》，《教育理论与实践》2018 年第 29 期。

96. 辛涛：《我国教育问责制建立的几个关键问题》，《北京大学教育评论》2013 年第 1 期。

97. 许苏、陈永明：《中小学校长专业标准研究》，《教育发展研究》2010 年第 12 期。

98. 许苏：《中小学校长专业标准的构建研究：美国的经验和启示》，《全球教育展望》2010 年第 8 期。

99. 张茂聪、侯洁：《教育家办学的制度实践与思考——以山东省潍坊市校长职级制改革为例》，《教育研究》2017 年第 3 期。

100. 郑玉莲、陈霜叶：《促进教育均衡发展的校长培训机构改革：现状与政策评估》，《教育研究与实验》2014 年第 6 期。

101. 郑玉莲、卢乃桂：《个人职业生涯为本的校长培训与学校领导力发展》，《教育发展研究》2011 年第 6 期。

102. 中国教育学会调研组等：《中小学校长职级制改革的重大突破——山东省潍坊市中小学校长管理制度改革调研报告》，《中国教育学刊》2015 年第 7 期。

外文文献

著 作

103. Etzioni, A., *A Comparative Analysis of Complex Organizations: On Power, Involvement, and Their Correlates* (New York: Free Press, 1975).

104. Katz, D., Kahn, R. L., *The Social Psychology of Organizations* (New

York: John Wiley & Sons, Inc., 1978).

105. Leithwood, K., *Second International Handbook of Educational Leadership and Administration* (Dordrecht, Boston: Kluwer Academic, 2002).

106. Meyer, H. D., Rowan, B., *The New Institutionalism in Education* (Albany: State University of New York Press, 2006).

107. Odden, A., *Educational Leadership for America's Schools* (New York: McGraw-Hill, 1995).

108. Schon, D. A., *The Reflective Practitioner: How Professionals Think in Action* (New York: Basic Book, 1983).

109. Sergiovanni, T. J., *The Lifeworld of Leadership: Creating Culture, Community and Personal Meaning in Our Schools* (San Francisco: Jossey-Bass, 2000).

论 文

110. Bush, T., "Leadership Development for School Principals: Specialised Preparation or Post-Hoc Repair?" *Educational Management Administration & Leadership* 41 (3), 2013, pp. 253 – 255.

111. Bush, T., "Preparation for School Principals: Rationale and Practice," *Educational Management Administration & Leadership* 44 (4), 2016, pp. 537 – 539.

112. Cravens, X. C. et al., "Setting Proficiency Standards for School Leadership Assessment: An Examination of Cut Score Decision Making," *Educational Administration Quarterly* 49 (1), 2013, pp. 124 – 160.

113. Dall'Alba, G., Sandberg, J., "Unveiling Professional Development: A Critical Review of Stage Models," *Review of Educational Research* 76 (3), 2006, pp. 383 – 412.

114. Daresh, J. C., "Professional Development for Schools Leadership: The Impact of U. S. Education Reform," *International Journal of Educational Research* (29), 1998, pp. 323 – 333.

115. Edmunds, M. B., "Successful School Principalship in Late-career,"

Journal of Educational Administration 47 (1), 2009, pp. 36 – 49.

116. Guthrie, J. W. , "Educational Accountability," *Proceedings of the Academy of Political Science* 33 (2), 1978, pp. 24 – 32.

117. Hoffmann, F. J. , Johnston, J. H. , "Profession Development for Principals, by Principals," *Leadership* 34 (5), 2005, pp. 16 – 19.

118. Hsiao, H. C. et al. , "The Effects of Reform in Principal Selection on Leadership Behavior of General and Vocational High School Principals in Taiwan," *Educational Administration Quarterly* 49 (3), 2013, pp. 421 – 450.

119. Huff, J. et al. , "Implementation of a Coaching Program for School Principals: Evaluating Coaches' Strategies and the Results," *Educational Management Administration & Leadership* 41 (4), 2013, pp. 504 – 526.

120. Karl, E. W. , "Educatuonal Organizations as Loosely Coupled System," *Administrative Science Quarterly* 21 (1), 1976, pp. 1 – 19.

121. Kwan, P. , Walker, A. , "Are We Looking through the Same Lens? Principal Recruitment and Selection," *International Journal of Educational Research* 48 (1), 2009, pp. 51 – 61.

122. Kwan, P. , "The Vice-principal Experience as a Preparation for the Principalship," *Journal of Educational Administration* 47 (2), 2009, pp. 191 – 205.

123. Leithwood, K. A. , Montgomery, D. J. , "The Role of the Elementary Principal in Program Improvement," *Review of Educational Research* 52 (3), 1982, pp. 309 – 339.

124. Macpherson, R. S. , "Building a Communitarian Policy of Educative Accountability Using a Critical Pragmatist Epistemology," *Journal of Educational Administration* 37 (3), 1999, pp. 273 – 295.

125. March, J. G. , "Exploration and Exploitation in Organizational Learning," *Organization Science* 2 (1), 1991, pp. 71 – 87.

126. McGregor, D. M. , "The Human Side of Enterprise," *The Management Review* 46 (11), 1957, pp. 22 – 28.

127. Mestry, R. , Grobler, B. R. , "The Training and Development of Principals to Manage Schools Effectively Using the Competence Approach," *Inter-*

national Studies in Educational Administration 32 (3), 2004, pp. 2 – 19.

128. Mulford, B., "Congruence between the Democratic Purposes of Schools and School Principal Training in Australia," Journal of Educational Administration 42 (6), 2004, pp. 625 – 639.

129. Oplatka, I., "The Principal's Career Stage: An Absent Element in Leadership Perspectives," International Journal of Leadership in Education 7 (1), 2004, pp. 43 – 55.

130. Ryan, K. E., "Making Educational Accountability More Democratic," American Journal of Evaluation 26 (4), 2005, pp. 532 – 543.

131. Walker, A., Kwan, P., "Principal Selection Panels: Strategies, Preferences and Perceptions," Journal of Educational Administration 50 (2), 2012, pp. 188 – 205.

132. Youngs, P., King, M. B., "Principal Leadership for Professional Development to Build School Capacity," Educational Administration Quarterly 38 (5), 2002, pp. 643 – 670.

政　策

国家层面的政策

133.《中华人民共和国义务教育法》(2006 年修订), 2006 年 9 月 1 日施行。

134.《中华人民共和国教育法》, 1995 年 9 月 1 日施行。

135.《中华人民共和国教师法》, 1994 年 1 月 1 日施行。

136.《中共中央　国务院关于全面深化新时代教师队伍建设改革的意见》, 2018 年 1 月。

137. 国家中长期教育改革和发展规划纲要工作小组办公室《国家中长期教育改革和发展规划纲要 (2010—2020 年)》, 2010 年 7 月。

138.《中共中央国务院关于深化教育改革, 全面推进素质教育的决定》, 1999 年 6 月。

139. 中共中央、国务院《中国教育改革和发展纲要》, 1993 年 2 月。

140. 中共中央《干部教育培训工作条例 (试行)》, 2006 年 3 月。

141.《中共中央关于教育体制改革的决定》，1985 年 5 月。

142. 国务院《国家教育事业发展"十三五"规划》，2017 年 1 月。

143.《国务院关于加强教师队伍建设的意见》，2012 年 8 月。

144. 国务院《关于基础教育改革与发展的决定》，2001 年 5 月。

145.《国务院关于〈中国教育改革和发展纲要〉的实施意见》，1994 年 7 月。

146. 国务院批转教育部《国家教育事业发展"十一五"规划纲要》，2007 年 5 月。

147. 国务院批转教育部《2003—2007 年教育振兴行动计划》，2004 年 3 月。

148. 国务院批转教育部《面向 21 世纪教育振兴行动计划》，1999 年 1 月。

149.《国务院办公厅关于开展国家教育体制改革试点的通知》，2010 年 10 月。

150. 国务院办公厅《关于义务教育学校实施绩效工资指导意见》，2008 年 12 月。

151. 教育部等五部门《教师教育振兴行动计划（2018—2022 年）》，2018 年 2 月。

152. 教育部《义务教育学校管理标准》，2017 年 12 月。

153. 教育部《普通高中校长专业标准》，2015 年 1 月。

154.《教育部关于进一步加强中小学校长培训工作的意见》，2013 年 8 月。

155. 教育部《义务教育学校校长专业标准》，2013 年 2 月。

156.《教育部 国家发展改革委 财政部关于深化教师教育改革的意见》，2012 年 9 月。

157. 教育部《国家教育事业发展第十二个五年规划》，2012 年 6 月。

158. 教育部《全国教育人才发展中长期规划（2010—2020 年）》，2011 年 1 月。

159. 教育部《全国教育系统干部培训"十一五"规划》，2007 年 3 月。

160. 教育部《中小学教师队伍建设"十五"计划》，2001 年 12 月。

161. 教育部《全国教育事业第十个五年计划》，2001 年 7 月。

162. 教育部《全国中小学校长任职资格培训指导性教学计划》，2001 年 5 月。

163. 教育部《全国中小学校长提高培训指导性教学计划》，2001 年 5 月。

164. 教育部《中小学校长培训规定》，1999 年 12 月。

165. 教育部《关于加强普通教育行政干部培训工作的意见》，1982 年 2 月。

166. 《教育部办公厅关于启动实施中小学校长国家级培训计划的通知》，2014 年 6 月。

167. 《教育部办公厅关于进一步加强和改进中小学校长培训工作的意见》，2002 年 2 月。

168. 《教育部教师工作司关于组织实施"国培计划"——中小学名师名校长领航工程的通知》，2017 年 12 月。

169. 教育部教师工作司《关于举办"校长国培计划"—2014 年中小学名校长领航班的通知》，2014 年 12 月。

170. 国家教委《教师和教育工作者奖励规定》，1998 年 1 月。

171. 国家教委《实行全国中小学校长持证上岗制度的规定》，1997 年 12 月。

172. 国家教委《关于师范教育改革和发展的若干意见》，1996 年 12 月。

173. 国家教委《关于"九五"期间全国中小学校长培训指导意见》，1995 年 12 月。

174. 国家教委《全国中小学校长提高培训指导性教学计划》，1995 年 12 月。

175. 国家教委《全国中小学校长岗位培训评估工作指导意见》，1994 年 8 月。

176. 国家教委《全国中小学校长任职条件和岗位要求（试行）》，1991 年 6 月。

177. 国家教委《关于开展中小学校长岗位培训的若干意见》，1990 年 7 月。

178. 国家教委《全国中小学校长岗位培训指导性教学计划（试行草案）》，1990 年 7 月。

179. 国家教委、人事部《关于开展岗位培训若干问题的意见》，1989 年 12 月。

180. 《国家教委关于加强全国中小学校长培训工作的意见》，1989 年 12 月。

181. 人事部、教育部《关于深化中小学人事制度改革的实施意见》，2003 年 9 月。

182. 中组部、教育部《中小学校领导人员管理暂行办法》，2017 年 1 月。

183. 中组部、国家教委《关于加强全国中小学校长队伍建设的意见（试行）》，1992 年 12 月。

北京市的政策

184. 《北京市教育委员会关于遴选第二批北京市中小学名校长（幼儿园名园长）发展工程学员的通知》，2016 年 9 月。

185. 《中共北京市委教育工作委员会、北京市教育委员会关于增建校长培训实践基地的通知》，2013 年 4 月。

186. 《中共北京市委教育工作委员会　北京市教育委员会关于实施北京市中小学名师名校长发展工程的意见》，2012 年 8 月。

187. 《中共北京市委教育工作委员会北京市教育委员会关于"十二五"时期中小学干部教师培训工作的意见》，2011 年 9 月。

上海市的政策

188. 《上海市教育委员会关于开展 2018 年普教系统校长职级评审和认定工作的通知》，2018 年 7 月。

189. 《上海市教育委员会关于开展 2015 年普教系统校长职级评审和认定工作的通知》，2015 年 5 月。

190. 《上海市教育委员会关于 2012 年开展普教系统校长职级评审和认定工作的实施意见》，2012 年 12 月。

191. 《上海市教育委员会关于 2009 年开展普教系统校长职级评审和认定工作的实施意见》，2009 年 3 月。

192. 《上海市教育委员会关于 2006 年开展普教系统校长职级评审和认定工作的实施意见》，2006 年 11 月。

193. 上海市教育委员会《关于上海市中小学校长职级认定工作补充意见的通知》，2004 年 10 月。

194. 中共上海市教育工作委员会、上海市教育委员会《关于 2003 年开展中小学校长职级认定工作的实施意见》，2003 年 10 月。

195. 中共上海市委组织部、中共上海市教育工作委员会、市教育委员会、市人事局、市劳动和社会保障局《关于上海市推行中小学校长职级制度的实施意见》，2000 年 2 月。

附 录

访谈人员基本情况

个别访谈人员基本信息

中学校长、副校长信息

1. BFW 校长，任职于 LQMZ 中学，男，42 岁，本科，高级教师。

2. CJP 副校长，任职于 MYDS 中学，男，51 岁，本科，高级教师。

3. DFF 校长，任职于 XSSJ 中学，男，46 岁，本科，高级教师。

4. DWS 校长，任职于 JTDXFZ 中学，男，41 岁，本科，高级教师。

5. FXJ 校长，任职于 WGYFZ 中学，男，42 岁，本科，高级教师。

6. HFF 校长，任职于 SSW 中学，男，43 岁，本科，高级教师。

7. HXL 副校长，任职于 HDS 中学，女，37 岁，本科，一级教师。

8. JZG 校长，任职于 PGMCY 中学，男，41 岁，本科，一级教师。

9. LCJ 校长，任职于 YKZ 中学，男，43 岁，本科，一级教师。

10. LCM 校长，任职于 SSY 中学，女，45 岁，本科，高级教师。

11. LGX 校长，任职于 SYY 中学，男，54 岁，本科，高级教师。

12. LHH 校长，任职于 SDYFZ 中学，女，45 岁，本科，高级教师。

13. LXL 副校长，任职于 SSE 中学，女，47 岁，本科，高级教师。

14. LYH 校长，任职于 YLY 中学，女，43 岁，本科，高级教师。

15. LYX 校长，任职于 LX 中学，男，40 岁，本科，高级教师。

16. LYY 校长，任职于 CDE 中学，男，39 岁，本科，高级教师。

17. LZC 校长，任职于 MSY 中学，男，44 岁，本科，高级教师。

18. MJL 校长，任职于 DSS 中学，男，42 岁，本科，高级教师。

19. MZH 校长，任职于 SRH 学校，女，42 岁，本科，高级教师。

20. RYY 校长，任职于 XFD 中学，男，39 岁，本科，高级教师。

21. SHX 校长，任职于 ZSS 中学，男，47 岁，本科，高级教师。

22. WFF 副校长，任职于 YLD 中学，男，40 岁，硕士，高级教师。

23. WYL 校长，任职于 HLF 中学，男，39 岁，本科，高级教师。

24. XZD 副校长，任职于 YDL 中学，男，37 岁，本科，一级教师。

25. YJJ 校长，任职于 SDYFZ 中学，女，44 岁，本科，高级教师。

26. YSW 副校长，任职于 TZS 中学，男，39 岁，本科，一级教师。

27. YWK 校长，任职于 TLDE 中学，女，39 岁，本科，高级教师。

28. ZCC 校长，任职于 XLY 中学，男，45 岁，本科，高级教师。

29. ZHF 校长，任职于 XTG 中学，男，40 岁，本科，高级教师。

30. ZMY 副校长，任职于 TZS 中学，男，38 岁，本科，一级教师。

31. ZWG 校长，任职于 STZ 中学，男，43 岁，本科，高级教师。

32. ZXD 校长，任职于 SFDFS 中学，男，45 岁，本科，高级教师。

33. ZXG 校长，任职于 TZXJ 中学，男，42 岁，本科，高级教师。

34. ZZJ 校长，任职于 SSJ 中学，男，48 岁，本科，高级教师。

小学校长、副校长信息

35. JSY 副校长，任职于 LRG 小学，女，36 岁，本科，一级教师。

36. LFF 副校长，任职于 HLG 小学，女，35 岁，本科，一级教师。

37. LLL 校长，任职于 DES 小学，女，60 岁，本科，正高级教师。

38. LMX 校长，任职于 BJX 小学，男，48 岁，本科，正高级教师。

39. LXY 校长，任职于 FWHC 小学，男，54 岁，本科，高级教师。

40. LYK 校长，任职于 DSS 小学，男，54 岁，本科，高级教师。

41. MFF 校长，任职于 HCG 小学，男，44 岁，本科，高级教师。

42. MFG 副校长，任职于 GMD 小学，男，40 岁，本科，一级教师。

43. NCY 校长，任职于 TGY 小学，女，39 岁，本科，一级教师。

44. QZJ 校长，任职于 CYSFFS 小学，43 岁，本科，高级教师。

45. SWD 副校长，任职于 XFD 小学，男，39 岁，本科，高级教师。

46. SWN 副校长，任职于 CRDF 小学，女，35 岁，在读硕士，一级教师。

47. TFF 校长，任职于 DXF 小学，女，42 岁，本科，高级教师。

48. TYQ 校长，任职于 SLS 小学，女，40 岁，本科，高级教师。

49. WZJ 校长，任职于 SYH 小学，男，38 岁，本科，一级教师。

50. YHW 校长，任职于 SYDL 小学，女，43 岁，本科，高级教师。

51. ZHZ 校长，任职于 XSF 小学，女，45 岁，本科，高级教师。

52. ZJJ 校长，任职于 XLX 小学，男，48 岁，本科，高级教师。

53. ZRR 校长，任职于 XYM 小学，女，42 岁，本科，高级教师。

54. ZWF 校长，任职于 BFZC 小学，女，48 岁，本科，高级教师。

55. ZXF 校长，任职于 LCZZX 小学，男，40 岁，本科，高级教师。

56. ZYY 校长，任职于 DCPX 小学，女，39 岁，硕士，高级教师。

九年一贯制学校校长、副校长信息

57. CHH 校长，任职于 ESQ 学校，男，46 岁，教育博士，高级教师。

58. FHL 校长，任职于 CBS 学校，男，36 岁，本科，一级教师。

59. LYL 校长，任职于 DES 学校，女，46 岁，博士，高级教师。

60. WHH 校长，任职于 CYD 学校，女，43 岁，硕士，高级教师。

61. WJJ 校长，任职于 BHM 学校，男，41 岁，本科，高级教师。

62. WSS 副校长，任职于 YDZ 学校，女，35 岁，在读教育博士，一级教师。

63. XWW 校长，任职于 ZDY 学校，男，48 岁，教育硕士，高级教师。

64. YHH 校长，任职于 HMC 学校，男，40 岁，本科，高级教师。

65. YSS 校长，任职于 BYQ 学校，女，44 岁，本科，高级教师。

66. YWG 校长，任职于 YQZSY 学校，男，41 岁，本科，一级教师。

教育行政人员信息

67. CNR 行政人员，任职于 XC 教育行政部门，女，51 岁，硕士，副处级。

68. FLL 行政人员，任职于 MY 教育行政部门，女，45 岁，硕士，科级。

69. GXM 行政人员，任职于 BJ 教育行政部门，男，38 岁，硕士，处级。

70. JJC 行政人员，任职于 XC 教育行政部门，男，43 岁，硕士，科级。

71. JXH 行政人员，任职于 HD 教育行政部门，男，47 岁，硕士，科级。

72. LGJ 行政人员，任职于 CP 教育行政部门，女，45 岁，本科，科级。

73. LHM 行政人员，任职于 TZ 教育行政部门，男，42 岁，本科，科级。

74. TXZ 行政人员，任职于 YQ 教育行政部门，男，43 岁，硕士，科级。

75. WWU 行政人员，任职于 BJ 教育行政部门，男，45 岁，本科，处级。

76. XWB 行政人员，任职于 BJ 教育行政部门，男，40 岁，本科，科级。

集体访谈人员基本信息

附表　集体访谈人员情况

顺序	人数	来源	层级	职务	职称	学历	性别	年龄	任职时间
集体访谈 1	22 人	BJG 市	小学 12 人；中学 10 人	正校长 9 人；副校长 13 人	一级教师 7 人；高级教师 15 人	本科 19 人；研究生 3 人	男性 17 人；女性 5 人	40 岁以上 10 人；40 岁以下 12 人	1~4 年 14 人；5~7 年 8 人
集体访谈 2	18 人	BJG 市	小学 7 人；中学 11 人	正校长 12 人；副校长 6 人	一级教师 5 人；高级教师 13 人	本科 14 人；研究生 4 人	男性 10 人；女性 8 人	40 岁以上 11 人；40 岁以下 7 人	1~4 年 15 人；5~7 年 3 人

顺序	人数	来源	层级	职务	职称	学历	性别	年龄	任职时间
集体访谈3	19人	CHQ市	小学5人；中学14人	正校长10人；副校长9人	一级教师7人；高级教师12人	本科19人；研究生0人	男性10人；女性9人	40岁以上11人；40岁以下8人	1~4年8人；5~7年11人
集体访谈4	11人	HEB市	小学7人；中学4人	正校长6人；副校长5人	一级教师3人；高级教师8人	本科9人；研究生2人	男性7人；女性4人	40岁以上3人；40岁以下8人	1~4年7人；5~7年4人

图书在版编目（CIP）数据

校长专业发展的制度体系研究／傅树京著. -- 北京：
社会科学文献出版社，2020.3
ISBN 978 - 7 - 5201 - 4025 - 6

Ⅰ.①校…　Ⅱ.①傅…　Ⅲ.①中小学 - 校长 - 师资培
训 - 研究　Ⅳ.①G637.1

中国版本图书馆 CIP 数据核字（2019）第 296031 号

校长专业发展的制度体系研究

著　　者／傅树京

出 版 人／谢寿光
组稿编辑／高　雁
责任编辑／颜林柯
文稿编辑／王春梅

出　　版／社会科学文献出版社·经济与管理分社（010）59367226
　　　　　地址：北京市北三环中路甲 29 号院华龙大厦　邮编：100029
　　　　　网址：www. ssap. com. cn
发　　行／市场营销中心（010）59367081　59367083
印　　装／三河市东方印刷有限公司

规　　格／开 本：787mm × 1092mm　1/16
　　　　　印 张：14.75　字 数：234 千字
版　　次／2020 年 3 月第 1 版　2020 年 3 月第 1 次印刷
书　　号／ISBN 978 - 7 - 5201 - 4025 - 6
定　　价／148.00 元